新・考える民法Ⅰ
民法総則
［第2版］

平野 裕之

慶應義塾大学出版会

第2版 はしがき

　本書の初版が出版されたのは，5年前の2018年1月である。2017年の債権法改正が成立はしていたが，いまだ施行前という出版には悩ましい時期であった。そのため，初版では，改正前規定と改正法規定とを併記して説明していた。その後，2017年改正法は2020年4月より施行されたため，今回の改訂では，改正法規定による説明に統一し，改正前規定の併記は削除した。また，その他にも2018年相続法改正や2021年物権法改正なども，必要に応じて取り入れた。

　ところで，今回の改訂の主たる目的はむしろ別のところにある。その観点から内容的に大幅に変更した。一番の改善点は，初版はしがきに書いた「考え過ぎる民法」を半ば目指したという本の方向性の転換である。マニアックに思考を楽しむのではなく，受験対策用として期待する読者が多いため，本書の方針を遺憾ながら大いに改めた。マニア向けの考える本ではなく，受験対策本に大きく舵を切り直した。野球でいえば，打てるものなら打ってみろといった鋭角に曲がるスライダーではなく，どうぞ打ってくださいというバッティングピッチャーの緩い素直な直球ばかりになっている。ひょっとしたらたまに「暴投」があるかもしれないが，ご笑覧いただければ幸いである。

　以上のような次第なので，読者ターゲットは，司法試験受験生や予備試験の受験生だけでなく，法学部の期末試験対策を考えている学部学生にも及ぶことになる。本書は「考える」という多湖輝氏の『頭の体操』シリーズの法学版のような考える「トレーニング用の趣味の本」という，売れない本を目指していたがために，初版では出版社には大いに迷惑をかけた。こんな売れない本であったのに，改訂について話し合った際に，慶應義塾大学出版会の岡田氏は，初版は捨てがたくもったいないと言ってくれた。初版から削除したマニアックな問題は，法科大学院のソクラテスメソッドの授業において，「では，これがこうだったらどうか」という応用問題として，即ち思考のトレーニング用の応用問題として口頭での質問に使うことにしたい。

　ところで，本書は公文書ではなく，公文書に倣う必要はないが，司法試験の問題に合わせるために公文書にできる限り表現等を揃えた。令和4年1月7日の文化審議会による「公用文作成の考え方（建議）」が公表され（2022年度司法試験からこれに変更されている），本書も問題文と模範答案例については，できる限りこれに倣った。

　本書の使い方は，初版のはしがきに説明したが，多少の変更もあるので再度要点

を確認しておきたい。司法試験は2時間で解く問題であり，本書の初版は2時間では解けない欲張った問題が多かった。そのため，第2版では，4問の問いについても論点を減らして，3問の問いだけでなく4問の問いも2時間で練習用に使用するのに適切な解答量に調整している。したがって，全部が2時間用の問題である。

　①まず問題を読んで，答案構成をしてもらって，②その上で最後の模範答案例と較べてみて落ちている論点，外れた論点を確認していただきたい。そして，③必要であれば，その上で，実際の答案を書いてみてもよい。おそらく，それは時間を相当必要とするので，③は省略し，②のところで，必要に応じて解説を読んでいただければよい。教科書のように解説を通読する必要はなく，落とした論点の確認や十分理解していなかった論点などについて，解説を拾い読みしていただければよく，このように効率的に使用できるように，かなりばらばらに読めるような構成にしておいた。

　これは大きな変更かもしれないが，第2版では模範答案例を付けた。これはあくまでも参考であり，1つの答案しか考えられないのではなく，同じ内容であっても（したがって，同じ点数）書き方は多様である。初版では，模範解答を覚えようとする読者がいるといけないので，答案構成だけにし，参考答案構成という料理の材料だけ用意して，自分で料理を作ることを求めたが，1つ具体的な料理の仕方の例を示した方がよいと考えたため，模範答案を付けた次第である。料理の仕方は1つではなく，あくまでも参考として考えていただきたい。模範答案例には，読者が何がどこに書いてあるのかを探しやすいように見出しを詳しくつけたが，(ア)のレベルの見出しは実際には書かなくてよい。

　今回は，私の慶應義塾大学のゼミの学生に校正の段階で内容的なチェックをしてもらった。伊藤雄太，海野陽介，大林茉宙，奥山裕規，木村航大，工藤紗奈，小泉開，坂本昂平，芝佳奈子，富澤いのり，廣門明子，松井祐紀子，柳澤優那，吉田憲正の彼ら彼女らに1人1問ずつ検討を担当してもらった。私のゼミでは在学中に司法試験に合格するのがデフォなので，この中には，3年生や4年生で司法試験に合格している学生もいる。彼ら彼女らの意見を反映させたことで，本書の価値は格段に高まったものと思われる。この場を借りて感謝したい。

　また，最後になったが，今回も慶應義塾大学出版会の岡田氏には大変世話になった。私は，岡田氏は出版界一のスーパー編集者だと思っているが，今回もその手腕を遺憾なく発揮してもらった。このシリーズの改訂を，同じ改訂方針に則って，引き続きⅡ，Ⅲ，Ⅳの順番で行う予定である。

2023年2月

平野裕之

初版 はしがき

（＊第2版と抵触する部分は必要に応じて削除してある）

　20年ほど前に，司法試験予備校大手の辰已法律研究所から『考える民法Ⅰ〜Ⅳ』（1997年〜1999年）という事例式演習書を刊行したことがある。これは旧司法試験の論文式問題の勉強のために，答案の書き方について解説をするという建前であったが，学者が書く以上は受験本では面白くないので，いろいろ考えさせる問題にした。そのため，『考え過ぎる民法』と揶揄され，司法試験のレベルを超えていると酷評された。しかし，「考える」ことの重要性を常日頃から強く説いていた自分としては，思い入れのある本であった。法科大学院が始まって間もなく，辰已法律研究所から新しい司法試験（当時は新司法試験と呼ばれた）用の『新版・考える民法』をというお声がけをいただいた。ところが，結局，実現しないまま立ち消えてしまった。

　その後，慶應義塾大学出版会の岡田さんから出版を勧められたが，その時には別の出版をためらわせる事情があった。民法改正作業である。途中まで改正前の規定により書き上げたものの，改正法との関係をどうすべきか書きつつ常に悩んでいた。改正民法が施行されれば，改正民法一本での解説にすることができ楽であるが，改正がされたが施行前となると，解説に迷うところである。

　読者は問題をまず読んで何を書いたらよいのか大まかな指針を知りたいと思うであろうから，まず冒頭には書くべき論点とその問題における重要度を示した。そこに示した論点の重要度は，その問題の文脈における重要度に過ぎず，その論点の設問を離れた学問的重要度ではないことに注意していただきたい。どんなに学問的に重要な論点であっても，設問の中の位置づけとしては触れる程度でよいとされるものは問いにおける重要度は低くなるのである。また，設問ごとの解説の冒頭に出題の趣旨的な概説を示した。そして，各問いの最後には，答案の大体の書き方について答案構成の一応のサンプルを示しておいた。これでなければいけないということはなく，1つの参考例として考えていただければ幸いである。

　よい答案は，木にたとえて比喩的に言えば，幹がちゃんとできており大きな枝だけでなく，枝葉まで丁寧に落とさず見事に書いてあり，かつ，周りに不要な雑草も生えていない答案である。大きな枝が何本か足りなければ大きな点差がつくが，ほぼ同じ樹形であるにもかかわらず点数に差がつくのは枝葉の部分まで丁寧に書いて

あるかどうかの微妙な差である。実力的には大差ないのに答案では差が出るのはこの程度の差である。そのための能力を身につけるためには，事例問題を数多くこなして経験的に身につけるしかない。

　予定としては，『新・考える民法 I ［民法総則］』，『新・考える民法 II ［物権・担保物権］』，『新・考える民法 III ［債権総論］』そして『新・考える民法 IV ［債権各論］』の全4巻を考えている。しかし，本シリーズを単なる受験本にするつもりはさらさらなく，編集の岡田氏からは，いっそのこと書名を『考え過ぎる民法』ではどうですかと半分冗談で提案されたが，旧書の「考えさせる」という性格は健在である。簡単な事例あてはめ型の知識確認用の問題本は，筆者の『コア・テキスト民法』シリーズの副読本として予定している『コア・ゼミナール民法 I ～ III』（新世社）に委ねることにした。

　本書の出版には岡田智武氏にお世話になった。この場を借りてお礼を申し上げたい。旧著は毎年1冊ずつ出版していったが，本シリーズも同様のペースにて発刊することを予定している。

2017 年 12 月 20 日

平 野 裕 之

目　次

　次の文章を読んで、後記の **[設問1]** から **[設問4]** に答えなさい。（配点：100点〔[設問1]、[設問2]、[設問3] 及び [設問4] の配点は、30：40：15：15〕）

【事実Ⅰ】

1. 　Aは妻Bと婚姻をしており、BはAとの間の第1子を懐胎している。2022年2月10日、AはC社に雇用され建設現場の作業員として働いていて、建設作業用のクレーンが十分に固定されていなかったため倒れ、Aは倒れたクレーンの下敷きになり即死した（以下「本件事故」という。）。Aの両親は既に他界しており、Aには遠方に居住する弟Dがいる。

2. 　Aの葬儀も終わった本件事故から1週間後に、C社が賠償交渉を持ちかけてきた。Bは、C社から「Aには逃げるのが遅れた過失があると思われるが、誠意を持って賠償をする。」と説明され、賠償金額について交渉をもった。Bは親や友人などの意見も聞いた上で交渉に挑み、C社からはAの損害について死亡慰謝料込みで5,000万円を支払うという案が出された。

3. 　Bもこの提案を飲み、Aの損害として5,000万円の他に、B及び生まれてくるAの子につきそれぞれ500万円の慰謝料を支払うことが、BとC社との間で合意された（以下「本件合意」という。）。合計6,000万円は、その後直ちにC社から指定されたBの銀行口座に振り込まれた。

4. 　本件事故から6か月後の同年8月10日に、BはAの子Eを出産した。Bは、出産後数か月してEを保育園に預けて働きに出て、職場で知り合った同僚Fと本件事故から2年後の2024年2月に再婚をした。

5. 　Fから、賠償金合計6,000万円は安いのではないかと話され、Bは事故後早急に本件合意をしてしまったことを悔やむようになった。そのため、BはC社に対して、B及びEを原告として、支払われた6,000万円と実際に被った損害との差額を賠償請求できないか考えている。

[設問1] 【事実】1から5までを前提として、B及びEのC社に対する損害賠償請求について、C社からの反論を踏まえて論じなさい。

【事実Ⅱ】

前記【事実Ⅰ】の1から3までに続いて、以下の事実があった（【事実Ⅰ】の4と5は存在しなかったものとする。）。

6. 2022年4月、B（妊娠6か月）が買い物の帰りに街道脇の2.5mほどの幅の歩道を歩いていたところ、後ろから自転車に乗るα（13歳・男子中学1年生）が、塾に遅れそうになり急いでおり、Bの右側（道路側）を速度を落さず通り過ぎようとした。

7. αの接近に気がつかずに、Bは歩道上に落ちていたゴミを避けようと急に道路側に進路変更をした。αはまさかBが急に右側に寄ってくるとは思っていなかったため、避けきれず、自転車をBに激突させてしまった。

8. Bは買い物袋を両手に持っていたため、αの自転車に激突された衝撃で転倒してしまい（以下「本件転倒事故」という。）、本件事故の結果、Bは胎児を流産してしまった。αの両親は離婚しており、αは母親βに引き取られβと暮らしている。βはαに自転車に乗る際には周りに気をつけるよう日頃から注意を与えていた。

[設問2] 【事実Ⅰ】の1から3まで及び【事実Ⅱ】（1から3まで及び6から8まで）を前提として、以下の問いに答えなさい。
(1) D（【事実Ⅰ】1参照）のC社に対する損害賠償請求、また、C社のBに対する不当利得返還請求について論じなさい。
(2) Bはα及びβに対して、どのような法的根拠に基づいて損害賠償を請求できるのか、論じなさい。

【事実Ⅲ】

前記【事実Ⅰ】の1から4までに続いて、以下の事実があった（前記【事実Ⅰ】の5は存在しなかったものとする。）。

9. 2025年4月、Fは浮気が妻Bに発覚し、Bと口論になり家を飛び出して

しまい、そのまま戻ってこなかった。会社にも出勤せず解雇になり、その後、音信不通となりどこで何をしているのか分からない状態になった。

10. Bは、F所有の土地建物（以下「本件土地建物」という。）に居住しているが、Fの失踪から8年後の2033年に、BはたまたまネットでFのSNSを発見しFが愛人と暮らしていることを知った。

11. Bは、Fへの愛情を失っており、本件土地建物などFの財産を売却して金銭を得ようと考えて、家庭裁判所にFの失踪宣告を申し立て、Fの失踪から10年後の2035年10月にFの失踪宣告がなされた。

12. Fの親兄弟は既に他界しており、FにはBとの間も含めて子もいない。そのため、Bは唯一の相続人として本件土地建物につき相続を原因として所有権移転登記を受け、また、F所有の甲画を1,000万円で売却した。

13. 2035年12月に、FがBの元に戻ってきて、事情を知って憤慨し、直ちに家庭裁判所に失踪宣告の取消しを申し立て、2036年1月に失踪宣告の取消しの審判がなされ確定した。Bは、甲画の代金のうち100万円をパチンコに使用し、100万円を生活費に用い、残り800万円はB名義の預金口座に残っている。

[設問3] 【事実Ⅰ】の1から4まで及び【事実Ⅲ】（1から4まで及び9から13まで）を前提として、FがBに対してなすことが考えられる法的主張について、論じなさい。また、【事実Ⅲ】の10の下線部を、「BはFの生存を知らなかった」と変更した場合についても言及しなさい。

【事実Ⅳ】

　　前記【事実Ⅰ】の1から4まで及び【事実Ⅲ】（1から4まで及び9から13まで）に続いて、以下の事実があった（前記【事実Ⅰ】の5は存在しなかったものとする。）。

14. 失踪宣告が取り消されてから2か月後の2036年3月に、本件土地建物の所有権移転登記を抹消する前に、Bが本件土地建物をGに5,000万円で売却する契約を締結した。Bは直ちにGへの所有権移転登記を経由したが、代金は2036年3月末に支払う約束になっておりいまだ支払われていない。

[**設問 4**] 【事実 I】の 1 から 4 まで、【事実Ⅲ】及び【事実Ⅳ】（1 から 4 まで及び 9 から 14 まで）を前提として、F は B のなした本件土地建物の G への売買契約を追認して、G から代金の支払を受けたいと考えている。その請求の可否、また、F が追認以外に G から本件土地建物の代金を取得する法的構成について論じなさい。B は無資力状態にあるものとする。

○ 言及すべき点及び論点 ○

1 [設問1] について
①胎児の法的地位（重要度A）
②胎児の部分のみの一部無効（重要度C）
③Eの損害賠償請求権（重要度D）
　ⓐ固有の慰謝料請求権（重要度C）
　ⓑ相続肯定説の是非（重要度B）

2 [設問2] について
(1) 小問(1)について
①胎児に相続なし（重要度D）
②Dが相続人になる（重要度D）
③Dには和解の効力は及ばない
　ⓐ相続肯定説による権利取得（重要度D）
　ⓑ固有の慰謝料請求（重要度D）
④Bの和解の効力への影響（重要度B）
(2) 小問(2)について
①胎児の流産
　ⓐ相当因果関係（重要度B）
　ⓑ素因減額（重要度D）
②Bの損害賠償請求権

　ⓐ身体侵害（重要度D）
　ⓑ胎児の死亡についての慰謝料（重要度B）
③過失相殺（重要度C）
④αの責任能力（重要度D）
⑤αの過失（重要度C）
⑥責任能力ある未成年者の監督者責任
　ⓐ709条による責任（重要度B）
　ⓑ責任の要件（重要度A）

3 [設問3] について
①不法行為を理由とする損害賠償請求（重要度C）
②32条2項と悪意者（重要度C）
③善意の場合の現存利益（重要度B）

4 [設問4] について
①他人物売買の所有者による追認の効果（重要度A）
②債権者代位権（重要度B）
③その他の法的構成（重要度C）

解説及び答案作成の指針

1 [設問1] について（配点は30点）

【出題趣旨】 [設問1] は，和解（本件合意）の効力を確認した上で，胎児を代理してなされた和解の効力について検討してもらう問題である。そして，和解が無効とされる場合に，出生した子が取得する損害賠償請求権については，相続肯定説について軽く言及すればよい。相続を肯定する判例が確立しているので深入りは不要である。

(1) 本件合意（和解）の効力

(a) 和解の紛争の遮断効　　BがC社となした本件合意は民法上「和解」（695条）であり，しかも，BC間の和解とBの代理による胎児とCとの間の和解の2つの和解がなされている。実際の損害賠償請求権の額が6000万円以上又は以下であったとしても，和解の権利消滅効また創設効（696条）により，超過する金

額部分の債権は和解により消滅，また不足している分は発生したことになる。和解はその合意で争いを回避しようとする紛争解決の合意であり，異なる主張が遮断されることになる（紛争の遮断効）。したがって，B側は実損害を賠償請求するためには，和解の効力を否定する法的主張をする必要がある。

> **【答案作成についてのコメント】**まず，現実の損害額よりも和解金額が少なくても，その差額は和解の効力により消滅しており（696条），和解の無効・取消しを主張しなければ，その差額の請求はできないことを問題提起する。

(b) **和解の効力を争う主張の根拠──和解と錯誤** 本問では，C社による詐欺も強迫もない。実際の相場ではもっと賠償金がとれることを知らなかったという，法的評価の錯誤に過ぎない。この程度の金銭評価の誤りは，95条1項2号の基礎事情の錯誤には該当しない（改正前95条の要素の錯誤にもあたらない）と考えられる。また，そもそも和解という合意は，実際の権利関係がどうであろうとそれで解決し「紛争を終了させ，蒸し返さない」合意であり，合意を争うことはその合意の効力により禁止されているのである。ただ，改正前民法の95条について──改正後も先例としての価値あり──，「争の目的と為らざりし事項」についての錯誤は例外として主張が認められている（大判大6・9・18民録23輯1342頁など）。しかし，本件合意はこれに該当する事実はない。

> **【答案作成についてのコメント】**本件合意における，Bの争いの対象となった金額の相当性の錯誤は動機の錯誤に過ぎないこと，争いの目的となっておらず前提とされた事情の錯誤ではなく，和解の効力を争えないこと，この結果，詐欺や暴利行為にも該当しないためBは保護されないことを要領よく言及すればよい。

(2) **胎児についての代理行為の効力**

(a) **何が問題か** ①上記のように，B自身の本件合意部分については効力を否定できず，Bは和解に拘束される。②問題は，本件合意の当時に胎児であったEについての，Bが代理して行った本件合意の効力である。この問題は，出生を権利能力の始期とする3条との関係で，その例外規定（本件では，E固有の損害賠償については721条，Aの損害賠償請求権については886条1項）における胎児の出生前の法的地位についての理解により，異なる解決がされることになる。

> **【答案作成についてのコメント】**この問題は［設問1］の中心論点なので，問題提起から丁寧に議論すべきである。

(b) **出生前の胎児の法的地位** 胎児の法的地位をめぐっては，2つの考えが

対立しており，いずれの立場で答案を書くかで結論が大きく異なってくる。

❶ 停止条件説ないし人格遡及説（判例）　　胎児の間には権利能力がないことを宣言する 3 条を重視し，3 つの例外の事例における権利義務の取得を認める限度で，出生したら遡及的に胎児の段階でも既に人であったと擬制するものと考える学説がある（**停止条件説**ないし**人格遡及説**）。① 3 条の原則に適合すること，②民法は胎児の間の権利関係について何ら規定を手当てしておらず，これは胎児の間に権利能力を認めない趣旨であることが理由である。これが判例の立場である（大判昭 7・10・6 民集 11 巻 2023 頁［**阪神電鉄事件判決**］）。

この考えでは，胎児の間には権利能力はないので，胎児を代理してなされた行為は存在しない権利主体を代理する行為となり無効となる。したがって，E は本件合意に拘束されずに，全額の損害賠償を請求できる。B に支払った E の分の 3000 万円については，C 社は B に不当利得返還請求をするしかない。

❷ 解除条件説ないし制限人格説　　他方で，学説には，胎児の間に権利能力を認め，ただ死産を解除条件とする（886 条 2 項）という考えも有力である（**解除条件説**ないし**制限人格説**）。しかし，相続等のみを認めるだけのはずが，胎児に相続を認め権利取得を認めると，母親が法定代理人としてそれらの処分・管理行為ができてしまい，それは相続等に限定して胎児に権利取得を認めるという民法の立場と抵触してしまう。3 条の原則（胎児に権利能力なし）に反すること甚だしい。この立場では本件合意は有効になり，E も B とともに本件合意に拘束されることになる。

> **【答案作成についてのコメント】**本件では，❶説では B が E を代理してなした本件合意の部分は無効になるが，❷説では有効となる。したがって，以下の論点に進むのは❶説だけになる。❶説の方が多く論じることができることと判例であることから，❶説で答案を書くことが推奨される。

(3)　相続の可能性——停止条件説の立場での考察

以下は，本件合意を無効とする停止条件説によった場合にのみ論じることが必要な問題点である。なお，C 社は A の過失相殺を改めて争うことができる。

(a)　固有の損害賠償請求権

①まず，E は 721 条，711 条により固有の慰謝料を請求できる。E は，事故時に胎児であったとしても，慰謝料の請求は妨げられない。物心がつけば自分の父親が死亡しているという悲しみを感じる可能性だけで，慰謝料の請求が可能である（幼児につき，大判昭 11・5・13 民集 15 巻 861 頁）。②また，相続否定説では，A による扶養を受けられなくなったことを損害

として，財産的損害の賠償請求をすることができる。

【答案作成についてのコメント】 まず，711 条により固有の慰謝料請求ができること，また，幼児でも慰謝料請求が可能なことを確認すべきである。

（b）　**相続を認めるか**　　判例は**相続肯定説**を採用し，死亡により将来の逸失利益についての損害賠償請求権が発生し，同時に相続人に相続されるものと考える（大判大 15・2・16 民集 5 巻 150 頁）。精神的損害についても，死者に死亡による慰謝料請求権が成立し，同時に相続人に相続されることを認めている（最大判昭 42・11・1 民集 21 巻 9 号 2249 頁）。

【答案作成についてのコメント】 相続を認めるか否定するか，周知の議論を行う。学説上は議論があり相続否定説も有力であるが，判例が確立されているので，不必要に多くの議論をする必要はない。相続肯定説で書くことが無難である。

（c）　**相続される損害賠償請求権**　　相続肯定説では，A の C 社に対する損害賠償請求権を E が相続することになるが，これには，①不法行為に基づく損害賠償請求権だけでなく（709 条，710 条），②安全配慮義務違反による債務不履行（415条）に基づく損害賠償請求権も考えられ（最判昭 50・2・25 民集 29 巻 2 号 143頁），判例に従えば 2 つの請求権は競合し選択が可能である。

【答案作成についてのコメント】 本件事故は C 社の安全配慮義務違反による事故であり，相続肯定説では，A に債務不履行を理由とした損害賠償請求権と不法行為を理由とした損害賠償請求権とが成立し，請求権競合の関係になり，これが E に相続されることになる。安全配慮義務違反の証明責任まで言及する時間的余裕はないし必要もない。

2　[設問 2] について（配点は 40 点）

【出題趣旨】 [設問 2] では，死産した胎児についての相続はなく，A の相続人は B と弟の D になる。この結果，B と胎児を相続人としてなされた本件合意の効力が問題になる。弟 D には本件合意の効力が及ばないこと，他方で，妻 B には本件合意の効力が及ぶが相続分に応じた計算のやり直しが必要なことを論じることになる。α らへの損害賠償請求については，α について責任能力と過失，β について責任能力ある未成年者の監督者責任を論じる必要がある。

（1）　**小問(1)について──C 社への損害賠償請求**

（a）　**D による C 社に対する損害賠償請求について**

　㋐　**相続人が胎児ではなく D になる**　　胎児が死産した場合には，胎児についての相続は認められず（相続については 886 条 2 項，固有の損害賠償請求については 721 条への 886 条 2 項類推適用），A の相続人は，B と A の弟 D になる

（889 条 1 項 2 号）。

　(イ)　Dへの本件合意の効力

　　❶　相続肯定説による 1/4 の相続　　BはDを代理してDの権利を処分する権利はないし，また，Dの代理人としてDを当事者とする示談をしたわけではなく，Dには示談（本件合意）の効力が及ばない。その結果，DがAの損害賠償請求権を 4 分の 1 の相続の割合ですることができる（900 条 3 号）。

　　❷　固有の慰謝料請求　　固有の慰謝料請求には 711 条の制限がある。判例は，711 条に列挙された者ではなくても，「被害者との間に同条所定の者と実質的に同視しうべき身分関係が存し，被害者の死亡により甚大な精神的苦痛を受けた者は，同条の類推適用により，加害者に対し直接に固有の慰藉料を請求しうる」としているが（最判昭 49・12・17 民集 28 巻 10 号 2040 頁），本問では特別事情が認められない。したがって，Dには固有の慰謝料請求権は認められない。

　【答案作成についてのコメント】以上の点は，答案で結論の確認をするだけで十分である。

(b)　C社のBに対する不当利得返還請求

　(ア)　Bの合意部分は有効なまま　　妻Bについては，［設問 1］に述べたように本件合意の拘束力を受ける。Bは，Bと胎児の分それぞれ 3000 万円，合計 6000 万円を受け取っているが，死産の結果，胎児ではなく相続人はDになっている。この場合に，Bの分は有効で胎児の分は無効であったが，相続人がDに変更されることにより，有効な金額を修正しなければならなくなる。

　(イ)　金額の修正方法　　①まず，胎児が生まれることを前提としていたのでBの分も含めて全部無効という処理は，折角なされた解決を一切反故にしてしまい適切ではない。②そこで，Bの有効分を 2 分の 1 から 4 分の 3 に変更する形で有効性を維持することが考えられる。一部無効又は一種の無効行為の転換ということができる。したがって，3000 万円分有効であったのが，5000 万円の 3/4 ＝ 3750 万円＋固有の慰謝料 500 万円，合計 4250 万円が有効となる。残額 1750 万円が無効な支払になり，BはこれをC社に返還することを要する。

　【答案作成についてのコメント】この点は教科書に書いてある問題点ではなく，その場で考えてもらう問題である。問題点に気がついただけで採点上点数を与えられ，どう解決したかのセンスで加点される。

(2) 小問(2)について——α及びβへの損害賠償請求

(a) Bの被侵害権利は？

(ア) B自身の身体侵害　Bは自分が被害を受け流産しており，その治療費や苦痛についての慰謝料を損害賠償請求できることは疑いない。問題は，胎児の死産につき711条に準じて損害賠償請求ができないかということである。もし，これを認めれば，父親がいれば（本問ではAが死亡しているので問題にならない），父親も自己の胎児が死産になったことを理由に，711条の類推適用により慰謝料請求ができることになる。

(イ) 胎児の死産による慰謝料　下級審判決には，事故時に「妊娠36週であり既に正期産の時期に入っており，当時胎児に何らの異常はなかったこと，現在の医療水準を考えれば胎児が正常に出産される蓋然性が高いことが認められ」「新生児と紙一重の状態」にあった事例で，「出産を間近に控えた胎児の死亡についての損害賠償額は，それなりに評価されるべきと考える」とした判決がある（東京地判平11・6・1交民32巻3号856頁）。「新生児と紙一重の状態」の事例であったが，それが必須の要件になるのかは微妙である。本問では妊娠6か月なので，このような要件を設定すると，711条の類推適用ができるのかは微妙になる。胎児一般に711条を類推適用することも解釈としては考えられる。

【答案作成についてのコメント】 Bが胎児死亡につき711条の類推適用により損害賠償請求ができること，その要件として「新生児と紙一重の状態」であることを必要とするのかということを議論すれば加点になる。

(b) 損害賠償の範囲——流産による損害まで賠償範囲に入るか

(ア) αの過失及び相当因果関係　αには歩行者の脇を停止可能な速度まで減速せず，そのまま通れると慢心して通過しようとした点で過失があるといってよい。αからは，接触したBが妊婦であったという「特別事情」については分からなかったと主張がされるであろう。しかし，判例は416条を不法行為に類推適用しつつもほぼ擬制的に予見可能性を認めているので，ここでもおよそ妊婦が歩いていることはありえないことではないと，抽象論にすり替えて予見可能性を肯定することになる。その後の転倒，流産も同様である。

(イ) 素因減額また過失相殺　また，αは，妊婦であることを減額すべき素因と主張することが考えられる。単なる身体的特徴とも異なるが病気ではない。判例はないが，公平の観点から考慮すべき素因とは思われない。ただし，妊婦と

いうことで普通の者より周りに注意を払って歩くべきであると考えて，過失相殺
をすることは可能である。Bとしても，後ろから自転車が来る可能性があるので，
たとえ妊婦でありまた両手が荷物でふさがっていたとしても，後ろを確認せずに
急に歩道の位置を変えたのは，過失を認める余地がある（判断は微妙である）。

【答案作成についてのコメント】学理的には大いに議論がある論点ではあるが，判例は確立している
点でもあり，簡単に問題提起をして判例の相当因果関係説で解決してよい。妊婦であることを素因
減額として考慮はしないのが妥当なように思われ，単に過失相殺で考慮する可能性があることを言
及すれば足りる。

(c) 損害賠償義務者

(ア)　*a*について　　まず，*a*については13歳の中学1年生であり，責任能
力を肯定してよい（712条参照）。したがって，*a*が709条により上記の損害につ
き賠償責任を負うことは疑いない。古い判例には12歳7か月の少年の責任能力
を否定した判決があるが（大判大10・2・3民録27輯193頁），それは714条を
適用して親に対する損害賠償請求を認めるためであった。現在では，親の責任を
認めるためにあえて未成年者を責任無能力者と認定する必要はない（☞(イ)❶）。

(イ)　*β*について

❶　**責任の可能性**　　問題は親権者たる母親の*β*である。民法では，責任
無能力者の監督者として未成年者の親についての責任が規定されている（714条）。
そのため，未成年者であり親の監督者としての義務は何ら変わりなく存続しなが
ら，未成年者に責任能力が認められると親の714条の責任はなくなることになる。
立法論として批判されていたところであり，解釈論として，親は未成年の子が責
任能力を有していても709条による責任を認めることが提案され，判例によって
も採用されている（最判昭49・3・22民集28巻2号347頁）。しかし，そこで問
題とされている過失ないし義務違反は，709条の子の具体的不法行為についての
過失ではなく，日頃の親としてのしつけにかかわる過失ないし義務違反である
（そのため，実質的には714条の類推適用）。

❷　**参考となる714条についての判例**　　❶のような運用から，親の709
条の責任についても，714条とパラレルに考えられ，714条についての最判平
27・4・9民集69巻3号488頁（サッカーボール事件）が参考になる。同判決は，
①「その直接的な監視下にない子の行動について，人身に危険が及ばないよう注
意して行動するよう日頃から指導監督する義務がある」，②「通常は人身に危険

1

権利能力

11

が及ぶものとはみられない行為によってたまたま人身に損害を生じさせた場合は，当該行為について具体的に予見可能であるなど特別の事情が認められない限り，子に対する監督義務を尽くしていなかったとすべきではない」と判示した。

❸　**本件へのあてはめ**　要するに，親は，①の人身に危険が及ぶ行為により未成年者が第三者に損害を与えた場合に，日頃からの監督義務を尽くしていなかったならば責任を負うことになる。そうではない②の事例では，日常生活においてたまたま過失により他人に損害を与えた場合が問題となり，その行為が具体的に予見できたのに阻止しなかったといった特段の事情がある場合に限り責任が認められることになる。

本件では，①の事例である。βも日頃から自転車の運転に注意するよう指導していたのであり，βの709条の責任を導くのは難しい。

> 【答案作成についてのコメント】αについては 13 歳の中学生であるため責任能力を認め，βについては，714 条が適用にならないが，709 条の責任を認める余地があることを指摘して，サッカーボール事件の規範をあてはめて結論を考えるべきである。

3　［設問3］について（配点は 15 点）

> 【出題趣旨】［設問 3］は，生存している者につき悪意で失踪宣告を申し立て，その宣告がされ，更に相続人として失踪者の財産を処分した者に対する，失踪者のなしうる法的主張を検討してもらう問題である。32 条 2 項の現存利益への制限が悪意者にも適用されるのかが，主たる論点になる。後段は，B が善意の場合について問う問題であり，原状回復ではなく，現存利益に限定されていることを確認し，現存利益の判断をしてもらう問題である。

(1)　不法行為を根拠とした損害賠償請求

B は，F が生存していることを知りながら，F の失踪宣告を申し立てており，不法行為に該当することは疑いない。そして，甲画を売却しており，売却当時は相続が有効であり B 所有になっているが，それは失踪宣告の効力によるものであり，B が F の甲画を侵害したものといえる。したがって，F は B に対して甲画の価格を賠償請求できる。後述のように不当利得返還請求ができることは，請求権競合になるだけで損害から差し引く必要はない。

その他，失踪宣告取消しのための費用（弁護士に取消手続を依頼した費用や，手続に要した費用）も賠償請求できる。また，失踪宣告を受けて死亡した者と扱われていたという精神的苦痛につき，慰謝料を認める余地もある（710条）。不法

行為による損害賠償には，不法行為時からの遅延損害金の支払を義務づけられることになる。

【答案作成についてのコメント】不法行為が成立することを確認し，その損害の内容，また，不当利得返還請求権との関係などについて言及しておくべきである。

(2) 不当利得返還請求権

(a) **B が悪意の場合──悪意でも現存利益の返還だけか**　【事実Ⅲ】の 10 の下線部によると，B は F の生存について悪意である。ところが，32 条 2 項はその適用を特に善意者に限定していないため，悪意の B も現存利益だけを返還すればよいのか疑問になる。

この点についての判例はない。①学説には悪意でもよいという少数説もあるが，②通説は，32 条 2 項について 703 条を確認しただけの規定であり，悪意であれば 704 条により全額の返還義務を負うのは当然であり，失踪宣告の事例だけ例外を認める必要はないと考えている──不法行為による損害賠償請求とのバランス論もある──。そうすると，B は代金 1000 万円全額を返還しなければならないことになる。また，受けた利益には，利益を受けた時からの利息を付けなければならない（704 条本文）。

(b) **B が善意の場合**　【事実Ⅲ】の 10 の下線部を変更して，B が F の生存を知らなかった場合には，32 条 2 項が適用され，B は現存利益のみを返還すれば足りる。「利益」が残っていると認められればよいのであり，受けた財産や金銭がそのまま残っている必要はない。

①代金が預金されて残っているのは 800 万円に過ぎない。②パチンコに使用した 100 万円は浪費であり現存利益はない（換金したかどうか不明）。③これに対して，生活費はいずれにせよ自己の資金から支出が必要であったものであり，100 万円分自己の資産が支出を免れているので，現存利益を認めてよい。したがって，①と③の合計 900 万円が現存利益として B が F に返還すべき金額である。現存利益については，B が浪費等による利益の喪失につき証明責任を負う。

【答案作成についてのコメント】32 条 2 項が悪意の場合にも適用されるのかを論じ，また，下線部を善意にした事例については，何が現存利益なのかを論じればよい。

4 ［設問4］について（配点は 15 点）

> **【出題趣旨】** ［設問4］は，他人の財産が処分された場合に，所有者はそれを追認して買主に対する代金債権を取得できるのか，できないとしたら，その他に所有者が買主から代金を優先的に取得する方法が考えられないかを検討してもらう問題である。

(a) 問題の確認と追認の効果

(ア) 問題の確認 もしBが破産手続開始の決定を受けていれば，**代償的取戻権**（破産法 64 条）によりGに対する代金債権をBの責任財産から取り戻すことができるが，Bについて破産手続は開始していない。しかし，Bは無資力状態であり，破産手続が開始した事例とのバランス上，Fが優先的に代金を受け取れることが好ましいが，問題はその民法上の実現方法である。

(イ) 追認により代金債権を取得できるか まず，FがBG間の他人物の売買契約を追認しても，それはFからGへの所有権の移転という物権的効力を生じさせるに過ぎない。他人物売買でも債権契約としてはBG間に有効に成立する。Fが追認しようと，代金債権はBに帰属したままである（最判平 23・10・18 民集 65 巻 7 号 2899 頁［ぶなしめじ事件判決]）。この結果，追認しても，FはBのGに対する代金債権を取得しえない。

> **【答案作成についてのコメント】** ［設問4］は，ぶなしめじ事件判決を議論させる問題である。他人物売買について，追認により有効になるのは売買契約ではなく，所有権移転という物権的効力に限られること，代金債権の帰属には影響を及ぼさないことを確認すべきである。判例があるので，これを落とすのは痛い。

(b) 債権者代位権の行使

Bは無資力状態であるため，FのBに対する不当利得返還請求権ないし損害賠償請求権を被保全債権として，Fは，BのGに対する代金債権を代位行使することができる（423 条 1 項）。Fは，代位権に基づいて，Gに対して自己に代金を支払うよう求めることができる（423 条の 3）。しかし，たとえ代位訴訟を提起しても，Bが代金を受領することを阻止し得ない（423 条の 5）。また，Bの他の債権者による差押えを阻止できない。このようにして，代位権の行使では，Fの代金債権からの回収は確実なものではない。

(c) 代金債権の排他的取得

①Bの破産を申し立てて代償的取戻権（破産法 64 条）を行使することも考えられるが，②民法レベルでも，不当利得返還請求権（703 条，704 条）によることが考えられる。即ち，BがFの所有物を売って「代

金債権を取得した」こと自体が不当利得であり，代金受領前から不当利得の成立が認められる。そのため，代金債権の取得を不当利得としてその返還（債権の移転）を請求できると考えられる（646条2項のような権利になる）。これならば，破産手続外でも，Bの責任財産から本件代金債権を取り戻すことが可能になる。

【答案作成についてのコメント】Bに代金債権を帰属させたまま，所有者Fが代金を買主Gから優先的に取り戻すことができる方法について検討すべきである。この点は問題意識だけでも示せれば加点事由と認められる。

1 ［設問1］について

(1) BのC社に対する損害賠償請求

(a) 本件合意（和解）の効力

Bは、BEの実損害は本件合意による賠償金よりも大きいと主張して、既に受領した賠償金との差額をC社に対して賠償請求することを考えている。これは可能であろうか。

これに対して、C社からは、和解により解決済みである旨の主張がされるものと思われる。和解の効力により、真の権利関係と和解により合意された権利関係とが一致しなくても、その差額は消滅したものと扱われるのである（696条）。過去の争いの蒸返しをしないことが、紛争を解決する合意としての和解には要求されるのである。

(b) 無効・取消事由はない

このため、本件合意の金額が現実の損害よりも少ないとしても、その部分は和解により消滅していることになり、Bはこの金額を請求することはできない。ただし、本件合意に無効・取消事由があれば別である。この点、Bから主張されることが考えられる無効、取消事由について考察すると、まず、適切な賠償額の誤認は法的評価の錯誤であり、95条1項の錯誤として保護されることはない。また、C社が強迫や詐欺を働いた事情はない。さらには、暴利行為として、公序良俗違反（90条違反）として無効とされるような、Bの窮乏に乗じて不当に低額な賠償金を押しつけたわけではない。以上より、Bは本件合意に拘束される。

(2) EのC社に対する損害賠償請求

(a) 胎児を代理した和解は有効か

(ア) 胎児に権利能力なし

問題は、本件合意の、合意当時に胎児であったEを、母親Bが代理してなした部分の効力である。というのは、胎児には権利能力はなく（3条1項）、これを主体とする合意は無効ではないかという疑問があるからである。

(イ) 例外事例の法律構成

この点、胎児は損害賠償（721条）と相続（886条1項）については出生を擬制される。では、その限度で胎児にも権利能力が認められ、本問での代理行為は有効になるのであろうか。しかし、胎児の期間の権利関係について規律する条文はなく、民法はそのような解決を予定していない。また、例えば胎児に相続を認め、母親に代理権を認めてしまうと、胎児を代理して財産処分をするなどいかなる行為も可能になってしまう。これは相続それ自体だけを出生擬制により認めようとした趣旨と抵触する。

(ウ) 本問の結論

したがって、胎児が生まれたら相続などを認めるというだけの効力しか認められず、胎児の間にはあくまで、3条1項により権利能力はないと解すべきである（停止条件説）。この結果、Bのなした本件合意は、Eの部分に関する限り無効であるといわざるをえない。

(b) Eが改めて主張できる権利

Eは既に支払われている賠償金との差額を賠償請求できる。胎児の間にBによる賠償金の受領は無効であるが、Eの出生と同時に

有効になったと考えてよい。Bの代理権が補完されるからである。では、Eの損害賠償請求権としてどのようなものが考えられるであろうか。

　　(ア)　固有の慰謝料請求権　　まず、Eが自己固有の慰謝料請求権（711条）を取得する。確かに、今は生まれたばかりで父のいない悲しみを感じてはいないが、将来悲しみを受けることが考えられるため、胎児の段階から慰謝請求権を取得していたことを認めてよい（721条）。

　　(イ)　Aの損害賠償請求権の相続　　また、Aの死亡により、Aに死亡逸失利益と死亡慰謝料についての賠償請求権が成立すると同時に相続により相続人に移転している。安全配慮義務違反による不法行為（709条又は715条1項）と債務不履行（415条1項）の2つの損害賠償請求権が成立し、請求権競合になる。そのため、Eは、Aのこの2つの損害賠償請求権を法定相続分である2分の1（900条1号）につき相続を原因として、相続時に取得していたことになる（886条1項）。

　　以上の損害賠償請求権から、既受領の金額を差し引いた差額を、EはC社に対して賠償請求することができる。C社も改めてAの過失相殺を争うことができる。

2　[設問2] について

(1)　胎児の損害賠償請求権

　胎児の出生擬制は、死産で生まれた場合には認められない（886条2項）。その結果、胎児を被相続人とする相続は生じないことになる。胎児はAの相続人になっていなかったことになり、Aの相続人は、妻Bと弟Dであったことになる。

(2)　C社に対する損害賠償請求権

　(a)　Dの損害賠償請求権　　DはBのなした和解に拘束されない。胎児の部分の合意をDにつき有効とする無効行為の転換は、私的自治の原則からして認められるべきではない。したがって、Aの死亡逸失利益の損害賠償請求権及び死亡慰謝料請求権を共同相続により法定相続分の4分の1を相続することになる（900条3号）。Dには、この他に固有の慰謝料を認めるべき特別の事情はない。

　(b)　Bの損害賠償請求権

　　(ア)　当初の合意の効力のままでは不適切　　他方で、Bは和解に拘束される。しかし、その法定相続分は、和解で前提とした2分の1ではなく、4分の3になっている。そのため、Bにつき有効な部分の範囲が、2分の1のままというのは適切ではない。

　　(イ)　全面的に無効とすべきではない　　しかし、和解契約を全面的に無効とするのも、せっかくなされた合意を全て無にしてしまい適切ではない。そこで、固有の慰謝料を500万円とする合意、また、Aの損害を5,000万円とする合意は有効のままと考えるべきである。そのため、5,000万円につきBの相続分である4分の3に匹敵する3,750万円の損害賠償請求権と500万円の固有の慰謝料請求権、合計4,250万円について有効と解すべきである。この結果、支払われた6,000万円のうち4,250万円の支払を有効とし、残額1,750万円が不当利得になり、BはC社への返還を義務づけら

れる。

(3) Bのα及びβに対する損害賠償請求

(a) なしうる請求

(ア) Bの賠償請求しうる損害　Bは、本件転倒事故により転倒し流産したという身体侵害につき、治療費や傷害慰謝料の賠償請求が認められる（709条、710条）。それにとどまらず、子が死亡した場合に準じて、711条を類推適用し、胎児の死亡による別個の慰謝料が認められるべきである。胎児の出生が見込まれない特段の事情がない限り、出生が確実であったか、出生間近であったといったことは要件にはならず、慰謝料の算定において考慮すれば足りる。

(イ) αらからの反論　αらからは、Bが妊婦であったという特別事情について予見できなかったため、妊婦であったことによって特に生じた損害について賠償責任はないとの主張が考えられる（416条2項類推適用）。しかし、妊婦が歩道を歩いていることは社会通念上予見できないことではなく、この抗弁は認められない。

また、αらからは、妊婦という点につき素因減額（722条2項類推適用）が主張されるものと思われる。この点、過失相殺同様に、公平の観念に基づく調整であり、妊婦ということは非難される事情ではなく、疾病でも既往症でもなく、これを考慮することは適切ではない。ただ、歩行者として要求される注意は妊婦であっても免れないのであり、後ろから自転車が来るかもしれないのに、後ろを確認しないで急に向きを変えた点について過失相殺（722条2項）は可能である。

(b) 賠償義務者　次に、賠償義務者について検討していく。

(ア) αについて　まず、αについては、13歳であり責任能力が認められる（712条参照）。また、前に歩行者がいるのに徐行をしなかった過失が認められる（709条）。したがって、αには損害賠償責任が認められる。

(イ) βについて　βは、責任能力あるαの親権者であり、αに責任能力が認められるので、714条1項の責任は成立しない。しかし、責任能力を備えたとしてもαは13歳であり、βは親権者として必要なしつけを行う義務を依然として免れない。これを怠ったものと認められ、それにより事故が生じたのであれば、709条の責任を免れない。本件は、βの監視下でのαの不法行為ではないので、日頃の行動に対するしつけが問題になる事例である。この点、βは、日頃からαに対して、自転車に乗る際には事故に遭わないよう、また、事故を起こさないよう注意を促していたというのであり、義務違反は認められない。

以上より、βの損害賠償責任は認められない。

3 ［設問3］について

(1) 不法行為に基づく損害賠償請求権

(a) 下線部そのままの悪意事例　BがFの生存を知りつつその失踪宣告を申し立てた行為は、Fに対する不法行為になる（709条）。一種の人格権侵害として、財産権の侵害がなくても慰謝料請求を認めるべきである（709条、710条）。他方、甲画を売

却したことは、Fが生存していたとしても失踪宣告は有効であり、Bは所有者として売却をしたことになるが、失踪宣告の取消しにより取り戻す財産的利益を侵害したことになる。したがって、Fは、Bに対して甲画の価格の賠償を請求できる。さらには、失踪宣告取消しのためにかかった費用の賠償も請求できる。

Bは不法行為による損害発生と同時に遅延損害金を支払うことを義務づけられる。また、相当額につき、弁護士費用の賠償も義務づけられる。

(b) **下線部を変更した善意事例**　BにはFの生存について過失を認めるべきではない。7年間の生死不明で、まだ生きている可能性があっても死亡している確実な根拠を不要として失踪宣告の申請ができる制度の仕組みからして、確認せずに申請したら不法行為になると考えるのは適切ではない。Bに世界中のSNS等を網羅的に調べる義務はない。したがって、特段の事情がない限り、無過失であり、不法行為責任を負うことはない。

(2) **不当利得返還請求権**

(a) **下線部そのままの悪意事例**　32条2項は現存利益の返還に制限し、善意を要件としていない。では、Bが悪意であっても、不当利得返還請求は現存利益に限定されるのであろうか。

しかし、32条2項は703条の確認規定にすぎず、失踪宣告の事例でも、悪意ならば704条が適用され、1,000万円全額の返還請求が可能と考えるべきである。また、利得の時から利息を付けて返還すべきである（704条前段）。Fはさらに損害があれば、Bに対して賠償請求ができる（704条後段）。悪意であり、不法行為を根拠に賠償請求もでき、請求権競合の関係になる。

(b) **下線部を変更した善意事例**　他方で、Bが善意ならば、現存利益だけ返還すればよい（32条2項）。現存利益については、受けた利益が形を変えて残っていても利益が現存するものと認められる。これを本件に以下当てはめてみたい。

①代金は預金しており、預金は800万円のみ残っている。この800万円の預金は現存利益といってよい。Bの他の金銭は混入していないので、払い戻された金銭がどの金銭かを考える必要はない。②パチンコに費やすのは浪費であり、このための100万円は現存利益から差し引かれる。③生活費に費やした100万円の部分は、その分が節約できているので利益が残存していることになる。

以上より、結論として、Bには900万円の返還義務が認められる。Bは、Fから返還請求されなくても（412条3項参照）、悪意になった時点から、900万円につき利息を付けて支払うことを義務づけられる。

4 ［設問4］について

(1) **追認ができるか**

失踪宣告が取り消されたため、所有権移転登記がされたままであっても、本件土地建物はFの所有に復帰しており、Bは他人物売買をしたことになる。債権契約として他人物売買も有効であるが、登記に公信力はないので、物権的効力は認められず、G

は本件土地建物の所有権を取得できない。Fには、94条2項の類推適用が認められるべき特段の事情もない。

　しかし、無権代理についての113条1項を類推適用すべきであり、Fは追認して、物権的に無効なところの効力を補完することができる。所有者Fの追認により、FからGへの所有権移転という物権的効力が生じることになる。

(2)　Fによる代金債権の取得ないし行使

(a)　追認による取得
　上記のように、FはBのなした本件土地建物の売買契約の追認ができる。しかし、その効力は、物権的効力の補完にとどまり、追認がなくても債権契約としてBG間の売買は有効であり、代金債権の債権者はBである。この点は、追認があっても変わることはない。

(b)　追認以外について

(ア)　代位行使
　上記のように、他人物売買も債権契約としては有効であり、売買契約上の代金債権は、Fが追認しようとBに帰属したままである。Fは、確かに登記に公信力がないので損害がないとも言えるが、本件土地建物の返還を諦めて、損害賠償請求又は不当利得返還請求を選ぶことができ、それを被保全債権として、BのGに対する代金債権につき、債権者代位権（423条1項）を行使できてよい。そのためにはBの無資力は必要である。この場合、Fは、Gに対して代金を自分に支払うよう請求することができる（423条の3）。しかし、Bに他に債権者がいれば、全員が代位行使でき、優先的な代金の取得はできない。

　本問では、Fの財産の代金（代償）であり、Fが全部代金を取得できることが好ましい。本件土地建物はBの責任財産ではなかったのであり、債権契約は有効でBに代金債権が帰属するとしても、Bの債権者にその代償たる代金債権につき、自己の債権の責任財産とできるといった棚ぼた的利益を与える必要はない。

(イ)　不当利得返還請求
　Fが排他的な取得ができる方法として、Bの破産手続を申し立てて、代償的取戻権（破産64条1項）を行使することも考えられる。しかし、このような方法によるのは迂遠であり、Fは、自分の財産を売却して「代金債権を取得した」ことを不当利得返還請求権として（704条）、代金債権の返還を求めることができる。646条2項は、このような趣旨に依拠する規定であり、不当利得の確認規定と解すべきである。よって、FはBに代金の「移転」を請求することができる。譲渡を求める訴訟を提起し、譲渡に代わる判決を取得して、代金債権を取得することになる。

以上

　次の文章を読んで，後記の［**設問1**］から［**設問4**］に答えなさい。（配点：100点〔［設問1］，［設問2］，［設問3］及び［設問4］の配点は、30：10：20：40〕）

【事実Ⅰ】

1.　A（男・90歳）は、事業で成功し多数の不動産や株式等を保有する資産家であり、認知症のため数年前より判断能力が急に減退してきている。

2.　Aは骨董品を収集する趣味を持っているが、ここ数年は、頻繁に骨董品業者を訪問したり馴染みの骨董品業者が訪ねてきてそのたびに高価な骨董品を購入しては、数週間もすると購入したことさえ忘れてしまう状況であった。

3.　そのため、心配をした同居の長男Bが、2022年に、Aの成年後見開始の審判を家庭裁判所に申請し、家庭裁判所はAの後見開始の審判をなし、Aと同居しているBを後見人に選任した。

【事実Ⅱ】

　前記【事実Ⅰ】の1から3までに続いて、以下の事実があった。

4.　後見開始の審判から1週間後の2022年10月10日に、Aは馴染みの古美術商Cから、掘り出し物の江戸時代初期の甲作の掛け軸（以下「本件掛け軸」という。）を入手したという電話連絡を受け、Cの訪問を受けた。

5.　Aは日によって頭の状態が良いことがあり、その日も家族と正常な会話ができる状態であった。Aは、Cから本件掛け軸を見せられ、これを購入することにし、Cが作成していた契約書により本件掛け軸を200万円で購入することを合意し、署名押印した。CはAの成年後見開始の審判を知らなかった。Aは契約時に200万円を金庫から持ち出して代金を支払った。

［**設問1**］　【事実Ⅰ】及び【事実Ⅱ】（1から5まで）を前提として、Aが本件

掛け軸を購入したことを知ったBは、Cに対してどのような法的主張をなすことができるか、その考えられる法的根拠を全て指摘し、Cから出される反論も踏まえて論じなさい。

【事実Ⅲ】

前記【事実Ⅰ】の1から3までに続いて、以下の事実があった（前記【事実Ⅱ】の4と5は存在しなかったものとする。）。

6. 後見開始の審判から1週間後の2022年10月10日に、Aは馴染みの古美術商Cから、掘り出し物の江戸時代初期の甲作の掛け軸（以下「本件掛け軸」という。）を入手したという電話連絡を受け、Cの訪問を受けることになった。

7. Aは事前にBと相談し、Cから連絡を受けた本件掛け軸を200万円で購入したいと告げた。Bは、Aの話を聞いて本件掛け軸の200万円での購入に同意をした。

8. 翌日11日に、Aは、Cの訪問を受け本件掛け軸を実際に見たところ気に入り、Bから同意を得たとおり本件掛け軸を200万円で購入し、後日代金を振り込むことをCと約束した。Aは200万円がどの程度の重大な金額かよく理解できないまま、契約をしたものであった。

9. その後、Bは妻から、このままではAはどんどん骨董品を買い集めるだけだからやめさせたほうがよいと言われた。そのため、Bも翻意して、本件掛け軸をCに返還し代金の支払はしないことにした。

[設問2] 【事実Ⅰ】及び【事実Ⅲ】（1から3まで及び6から9まで）を前提として、BはAの後見人としてCに対してどのような法的主張をなしうるか、Cから出される反論を踏まえて論じなさい。

【事実Ⅳ】

前記【事実Ⅰ】及び【事実Ⅱ】（1から5まで）に続いて、以下の事実があった（前記【事実Ⅲ】の6から9は存在しなかったものとする。）。

10. Aは、Bから本件掛け軸をCに返還するよう説得されたが、これに頑なに応じずそのまま本件掛け軸を飾っている。Bはなんとかを説得しようと試みたが、すぐにAが本件掛け軸を買ったことを忘れてしまうであろうと考え、そうなってからCに連絡して引き取ってもらうことにした。

11. ところが、引渡しを受けた3日後の10月13日に、A宅に泥棒が入り、他の骨董品とともに本件掛け軸が盗難に遭った。Bは、Aが散歩に出かけている間に本件掛け軸を部屋から持ち出すことができたが、そのままにしていて、Aの自室の窓を破壊して窃盗犯が侵入したのであった。A宅では過去に何度か、強盗や窃盗の未遂事件が起きていた。

12. A宅には金目のものが数多くあるため、窃盗の被害に遭う可能性は高かったが、Bは本件掛け軸を返還する予定であるのに、Aから取り上げて金庫にしまっておくといった措置を講じていなかった。Bは警察に被害届を出したが、犯人は捕まっておらず、本件掛け軸も行方不明のままである。

[設問3] 【事実Ⅰ】、【事実Ⅱ】及び【事実Ⅳ】（1から5まで及び10から12まで）を前提とし、BがAの後見人として、Cに対して、ＡＣ間の本件掛け軸の売買契約を取り消し代金の返還を請求することを考えている。Cから出される反論を踏まえて、Bの請求が認められるかどうか、論じなさい。

【事実Ⅴ】

前記【事実Ⅰ】及び【事実Ⅱ】（1から5まで）に続いて、以下の事実があった（前記【事実Ⅲ】及び【事実Ⅳ】の6から12は存在しなかったものとする。）。

13. Bは、すぐにAが本件掛け軸を購入したことを知ったが、Aが本件掛け軸をずいぶん気に入っているようであり、また、かなり貴重なものであり資産価値もあると考え、高い買い物だとは思ったがCの口座に代金200万円を振り込んだ。

14. その後、Aの骨董品収集の愛好家の知人αがA宅を訪れた際に、これに対応したBは、αから本件掛け軸は江戸後期の別の作者の作品ではないかと言われた。そこで、Bは、知合いの鑑定家に依頼して鑑定をしてもらったところ、αの言うように異なる乙作のものであり、200万円の価値はなく、50

万円程度の価値のものであることが分かった。

15. この事実を知ってAは驚いたが、よくできた掛け軸なのでこれを手放したくないとBに述べている。そのためBは、Aが本件掛け軸を気に入っているので、本件掛け軸についてこれを保持しつつ、適正価格との差額をCから取り戻すことを考えている。

[**設問4**] 【事実Ⅰ】、【事実Ⅱ】及び【事実Ⅴ】(1から5まで及び13から15まで)を前提として、BはAの後見人として、Cに対して本件掛け軸を保持しつつ、適切価格との差額を取り戻すためどのような法的主張をなしうるか、その考えられる法的根拠について論じなさい。検討に際しては、①Cは乙作であることを知っていた場合と、②Cも乙作であることを知らなかった場合とを考えなさい。

○ 言及すべき点及び論点 ○

1 〔設問1〕について
　①制限行為能力取消し（重要度D）
　②後見人自身が取消権を持つこと（重要度
　D）
　③意思無能力無効
　　ⓐ意思能力とは（重要度D）
　　ⓑ意思無能力無効と制限行為能力取消し
　　の関係（重要度D）
　④沈黙と詐術（重要度D）
　⑤原状回復の法律関係
　　ⓐ代金の利息を付けての返還（重要度C）
　　ⓑ同時履行の抗弁権（重要度B）

2 〔設問2〕について
　①後見人が同意を与えた場合の効力（重要
　度A）
　②意思無能力無効（重要度D）

3 〔設問3〕について
　①現存利益の返還（重要度C）

　②返還不能と取消しの可否（重要度B）

4 〔設問4〕について
　⑴ Cが悪意の場合
　　①法定追認（重要度C）──⑵と共通
　　②詐欺取消し（重要度D）
　　③錯誤取消し（重要度D）
　　④担保責任
　　　ⓐ代金減額請求（重要度B）
　　　ⓑ損害賠償請求（重要度B）
　　⑤不法行為による損害賠償請求（重要度
　　C）
　⑵ Cが善意の場合
　　①錯誤取消し（重要度D）
　　②担保責任（重要度B）
　　③不法行為による損害賠償請求（重要度
　　A）
　　④債務不履行による損害賠償請求（重要
　　度A）

解説及び答案作成の指針

1 〔設問1〕について（配点は30点）

【出題趣旨】 Aは成年被後見人なのでその行為は取消し可能であるが，①意思無能力無効を選
択できるのか，また，②成年後見開始の審判を受けたことを長年取引関係にある相手に説明
しなかった場合に，沈黙による詐術になるのかといった点を議論してもらう問題である。

⑴ 制限行為能力を理由とする取消し

　まず，Aは成年被後見人なので，その行為は取消しが可能なことを確認す
べきである（9条本文）。いくら資産家とはいえ，200万円もする買物は「日常
生活に関する行為」とはいえない（9条但書）。取消権者については，120条1
項に規定されており，成年被後見人Aに取消権が認められているだけでなく，
後見人B自身に固有の取消権が認められ，代理人として取消しをするもので

はない。

(2) 意思無能力無効との競合

(a) 意思無能力無効の明文化　　また，Aの意思無能力を理由とする本件掛け軸の売買契約の無効を，Bが代理人として主張することが考えられる。判例により，「意思能力を有せざりしときは其行為は無効たるべく，……禁治産中に為したる行為たりとも全く意思能力を有せざる事実あるに於ては何等取消しの意思を表示することなく当然無効」とされていた（大判明38・5・11民録11輯706頁［手形行為の事例］）。2017年改正法は，これを明文化し，「法律行為の当事者が意思表示をした時に意思能力を有しなかったときは，その法律行為は，無効とする」と規定した（3条の2）。

(b) 意思能力の意義──CはAの意思無能力を争う

(ｱ) 事理弁識能力？　　したがって，Bは本件掛け軸の売買契約当時においてAに「意思能力」がなかったならば，代理人として契約の無効を主張できることになる。しかし，「意思能力」の内容は明らかにされていない。制限行為能力については，「事理を弁識する能力」（**事理弁識能力**）を問題とし，「欠く状況」（7条），「著しく不十分」（11条），「不十分」（15条）とに分けられている。意思能力と事理弁識能力との関係は，改正に際しての議論でも問題になったが，解釈にまかせることにされた。厳格に考える必要はなく，意思能力は事理弁識能力と同じないしはほぼ同じと考えてよい。

(ｲ) 求められる意思能力は取引により異なる　　Aは契約当時「家族と正常な会話ができる状態であった」のであり，日常生活に関する行為をする事理弁識能力（意思能力）はあったといってよい。しかし，200万円もするような高額取引に十分な能力があったかというと，200万円がどのくらい重大な金額なのかは理解していなかったのであり，意思無能力と考える可能性がある。取引の重要度によって，求められる意思能力は異なると考えてよい。

(c) 制限行為能力取消しとの関係　　Aの意思能力を否定すると，制限行為能力取消しとの関係が問題になる。前記大判明38・5・11は制限行為能力者でも意

思無能力でなした行為は無効であることを認めている。学説には，①選択を認める学説と②行為能力制度に吸収してしまう学説とがある。現行法では，意思無能力にも，現存利益の返還への制限も認められ（121条の2第3項），意思無能力無効を選択することには126条の期間制限がないことしか実益は残らない。本問では時効も問題にならず，議論の実益さえない。

【答案作成についてのコメント】実益はないが（この点も言及すべき），意思無能力無効も主張できることに言及してよい。意思能力とは何かについては深入りしなくてよく，取引によって求められる意思能力が異なることを指摘し，本件へのあてはめにも言及することに主軸を置くべきである。意思能力と制限行為能力取消しとの関係は，加点事由程度の論点である。

(3) 制限行為能力者の「詐術」── C からの反論

(a) **沈黙による「詐術」**　A は本件掛け軸の購入 1 週間前に成年後見開始の審判を受けたばかりであり，C は長年 A と取引をしており，今回の取引の直前に A につき成年後見開始の審判があったことを知らなかった。そのため，C からは，A は意思能力があり，長い間取引をしてきた C と取引をするに際して，成年後見開始の審判を受けたことを告げるべきであった，それなのにそれをあえて告げなかったのは，21 条の「詐術」に該当するという主張がされることになる。

(b) **積極的な開示を義務づけるのは制度趣旨に反する**　従来の無能力者制度には，浪費者という類型があり（準禁治産者），事理弁識能力には問題がないので（それ故に改正で制限行為能力者から除外された），取引の相手方は無能力者とは予想もしていないため問題になったものである。判例は傍論的に沈黙も他の言動と相俟って積極的に相手方の誤認を利用する意図があれば「詐術」となる可能性を認めるが，単なる沈黙では「詐術」とは認めない（最判昭 44・2・13 民集 23 巻 2 号 291 頁）。取引の安全を害してでも，制限行為能力者の保護を優先するのが，制限行為能力者制度の制度趣旨だからである。被保佐人や未成年者のような相当の判断能力がある者が「詐術」を働き，相手方がそれを信頼した──規定にはないが善意が要件──場合に，例外が認められるに過ぎない。

(c) **本問へのあてはめと結論**　本件の成年被後見人 A については，従前から C と取引があったとしても，あえて成年後見開始の審判があったことは，A または B から告げる必要はなく（知られたくない個人情報でもある），聞かれた場合にこれを積極的に否定した場合に「詐術」になると考えれば足りる。以上より，B は後見人として AC 間の本件掛け軸の売買契約を取り消して，代金の返還を求め，

そして，本件掛け軸の引き取りをCに請求することができる。

　制限行為能力取消しまた意思無能力無効のいずれについても、原状回復の関係になる（121条の2）。Cは代金について利息の返還を義務づけられると考えるべきである。CもAも同時履行の抗弁権を主張できる（532条類推適用）。

2　[設問2]について（配点は10点）

【出題趣旨】　[設問2]は，後見人が同意をして成年被後見人になすべき契約締結の内容まで指定して自ら契約を締結させた場合には，その契約はもはや取消しができなくなるのか，もしそうだとしたらその法的構成をどう説明するかを議論してもらう問題である。

(1)　同意を得てなした行為の取消しは可能か

　(a)　成年被後見人は同意を得てもその行為は取消し可能　　[設問2]では，後見人BがAに対して本件掛け軸の購入に同意をしている。この点，成年後見人については，未成年者や被保佐人や被補助人とは異なり，同意を得ないことが取消しの要件にはなっておらず（5条2項，13条4項，17条4項），「成年被後見人の法律行為は，取り消すことができる」と規定されているだけである（9条本文）。そのため，後見人が同意をしていても，取消しが可能になると考えられている。しかし，同意された通りの行為がされた場合，後見人が事後に同意（＝追認）をすれば取消権が認められないこととのバランスを考えると，取消し可能という結論には疑問を生じる。

　(b)　取消しを否定できないか――同意があっても取消しを認める理由　　成年被後見人については，同意があっても取消しが可能とされているのは，①その取引に同意しても，成年被後見人に代金や内容（免責特約等）を協議して決めさせるのは適切ではなく，また，②契約内容を定めて同意をしても，成年被後見人がその通りに契約ができるか分からないからである。

　その趣旨からいえば，同意された内容通りの契約を締結した場合であれば，成年被後見人の保護として問題はなく，同意をしたがその内容と異なる契約を締結した場合は，同意の範囲外とすればよいだけの問題である。結論はそうだとしても，成年被後見人については同意を得てなした場合についての規定がないために，

取消しを否定する結論をどう説明するのかが問題になる。

(c) **取消しを否定する法的根拠づけ**　学説は，①後見人が被後見人を用いて
——使者として？——契約をしているという説明もされている。しかし，後見人
が本人の代理人として締結をするのに，更にその代理行為につき本人を使者とし
て使用するというのは，あまりにも技巧的な構成である。

②この点，直截に9条を制限解釈——後見人の同意がありかつその通りの行為
が行われた場合には取消しを否定——すべきである。未成年者や被保佐人のよう
に，概括的な同意を認め内容を本人に決めさせる行為をする同意はできず，事後
の追認に準じて，同意した通りの内容通りの行為を行うことへの同意権は認めら
れるべきである。

この結果，Bがその後翻意して取消しをしようとしても，もはや取消しは認め
られない。

【答案作成についてのコメント】後見人の同意があっても成年被後見人の行為は取消しができること，
その根拠を確認した上で問題提起をすべきである。結論としては，同意をされた通りの内容の契約
が締結された場合には，事後の追認をするまでもなく完全に有効になること，そしてそれをどう説
明するのかを議論すべきである。

(2)　**意思無能力であったらどうか**

(a) **意思無能力無効は排除されないのか**　ところが，AはBの同意は得たも
のの，代金200万円の重大性については理解できておらず，[設問1]に述べたよ
うに，意思無能力と認められる。そうすると，Bは，意思無能力者に同意をして
契約をさせたことになる。同意を得ていようと，意思無能力者の行為は無効であ
る。では，BはAの代理人として，Aの意思無能力を理由に売買契約の無効を主
張できるのであろうか。

(b) **同意に基づく行為を有効とする法的構成との関係**　①先の使者構成であ
れば，使者が意思能力者である必要はない。②同意が有効であるという構成では，
同意に基づく有効な行為がされなければならないが，BはAが200万円の価値を
理解しまいまま有効な契約を締結させようとしており，結論としてはBによる意
思無能力無効の主張も否定すべきである。では，信義則上，Bは無効の主張が制
限されるという苦しい説明によらなければならないのであろうか。

(c) **意思無能力無効の追認の前倒し**　制限行為能力者が意思無能力の状態で
行った行為については，無効と取消しとは競合するが，後見人が追認すれば，制

限行為能力を理由とする取消権の放棄というだけでなく，意思無能力無効の追認にもなる（119 条の制限解釈）。B は A が意思無能力であることを認識しつつ，A に同意して契約をさせているのである。意思無能力無効の事後の追認を予め行っているようなものであり，A が同意された内容通りの行為を行えば，<u>当然に追認の効力が生じる</u>と考えるべきである。

　以上より，B は本件掛け軸の売買契約の取消しまた無効を主張し，本件掛け軸の引取りを C に求めることはできず，また，C に対する代金の返還を請求できないことになる。

3 ［設問 3］について（配点は 20 点）

【出題趣旨】 ［設問 3］は，制限行為能力者は取消しにより，原状回復義務を負わず，現存利益の返還義務のみを負うため，本問では盗難に遭い何も返還しなくてよいことになる。しかし，後見人が取消しをするつもりでいながら目的物の十分な管理をしなかったために，窃盗の被害に遭ったのであり，その結論でよいのかを検討してもらう問題である。

(1) 問題点の指摘

　(a) **原則としての原状回復義務**　　A による本件掛け軸の購入は，9 条本文により取消し可能である。取消しの効果については，121 条が遡及的無効と規定しているが，給付の返還については不当利得の規定に従うのではなく（703 条で現存利益の返還が原則），いわゆる不当利得類型論により「給付利得」類型とされ，2017 年改正法は，解除だけでなく，契約の無効や取消しの場合にも原状回復が原則であることを宣言した（121 条の 2 第 1 項）。ただし，物の返還については，日本では無因性は認められていないため，取消しにより当然に所有権が復帰し，所有権に基づく返還請求が認められる。

　(b) **制限行為能力取消しにおける例外——現存利益の返還でよい**　　しかし，民法は，制限能力者を保護する特別規定を置いている。制限行為能力取消しの特例である。即ち，制限行為能力取消しにより契約が無効になる場合に，「その行

為によって現に利益を受けている限度において，返還の義務を負う」に過ぎない
ものとされている（121条の2第3項前段）。これを適用すると，Aは契約の取消
しにより掛け軸を返還しなければならないが，返還不能であり利益が残っていな
いので，何らの返還義務も負わないことになる。以上は，意思無能力無効を選択
しても同じである（121条の2第3項）。

（c）**適切な管理をしていなかった**　成年被後見人自身が適切な管理をしな
かったことについて非難はできず，後見人が気付いて管理を始めるまでの原因に
よるならば，現存利益の返還に限定することに違和感はない。成年被後見人が売
主であり代金を受け取った場合であれば，適切に管理できない結果，なくしてし
まったとしても，現存利益なしとしてよい。

しかし，本問では，後見人BがAによる本件掛け軸の購入を認識し，取消しを
することを予定していながら，適切な管理をせずに盗難に遭ったのである。Bに
取消権またその行使を認め，Cに盗難による不利益を負担させることには抵抗感
がある。取消しを認め，Bに損害賠償義務を認めるという中間的な解決も考えら
れるが，不法行為としてCのどのような権利を侵害したことになるのかは，疑問
として残される。

> **【答案作成についてのコメント】**制限行為能力取消しまた意思無能力無効，いずれの場合にもAに現
> 存利益の返還義務のみが認められるが，本件では後見人に返還の対象たる本件掛け軸の管理が適切
> ではなかったのであり，どう処理すべきなのかを問題提起すべきである。

（2）取消しの制限

（a）参考としての解除についての規定

（ア）**解除権成立に悪意であれば故意・過失事例では解除不可**　解除にはこ
の問題に関連する規定がある。「解除権を有する者が故意若しくは過失によって
契約の目的物を著しく損傷し，若しくは返還することができなくなったとき，又
は加工若しくは改造によってこれを他の種類の物に変えたときは，解除権は，消
滅する」と規定されている（548条本文）。問題になるのは，例えば「売買契約で
引渡しから1週間は解除可能」という約定解除権を留保する特約がある場合であ
る。

（イ）**返還不能のリスクについての調整である**　解除を認めるかどうかは，
目的物の返還不能のリスク負担についての解決の方向を示すものであり，①解除
を認めないということは，滅失しても代金を支払うべきものとして解除権者に不

利益を負担させること，②解除を認めるのは解除して返還不能でも代金を支払わなくてよいこと，解除権者は不利益を負担しなくてよいことを意味する――そのため解釈上価格返還による原状回復義務も免れる――。解除権者が解除権が成立していることを知っていて，目的物の滅失・損傷に故意又は過失があれば，契約解除を否定して，滅失・損傷の不利益を解除権者の負担にしたのである。

(b) 取消しに類推適用できるか

(ア) 改正法では議論されていない　　上記の解決は解除に特有のものと考えるべきなのであろうか。2017 年改正に際して，解除と異なり，取消しの場合には詐欺や強迫の被害者もいるので，原状回復義務の適用除外にするか，利息や果実返還の規定についてだけでも例外を認めるかが議論されたが――解釈にまかせて明文規定は置かれなかった――，本問については議論されておらず，548 条を類推適用するかどうかは完全に解釈にまかされる。

(イ) 取消しへの 548 条の類推適用　　もし 548 条を類推適用するとしても，取消権者たる制限行為能力者の故意・過失を問題にするのは適切ではない。では，後見人の故意・過失を問題にすることが許されるべきであろうか。後見人の管理により成年被後見人が利益を受けるのであり，利益を受ける以上不利益も負担すべきであり，これを肯定する解決はあり得ない解釈ではない。

もし類推適用を肯定するならば，B は取り消せば返還すべきなのに，本件掛け軸につき善管注意による管理をしたとは言えない状況であったため，B また A ともに取消権が否定されることになる。

(c) 関連問題について

(ア) 548 条の類推適用以外　　A と C との利害の調整としては，548 条の類推適用以外の解決も考えられる。①一般条項による解決として，信義則により解除権の行使を制限することが考えられる。②また，取消しを認めつつ，A に例外的に原状回復義務（価格返還義務）を認める，又は後見人 B に損害賠償義務を認めるといった解決も考えられる。

(イ) 意思無能力について　　B は A の購入につき意思無能力無効を選択できる。この点，取消しを上記のように制限するならば，それとのバランスからいって，意思無能力無効の主張もできなくなる（有効になる）と考えるべきである。(ア)で②の解決を採用すると，意思無能力無効の主張を認めて，それぞれの解決によることになる。

【答案作成についてのコメント】取消しの場合に，原状回復義務が原則だが，制限行為能力取消しでは現存利益の返還でよいこと，これを適用するとＡは何も返還を義務づけられないことを確認した上で，後見人Ｂが取消しをするつもりなのに本件掛け軸の適切な管理をしていなかったことを問題にすべきである。548条の類推適用を議論して答案を書くことが考えられるが，信義則上取消しができない，取消しを認めるが価格返還を義務づける，Ｂに損害賠償義務を負わせる，などの解決も，問題意識さえ十分に示されていれば悪くはない。

4　[設問4] について（配点は40点）

【出題趣旨】　[設問4] は，本件掛け軸をそのまま保持し適正価格との差額を取り戻す方法について検討してもらう問題である。詐欺また錯誤取消しではこの目的を達しえず，代金減額又は損害賠償によりこれを実現できる方法を探してもらうことになる。

(1)　制限行為能力取消し及び意思無能力無効

後見人Ｂが本件掛け軸の代金を支払っているため，125条1号により追認をしたものとみなされ（法定追認），ＡもＢも取消権を失う。いずれにせよ，取消しでは本件掛け軸を保持するという結論を実現できない。意思無能力無効については，法定追認の規定が適用にならないが，代金の支払が黙示の追認と認められることにより有効になる（119条の適用を制限）。

【答案作成についてのコメント】法定追認が認められ，制限行為能力取消しはできないこと，しかも，本件掛け軸を保持できないので，二重の意味で対象外になることを一言確認する。意思無能力無効にも言及すれば，僅かながら加点事由にはなる。

(2)　Ｃが甲作ではないことを知っていた場合

(a)　**本件掛け軸を保持しえない法的主張**　①まず，Ｃが乙作であることを知りつつ掘り出し物の甲作と説明してＡに販売したならば詐欺に該当し，Ａには詐欺取消権（96条1項）が成立しこれをＢが法定代理人として行使することができる。しかし，詐欺取消しでは，Ａが本件掛け軸を保持したいという願いを実現できない。一部取消しという構成は無理である。

②また，錯誤としては動機の錯誤ではあるが，甲作ということが合意されており基礎事情の錯誤でありそのことが表示されているため，95条1項2号，2項の要件を充たし錯誤取消しも可能である（95条1項）。しかし，やはりこれでは本件掛け軸を保持するという結論を実現できない。

【答案作成についてのコメント】詐欺取消しはできるが，本件掛け軸を返還しなければならないこと，また，錯誤取消しも同様であることを確認すれば足りる。

(b) **本件掛け軸を保持しうる法的主張**

(ア) **担保責任**　Cは甲作であることを表示してその値段で販売したのであり，甲作ということは給付内容になり，本件掛け軸が乙作であったことは，「品質」の不適合になる。そのため，担保責任が成立する。追完不能であり追完請求（562条）は認められないが，追完不能なので即時の代金減額請求ができ（563条2項1号），また，415条により損害賠償請求また542条1項1号により契約解除が認められる（564条）。代金減額と損害賠償請求の方法であれば，本件掛け軸をAに保持させることができる。

(イ) **不法行為を理由とする損害賠償請求**　更に，詐欺は不法行為（709条）にもなる。そして，判例は，詐欺の場合に取消しをしないで，差額を損害賠償請求することを認めている（大判大5・1・26刑録22輯39頁）。したがって，Bは取消しをせず本件掛け軸を保持しつつ，差額150万円を損害として，不法行為を理由として賠償請求することが可能となる（債務不履行については(3)を参照）。

以上，結論として，BはCに対して，Aを代理して，担保責任に基づき代金減額又は差額分＋α（鑑定料金等）の損害賠償請求，ないしは，不法行為を理由とした同様の内容の損害賠償を請求できることになる。

【答案作成についてのコメント】本件掛け軸を保持して差額を取り戻す方法としては，代金減額と損害賠償による方法とがあること，それを実現する法的根拠として，担保責任と不法行為を検討する。詐欺の場合に，取り消さないで差額を不法行為による損害として賠償請求することへの言及は，加点事由の位置づけになる。

(3) **Cが甲作ではないことを知らなかった場合**

(a) **本件掛け軸を保持しえない法的主張**　まず，錯誤取消しの主張は，基礎事情の表示もあり共通錯誤であり可能であるが，これでは本件掛け軸を保持できないことは先に述べた通りである。欺罔の故意がないので詐欺取消しはそもそも認められない。

【答案作成についてのコメント】上記の結論の確認だけでよい。

(b) **本件掛け軸を保持しうる法的主張**

(ア) **担保責任の主張**　まず，(2)に述べたように，担保責任が適用になり，

買主は代金減額又は損害賠償を選択できる——差額以外の損害（鑑定依頼費用等）は損害賠償によるしかない——。売主に過失があることは，代金減額及び代金減額に匹敵する損害賠償には必要ではない。

　　(イ)　**不法行為を理由とする損害賠償請求**　　もしＣが甲作ではないことを知り得たならば，過失があることになる。では，過失により贋作を販売したことは，不法行為になるであろうか。

　　　❶　**給付利益の不獲得だけでは不法行為にならない**　　拡大損害を生じない単なる債務不履行は，不法行為法上の権利・法益を侵害しておらず，債務不履行のみが成立し，不法行為にはならない。単に履行利益（給付利益）を獲得しえないことは，債務不履行に過ぎないのである。

　　　❷　**契約させて代金を詐取する行為は不法行為**　　ただし，履行するつもりもないのに，詐欺によりこれがあるものと信じさせて契約を締結し代金を支払わせる場合には，詐欺たる不法行為になるが，代金（金銭）の詐取が問題になっている。過失の場合まで，債務不履行とは別に，契約をさせたこと自体を不法行為を認めるだけの違法性があるといえるかは微妙である。

　　(ウ)　**過失による不実表示**

　　　❶　**善意不実表示による債務不履行**　　そこで，不法行為ではなく債務不履行を問題にすることが考えられる。契約交渉段階での説明義務を問題にし，債務不履行であれば不法行為のような権利・利益侵害といった要件をめぐるハードルを越えることは不要になる。

　　では，売主Ｃに過失があり過失により甲作と説明をしたことは，契約締結段階における善意不実表示ということになり，債務不履行を問題にすることができるのであろうか。いわゆる信義則上の義務論によれば，信義則上の義務は契約上の義務ではなく，特別の信頼関係に入った者の間で認められるものであり，契約交渉段階でも認めることが考えられる（いわゆる「契約締結上の過失」論）。

　　　❷　**契約交渉段階における説明義務違反は不法行為？**　　安全配慮義務論において，判例は大風呂敷を広げた信義則上の義務論を展開したが（最判昭50・2・25民集29巻2号143頁），契約交渉の破棄事例については信義則上の義務違反による債務不履行を認めるのかは明確ではない。最判昭59・9・18判時1137号51頁は，「Ｙの契約準備段階における信義則上の注意義務違反を理由とする損害賠償責任を肯定した原審の判断は，是認することができ」るというのみである。

ところが，契約締結段階における説明義務違反につき，債務不履行として10年の時効を適用した原審判決を破棄し，不法行為のみが成立するに過ぎないとして3年の時効の完成を認める判決が出されている（最判平23・4・22民集65巻3号1405頁）。信義則上の説明義務違反ということは認めるが，その違反だからといって債務不履行にはならないというのである。

(エ) **本問へのあてはめ**　本問に(ウ)❷の判例をあてはめれば，不法行為しか問題にできず，また，(イ)の結論を当てはめれば，不法行為が成立するだけの違法性は認められないことになる。したがって，本件掛け軸を保持しつつ，不法行為による損害賠償請求はできず，担保責任（債務不履行）に基づいて，損害賠償請求又は代金減額によるしかない。

【答案作成についてのコメント】 契約締結に際して過失により相手方に誤った説明をした場合には，説明義務違反を問題にでき，その責任の性質を問題にし，債務不履行になるのか不法行為に過ぎないのかを検討すべきである。

1　［設問1］について

(1)　制限行為能力取消し

　(a)　後見人Bの法的主張　Bは，Aの後見人として、Aのなした Cからの本件掛け軸の購入を取り消すことができる（9条本文、120条1項）。いかに資産家とはいえ、200万円もの掛け軸の購入は、9条ただし書の「日常生活に関する行為」には該当しない。

　(b)　Cからの反論　これに対して、Cからは、沈黙による「詐術」が認められ、取消しができないと主張されることが考えられる（21条）。では、長年取引関係にあり、成年後見の決定を知らないCに対して、信義則上そのことを告げる義務をAに認めるべきであろうか。

　この点、制限行為能力者に成年後見開始についての説明義務を認めると、不作為による詐術（21条）に該当する可能性があるが、そのような運用は、制限行為能力者制度の趣旨に反する。したがって、特段の事情がない限り、不作為による詐術を認めて取消権を否定すべきではない。

(2)　意思無能力無効の主張

　Bは、Aの後見人としての代理権に基づいて、Aが当時意思無能力であることを理由に、本件掛け軸の売買契約の無効を主張することも考えられる（3条の2）。これに対して、Cはこれを争うことが考えられる。意思能力の有無は、その取引ごとに取引の時点で判断される。

　まず、意思能力については民法上定義されていないが、事理弁識能力であると考えられる。取引によって意思能力として要求される能力は変わってくるが、200万円もの取引であり、その取引の重要性について相当程度の理解する知能が必要である。Aは日によって頭の状態が悪かったり良かったりしており、本件売買契約当時の状況は不明である。

　そのため、場合分けが必要であり、意思無能力であった場合に限り、後見人Bは本件売買契約の無効を主張でき、これはB側が証明することが必要になる。なお、Aに意思能力があった場合でも、制限行為能力を理由とする取消しは妨げられることはない。

(3)　結論

　Bは後見人の立場で制限行為能力を理由に、AC間の本件掛け軸の売買契約の取消しができ、また、Aが意思無能力であった場合には、そのことを証明して本件売買契約の無効を主張することができる。この2つの主張は選択的な関係である。Cからは、意思無能力を争うことが考えられ、意思能力が認められても前者の取消権には影響はない。Aによる詐術は認められず、取消し・無効いずれの主張も否定されない。

　取消し・無効のいずれの場合においても、Cは代金200万円の返還を義務づけられる（121条の2第1項、第3項）。Cは本件掛け軸の返還をAに対して請求でき、代金

の返還請求に対して同時履行の抗弁権が認められる（533条類推適用）。Cは受け取った代金に受領時からの利息を付けて返還すべきである（545条2項類推適用）。

2 〔設問2〕について
(1) 問題提起
　Bからは、Cに対して、〔設問1〕と同様に、制限行為能力取消し又は意思無能力無効が主張され、代金の支払が拒絶され、本件掛け軸の引取りが求められる。これに対して、Cからは、〔設問1〕と同じ反論の他に、後見人の同意を得ているので、取消しができない、意思無能力は追認されたことになる、と主張されることが考えられる。
(2) 問題点の検討
　Bからの再反論として、9条は同意がない場合に限定していないと主張される。条文はそのとおりであり、Cからのこれに対する再々反論としては、以下のような主張が考えられる。
　①AはBの表示機関にすぎず、Bが契約をしているのであり、制限行為能力者の法律行為の取消しは問題にならない。②同意がされても取消し可能とされているのは、同意されたとおりの行為が適切にされるのか分からないからであり、同意されたとおりの行為がされていれば制限行為能力者保護は問題にならない。そのため、事後の同意は有効であることとのバランスから9条本文の適用を制限すべきである。③意思無能力も追認可能であり（119条を制限解釈）、事前になした追認が、同意どおりの契約がされたならば、契約時に当然に効力が生じる。
　Cの②③の主張が認められるべきである。Bによる取消し・無効の主張は認められず、代金の返還請求はできないと解される。

3 〔設問3〕について
(1) Bからの代金返還の主張
　Bは、〔設問1〕同様に、Aのなした本件掛け軸の購入につき、売買契約の制限行為能力取消し又は意思無能力無効を理由として、Aが既に支払った代金の返還を求めることになる。
(2) Cの反論
　Cはこれに対して、〔設問1〕と同様の反論をすることになるが、〔設問3〕ではそれとは別に、Cからの本件掛け軸の返還請求、また、掛け軸の返還との同時履行の抗弁権の主張が問題になる。本件掛け軸は盗難に遭い返還ができなくなっているからである。
(3) Bの再反論
　Bは、本件掛け軸が盗難に遭っており占有していないことから、利益を受けていないとしてAの原状回復義務の消滅（121条の2第3項）ないし不能の抗弁（412条の2第1項）を主張することが考えられる。また、これに伴い、AのCに対する代金の返

還請求権に対する、Cの同時履行の抗弁権も否定されるべきものとの主張がなされる。

(4) Cの再々反論

(a) 信義則による制限　これに対して、Cからは、Bは本件掛け軸を返還する予定であるのに、適切な管理をしていなかったため盗難に遭ったとして、代金返還を拒絶することが考えられる。問題はその根拠である。Bが信義則上代金の返還を請求し得ないと考えることもできるが、できれば条文根拠があるほうが好ましい。また、取消しは有効で、代金の返還請求を信義則（1条2項）で制限するだけでは、代金未払の場合に、Cの代金支払請求は認められなくなってしまう。

(b) 取消し自体の制限　そこで関連する規定を見ると、契約解除についての548条があり、これを制限行為能力取消しに類推適用すべきである。そうすると、後見人Bの過失はAの過失と同視されるべきであり、Bは、盗難の危険性があるのに適切な措置をとっていない過失がある。そのため、Bの取消しは無効であり、BはAの後見人として、Cに対して代金の返還請求をすることはできない。

4 ［設問4］について

(1) Cが乙作であることを知っていた場合

(a) 詐欺及び錯誤取消し　Cが、本件掛け軸が甲作ではなく乙作であることを知りつつ、甲作として販売したならば、それは詐欺に該当する。そのため、BはAの代理人として、AC間の売買契約を取り消すことができる（96条1項）。Bが代金を支払っているため、法定追認として、制限行為能力を理由とした取消しはできなくなるが（125条1号）、詐欺取消権には影響はない。

また、甲作ということをAの契約の基礎事情とすることの表示が認められ、錯誤取消しも可能である（95条1項2号、2項）。しかし、いずれによっても、主張できるのは取消しであり本件掛け軸を返還しなければならず、Aの本件掛け軸を保持したいという願いを叶えられない。詐欺や錯誤には、代金の減額請求権は認められていない。

(b) 担保責任　他方、本件売買契約では、甲作という品質が合意されており、それが欠けていたことから、担保責任を問題にすることができる。性質上追完（562条）は考えられない。しかし、Bは、Aの買主としての権利を代理人として行使することができ、200万円から50万円への代金減額請求権が認められる（563条2項1号）。また、差額150万円を損害として賠償請求することもできる（564条、415条）。いずれについても、追完不能であるため、売主の追完権の保障を考える必要はない。

以上の2つの権利行使であれば、Aの本件掛け軸を保持したいという願いを叶えつつ、その救済を図ることができる。契約解除もできるが（564条、542条1項1号）、これでは本件掛け軸の返還が必要になる。

(c) 不法行為責任　さらに不法行為を問題にできないであろうか。しかし、拡大損害の生じない単なる債務不履行は原則として不法行為にはならない。したがって、

引き渡した物が約束どおりの物ではなかったことへの救済は、債務不履行（担保責任）によることになる。

ただし、故意に誤った契約をさせて代金を詐取すれば、金銭を騙し取る不法行為である。支払わされた代金200万円が損害であり、Aは50万円の価値の本件掛け軸を取得しているので、この点を損益相殺されるべきである。詐欺事例であるが、Aに損益相殺をしなくてよいという保護を与える必要はない。

(2) Cが乙作であることを知らなかった場合

(a) **錯誤取消し**　Cが作者の異なることを知らなければ、詐欺は問題にならないが、Aに錯誤取消しは認められる。Cも錯誤に陥っている共通錯誤であり、Aに重過失があろうと錯誤取消しが可能である（95条1項）。しかし、先に見たように、取消しでは本件掛け軸を返還しなければならないため、Aの本件掛け軸を保持するという願いを叶えられない。

(b) **担保責任**　担保責任では、代金減額請求につき売主の悪意や過失は要件にはならない。そのため、Cが善意であっても、代金減額請求権を行使して、掛け軸を保持することができる。

(c) **作者について間違った説明をした責任**

(ア) **不法行為責任**　契約上の債務不履行自体には「権利・利益」侵害は認められず、契約内容に合致しない物を販売しても、それだけでは不法行為にはならない。詐欺により代金を詐取すれば不法行為になるが、過失で誤った説明をして契約をさせ代金を支払わせただけでは、不法行為となるだけの違法性は認められない。

(イ) **債務不履行責任**　ところが、債務不履行では、不法行為とは異なり権利・利益の侵害を介する必要はなく、損害を与えさえすればよい。では、本問の場合、契約締結段階における信義則上の義務違反による債務不履行（415条1項）が成立するのであろうか。

しかし、そこまで債務不履行を拡大すべきではない。確かに作者を誤って説明して販売することは、信義則上の義務違反である。ところが、その場合には担保責任が成立し、信義則上の義務違反を理由とする債務不履行責任を別個に認める必要はない。

以上

次の文章を読んで、後記の**［設問1］**から**［設問3］**に答えなさい。（配点：100点〔［設問1］、［設問2］及び［設問3］の配点は、50：20：30〕）

【事実Ⅰ】

1. Aらは、α大学のヨット部のOB OGであり、2020年4月に、湘南地区でのα大学ヨット部OB OGの親睦等を目的としてα大学OB OGヨット同好会（以下「α会」という。）を設立し、全員が出資をし、Aを代表者に選出した。α会の設立にあたっては、会員規約が作成されているが、α会は法人化の手続を経ていない。

2. α会は、α大学ヨット部のOBの1人からその所有のヨット1台（以下「本件ヨット」という。）の寄贈を受け、共同で管理・使用をしている。

3. 2023年9月、湘南地区を襲った台風のため繋留中の本件ヨットが被害を受け、Aはα会の名で、修理業者Bに本件ヨットの修理を依頼した。同月中にBは修理を終え、本件ヨットをAに引き渡したが、支払期日を過ぎても修理代金100万円がいまだ振り込まれていない。

4. 同年11月、α会は、別のOBから最新式のヨットの寄贈を受けたため、本件ヨットを賃貸して賃料収入を取得して活動費に充てることにした。インターネットで借主を募集したところ、C社が申し出てきた。交渉の結果、α会からC社に本件ヨットが1年契約で月5万円の賃料で賃貸されることになり、本件ヨットがC社に引き渡された。

［設問1］ **【事実Ⅰ】**（1から4まで）を前提として、以下の各問いに答えなさい。

(1) Bは修理代金債権を回収するために、誰にどのような法的主張をすることができるか、責任財産にも留意した上で論じなさい。検討に際しては、α会が組合と認められる場合と、社団と認められる場合とを分けて、それぞれの要件を確認した上で論じなさい。

(2)　AがBに対して個人的な20万円の金銭債権を有しているとして、Aまた Bからの相殺が許されるのか、論じなさい。本問はα会が組合であり、会員が5人である場合を考えなさい。

【事実Ⅱ】

前記【事実Ⅰ】の1から4までに続いて、以下の事実があった。

5.　α会の会員規約には、会員の退会を禁止する規定がある。会員のDは、転勤により北海道に引っ越さなければならなくなったため、代表者Aに対して退会したい旨を申し出た。ところが、Aは規約により退会が禁止されているので、退会は認められない旨を回答した。

6.　これに納得しないDは、Aに対して、退会届けを提出し、今後α会の連絡は自分に対して行わないように求めた。しかし、Aは他の会員と相談したが、退会を禁止する規約を変更することはできないという意見が支配的であった。そのため、AはDに対してやはり退会は認められない旨を伝えた。

[設問2]　【事実Ⅰ】及び【事実Ⅱ】（1から6まで）を前提として、Dによる退会の申入れが有効か否か、論じなさい。本問の検討に際しては、α会は組合であるものとして考えなさい。また、退会がα会によって承認されたとして、Dはα会に対してどのような法的主張ができるか、また、修理業者Bが【事実Ⅰ】の3の報酬代金の支払をいまだ受けていないとして、BのDへの支払請求が認められるのか、論じなさい。

【事実Ⅲ】

前記【事実Ⅰ】の1から4までに続いて、以下の事実があった（前記【事実Ⅱ】の5と6は存在しなかったものとする。）。

7.　α会は総会決議で一般社団法人化することを決定し、2024年1月に、法人化のために必要な手続を整え法人登記も無事終了し、理事長にはAが就任した。法人化されたα会の定款には、理事長が100万円以上の取引をするには総会の承認を必要とする旨の規定が置かれている。

8.　α会は、法人化後も本件ヨットのC社への賃貸借を更新し続けている。A

はその経営しているγ社が倒産の危機に瀕するようになったため、代金をγ社の事業資金に充てようとして、本件ヨットをC社に売却することを考えた（本件ヨットのBに対する修理代は既に支払われている。）。

9. Aは、総会の承認を得ることなしに、C社に本件ヨットの150万円での購入を持ちかけた。その際、定款により100万円以上の取引には総会の承認が必要とされているが、総会の承認を得ていると説明して偽造した総会の議事録を見せた。C社の担当者はこれを信じて本件ヨットを購入し、Aに150万円を支払った。

10. Aは受け取った代金150万円をγ社の事業資金として使用した。この事実を知った会員Dは、臨時総会を招集しそこでAの理事の解任及び会員の除名が決議され、また、Dが新たな理事長に選出された。Dはα会を代表してC社に対して、本件ヨットを返還するか又は従前どおり毎月の賃料を支払うよう求めたが、C社は購入し代金を支払済みであると主張してこれに応じない。

[設問3] 【事実Ⅰ】及び【事実Ⅲ】（1から4まで及び7から10まで）を前提として、【事実Ⅲ】10のDのC社に対する主張が認められるか、論じなさい。C社の担当者は、総会の承認を得ていると思っていたが、Aが事業資金に窮していることを知っており、受け取った代金を横領するのではないかと疑念を抱きつつ、その後の事由は自分の関知するところではないと考え契約に応じていたものとして考察しなさい。

※参考　一般社団法人及び一般財団法人に関する法律

第77条　……略……

4　代表理事は、一般社団法人の業務に関する一切の裁判上又は裁判外の行為をする権限を有する。

5　前項の権限に加えた制限は、善意の第三者に対抗することができない。

○ 言及すべき点及び論点 ○

1 ［設問 1］について
 (1) 小問(1)について
  ①組合と社団の差
   ⓐ組合の要件（重要度 B）
   ⓑ社団（権利能力なき社団）の要件
   （重要度 B）
  ②組合の債務
   ⓐ組合の取引と顕名（重要度 D）
   ⓑ合有債務（重要度 A）
   ⓒ組合員の個人責任（重要度 C）
   ⓓ組合員の個人債権との相殺（重要度 B）
  ③権利能力なき社団の債務
   ⓐ組合の取引と顕名（重要度 D）
   ⓑ総有債務（重要度 A）
   ⓒ社員の個人責任（重要度 B）
  ④先取特権と賃料への物上代位
   ⓐ合有債務の場合（重要度 C）
   ⓑ総有債務の場合（重要度 C）
   ⓒ賃料と物上代位（重要度 C）
   ⓓ物上代位の要件（重要度 C）
 (2) 小問(2)について

  ① 組合の財産関係（重要度 A）
  ② Ａからの個人責任部分の債務との相殺（重要度 B）
  ③ Ｂからのａの個人責任部分との相殺（重要度 B）

2 ［設問 2］について
 ①退会を禁止する規約の効力
  ⓐ退会自由の保障の必要性（重要度 A）
  ⓑ退会禁止条項の一部無効（重要度 A）
 ②退会した組合員の持分の払戻請求権（重要度 C）
 ③退会した組合員の責任（重要度 D）

3 ［設問 3］について
 ①代表権制限の趣旨（重要度 C）
 ②代表権制限を知っているが総会の承認を得ていると思っている事例の処理（重要度 B）
 ③代表権濫用
  ⓐ規制の法的説明（重要度 B）
  ⓑ効力否定の構成（重要度 B）

解説及び答案作成の指針

1 ［設問 1］(1)について（［設問 1］の配点は 50 点）

【出題趣旨】 ［設問 1］(1)では，組合と社団の要件を論じること，組合財産また債務の帰属，そして組合員の個人責任，社団財産また債務の帰属また社員の個人責任を論じることが求められている。団体による取引における顕名も問題になる。

(1) 社団と組合——2 つの団体の関係

問題文では，組合と社団を区別するための基準，それぞれの要件を確認することが求められている。民法起草者は，法人化した団体を「社団法人」，法人化していない団体を「組合」と考えていた（いわば**社団法人・組合峻別論**）。しかし，その後の学説は，「団体」自体を法人にふさわしいものか否かを区別するドイツ

の議論に従い（現在のドイツの判例は，組合に権利能力を認めている），組合とは異なる団体として社団を理解するようになる（**組合・社団峻別論**）。即ち，個人が複数人で共同事業を行うという「契約」関係に過ぎない組合と，1つの社会的実在として認められる「社団」とは，異なる団体として理解されるようになる。

> **【答案作成についてのコメント】**まず，冒頭で団体が組合と社団法人に分けられるのではなく，法人と法人化していない団体とが区別でき，後者も組合と法人化されていない社団とに分けられることを確認しておくことが好ましい。確かに学問的には疑問視されてはいるが，判例としては確立しているものと言えるので，この立場で書くことが推奨される。

(2) 組合について

(a) 組合（組合契約）の要件

「組合契約」は，「各当事者が出資をして共同の事業を営むことを約する」諾成無方式の契約である（667条1項）。

組合契約の要件は，①出資，②共同の事業を営むこと，この2つだけである。定款の作成は要件ではない。この合意をして活動する団体を「組合」という。日本民法では組合は営利目的である必要はなく，趣味の会的な集まりでも組合と認めることができる。判例としても，セスナ機を6名で共同購入し，航空機全般あるいは飛行に関する情報交換を行う趣味の会（東京地判昭62・6・26判時1269号98頁），共同でヨットを5名で購入した親睦団体（最判平11・2・23民集53巻2号193頁）が組合と認められている。本問のα会も組合と認められる。

> **【答案作成についてのコメント】**組合の要件を，民法の規定にあてはめながら確認すべきである。組合は少人数である必要はなく，多人数でも組合になりうることに言及するとより高得点になる。

(b) 組合の業務執行──組合における顕名（契約当事者）

α会は法人化されていないので，契約の効果が帰属し，契約上の権利・義務の帰属する契約当事者は組合員全員である。問題は，Aに組合員全員の代理権（代表権）があるとしても，有効な顕名がされていたのかということである。判例は手形の受取人として組合の名義だけが表示されていた事例で，実質上の権利者である総組合員が表示されたものと認めている（大判昭14・5・12民集4巻256頁）。そうすると，本問でも，<u>α会を主体として表示することにより，その構成員全員──その具体的な表示は不要──が当事者になることが表示された</u>と扱われる。

> **【答案作成についてのコメント】**組合債務になるための入り口の議論として，契約が組合員全員を当事者として締結されていることの確認は，忘れがちであるが，必ず言及しておくべきである。法人ではないがα会の名で契約したならば，組合全員を契約当事者として顕名したものと扱われる。

(c) **組合債務の帰属──分割主義（427条）の排除**　　Bとの契約は組合員全員との契約となるため，Bに対する修理代金債務も組合員全員が債務者になる。この団体的な債務関係はどう理解すべきであろうか。まず，組合の財産関係を確認（☞(ア)）し，債務についてあてはめてみたい（☞(イ)）。

(ア) **組合財産の帰属形態──組合財産の独立財産性が認められる**　　民法は，「組合財産は，総組合員の<u>共有に属する</u>」と規定する（668条）。ここでの「財産」とはプラスとマイナスの両者を含む概念である。民法は「共有」とは言うが，物権法の「個人主義的」共有概念とはずいぶん異なる。ただし，これを共有とは異なる概念に整理するかは議論がある。

❶ **特殊な共有という理解**　　学説には，組合契約により団体的な債権的拘束力を受ける共有という理解も有力である。個人主義的共有では，持分譲渡の自由また共有物分割請求の自由が認められるが，共同事業の合意とこれらは抵触し，これらを排除する必要がある。676条はこれらの制限を規定しており，各組合員に目的物につき持分が認められるが，その譲渡また持分に基づく分割請求が共同事業の目的により制限されていることになる。

❷ **合有とし独立財産性を認める理解（通説・判例）**　　しかし，組合の「財産」は，組合という団体の財産として組合員の個人財産から独立した1つの団体財産として管理運用されるべきであり，講学上このような独立財産を認める概念として「合有」という概念が認められている。組合員たる地位と一体不可分であり，脱退すると帰属主体ではなくなり潜在的持分を失い，持分の金銭による払戻請求権を取得する（☞［設問2］）。

　組合財産は1つの権利や義務として組合員全員に合有的に帰属し，共有法理に準拠して管理されるのではなく組合法理に基づいて管理がなされる。その管理は，組合の業務執行として決定されまた実行されることになる。この結果，組合員の個人財産から分離された独立財産が認められ，法人を設立してそれに財産を帰属させるのと同様の結果が，法人化を経ずに実現されることになる。

> **【答案作成についてのコメント】**まず総論的に，組合財産は「共有」とは規定されているが（668条），個人財産から独立した目的財産として認められるべきこと，それを実現する手段として「合有」法理が認められ，1つの権利・義務が組合員全員に合有的に帰属することを論じるべきである。

(イ) **組合債務について1──組合財産についての責任**　　合有という構成は，債権・債務についても適用される。427条の分割主義を排して，債権・債務につ

いても合有的帰属を認め，組合債権・債務は1つの債権・債務として組合員全員に帰属することになる。まず，組合財産が責任財産になることは当然である（改正法は675条1項で明記）。したがって，Bは債権全額につき，組合財産に対して強制執行を行うことができる。

（ウ）　**組合債務について2——組合員の個人責任**

❶　**無限責任しかし分割責任**　　法人化していれば債務は法人に帰属し，特別規定がない限り構成員は債務者ではないので個人的に責任を負うことはない。しかし，組合では，組合財産が責任財産である他に，組合員に個人的な分割責任が認められている。組合員の責任は427条の原則通り分割責任である。責任の割合であるが，債権者が損失分担の割合を知らなかった場合，均等の責任を選ぶか損失分担の割合によるか選択できる（675条2項）。

❷　**連帯責任が認められる場合**　　ただし，①連帯特約，又は，②商法511条1項の適用がある場合には，427条が排除され連帯債務になるのと同様に，675条の組合員個人の責任も全額の連帯責任となる。判例は，建設共同体につき，「商法511条1項により連帯債務を負う」ことを認めている（最判平10・4・14民集52巻3号813頁）。本問では，α会は趣味の会に過ぎず，商事連帯（商法511条1項）の適用はない。

❸　**補充性は認められない**　　組合財産が本来の責任財産であるので，組合財産によって債権を回収できない限度で各組合員は個人責任を負うだけなのか（責任の補充性の有無），という疑問がある。この点，補充性を認める異説もあるが，通説・判例は675条が特に補充性を認めていないため，直ちにその個人責任の限度で責任追及をすることができると考えている。改正規定も675条1項と2項を並列的に規定しており，後者を補充責任とする形にはされていない。

【答案作成についてのコメント】組合については，組合財産と組合員の個人財産とが区別されること，そして，まず，組合財産が全面的に責任財産になること，そして，組合員も分割責任を個人財産として負担することを論じる。その負担割合また責任の補充生が認められないことに言及すれば加点される。

（3）　社団について

（a）　**社団の要件**　　社団と認められるための要件について，判例は，「権利能力のない社団といいうるためには，団体としての組織をそなえ，そこには多数決の原則が行われ，構成員の変更にもかかわらず団体そのものが存続し，しかして

その組織によって代表の方法，総会の運営，財産の管理その他団体としての主要な点が確定しているものでなければならない」という基準を提示する（**最判昭39・10・15 民集 18 巻 8 号 1671 頁**）。定款があって，総会が開かれること，構成員の個性は度外視して団体としての独自性が認められることが必要である。多数決が支配するのは，組合も含め団体にとっての共通の原理である。

> 【**答案作成についてのコメント**】社団の要件について，判例をそのまま正確に覚えて書くのは至難の業であり，団体としての組織の存在，団体としての主要な点の確定，団体そのものの存在が認められること等を書けばよい。

(b) **社団における顕名**　　権利能力なき社団における顕名については，組合と同様に問題になる。代表者には社団の代表権限があり，法人格はないが社団名義で契約をすることができ，本問でも *a* 会の名での契約は有効になる。組合同様に，*a* 会を主体として表示をすることにより，構成員全員――より正確に言うと，構成員全員により構成される団体――が契約主体となる。権利能力なき社団が代表者により社団の名で行為をするのは，「一々すべての構成員の氏名を列挙することの煩を避けるために外ならない」といわれる（**最判昭 39・10・15 民集 18 巻 8 号 1671 頁**）。

> 【**答案作成についてのコメント**】契約上の債務が社団に帰属するためには顕名が必要であるが，社団の名で取引をするのでよいことを確認すべきである。加点事由にしてもよい程度の論点である。

(c) **社団債務の帰属**

(ア) **社団財産の帰属**　　社団には法人格はなく社団自身に財産を帰属させることはできないが，判例・通説は，社団（法人化していない社団を「**権利能力なき社団**」という）の財産関係を「**総有**」と理解して，「合有」同様に独立した財産関係を認めている。所有権等財産権については 1 つの権利として構成員全員に総有的に帰属し，ただ合有とは異なり潜在的にも持分権が認められず，脱退しても払戻しまた解散しても財産の分配を請求できない。

(イ) **社団債務について**　　社団債務も構成員全員に 1 つの債務として総有的に帰属し，各構成員は個人的責任を負うことはない。持分がなく<u>利益を受けない反面，負担・責任もない</u>ことになる（利益なければ負担なし）。判例も公益的な団体の事例で，<u>社団債務は構成員に総有的に帰属し社団財産のみを責任財産とし，構成員個人は社団債務について責任を負わない</u>ことを認めている（**最判昭 48・10・9 民集 27 巻 9 号 1129 頁**[**東北食品栄養協会事件**]）。判例は一般論を展開し

ているので，本件のような趣味の団体にも総有論また構成員の免責が適用になり，社団財産のみが責任財産になる。

> **【答案作成についてのコメント】**判例に従い権利能力なき社団の財産を「総有」と構成し，債務も総有であり，積極財産に社員に持分が認められない反面，債務についても社員に個人的責任がないことを論じるべきである。

(4) 先取特権と賃料への物上代位——組合・社団共通の検討

(a) **団体の債権の帰属**　Bはα会に対して修理代金債権を取得しており——①組合の場合には組合員全員の合有債務，②社団の場合には構成員全員の総有債務となり——，修理の対象となった組合員に合有的に帰属する組合財産ないし構成員に総有的に帰属する社団財産たる本件ヨットについて，Bは動産先取特権を取得する（320条）。

(b) **物上代位権の行使**　そして，304条1項により賃料債権につき，Bは先取特権に基づいて物上代位をすることができ，C社に対して物上代位に基づき賃料の支払を請求できる。抵当権については，371条の適用を賃料につき認めるか否かは議論があるが，先取特権には371条のような特別規定はないので，先取特権成立後の賃料債権すべてが物上代位の目的となる。

この場合，第三債務者（本問ではC社）の二重弁済のリスクを回避するために，先取特権者は自ら差押えをして，物上代位が成立していることを第三債務者に知らしめることが必要である（最判平10・1・30民集52巻1号1頁等）。

> **【答案作成についてのコメント】**先取特権が成立すること，そして，賃料への物上代位が認められること，弁済前に差押えが必要なことも落とさずに丁寧に言及すべきである。

2　〔設問1〕(2)について（〔設問1〕の配点は50点）

> **【出題趣旨】**〔設問1〕(2)は，組合には法人格がなくても，組合財産と組合員の個人財産とが分離され，責任財産としての関係も区別されるべきことを確認し，組合債権者と組合員個人との間の相殺の可否を検討してもらう問題である。別財産だから相殺できないというのではなく，組合員には分割責任ながら個人責任が認められることから，相殺の可能性を探ってもらいたい（肯定の結論を書くことが期待されている）。

(1) 組合財産と組合員の個人財産とは別

(a) **組合員の個人債権者**　組合には法人格はないが，組合財産と組合員の個人財産とは別の財産である。組合員に対する個人的債権者は，組合員の個人財産

のみが責任財産になり，組合員の組合財産に対する持分を責任財産とすることはできない（677条）。

(b) **組合債権者**　他方，組合債務については，組合財産が責任財産になるだけでなく（675条1項），組合員も分割責任であるが個人的責任を負うので（675条2項），その限度で組合員の個人財産も責任財産になっている。この関係であるが，組合債務は合有債務なので，1つの債務として組合員全員に帰属し，それとは別に分割責任に応じて個別の分割債務が競合するというものではない。1つの合有債務につき，組合財産が全面的な責任財産になると同時に，組合員個人の財産も分割責任の限度で責任財産になるのである。

(2) 相殺の可否について

(a) 組合員に対する個人債権者の組合債権に対する相殺

(ア) **組合債務者の組合員に対する個人的債権による相殺（禁止）**　改正前は，「組合の債務者は，その債務と組合員に対する債権とを相殺することができない」と規定していたが（旧677条），これは組合財産と組合員の個人財産とが別の財産関係であることを，相殺について確認をした規定であった。改正法は，相殺に限らず，広く「組合員の債権者は，組合財産についてその権利を行使することができない」と規定をしたため（677条），相殺禁止はこの一般規定から読み取ることになる。

(イ) **組合債権者の組合員の個人的債権に対する相殺が本問の事例**　相殺が禁止されるのは，本問とは逆の，Bが組合に対して債務を負い，他方で，A個人に対して債権を有する場合の相殺であり，ABいずれからも相殺はできないことになる。そうしないと，Bが組合に払うべき金額でもって，AがBに対する個人的債務を免れることになり不当だからである。ところが，本問は逆であり，相殺を認めて不都合はない。次にこの点の確認をしてみたい。

(b) 本問の場合

(ア) **相殺できて不都合なし**　本問の場合は，組合員個人の債権者が組合に対する債務について相殺をするのではなく，組合員個人の債務者が組合に対する債権で相殺ができるのかという問題である。Bの組合に対する債権につき，Aも組合員の1人として分割責任を負うのであり，会員が5人なので5分の1の責任を負い，Bの組合に対する100万円の債権の5分の1たる20万円については相殺

を認めてよい。問題は、相殺適状をどう説明するかである。

（イ）**相殺できる法的構成**　①合有債務としての組合債務につき5分の1だけAの個人財産も責任財産になっていると構成すると、相殺適状はないので相殺を類推適用により肯定するしかない。②他方、組合に帰属する1つの合有債務と併存して5人の組合員それぞれが個人的に20万円の分割債務を負担していると考えると、20万円だけ相殺は可能となる。③1つの債務が、全額合有的に帰属するが、個人的責任部分については個人債務としての性質を併存しているという構成も考えられる。

相殺がされた場合には、Aは自己の出捐でもって組合債務の一部を消滅させたので、<u>組合に対して20万円の求償権を取得する</u>ことになる。

> **【答案作成についてのコメント】**組合員の個人債権者とは異なり（677条参照）、本問の場合には、組合員の責任分である例えば5分の1（20万円）は相殺をいずれからも肯定してよい。これを相殺適状との関係で理論的にうまく説明することが求められる。

3　［設問2］について（配点は20点）

> **【出題趣旨】**［設問2］は、組合の事例について、退会を禁止する条項の効力を論じてもらう問題である。判例もあるところであり、判例の知識を確認するだけの問題である。また、退会した組合員は退会後も組合債務についての責任を免れないこと、並びに、組合に対して持分の払戻しを請求できることを、明文規定があるので条文を示して確認することが求められている。

(1)　退会禁止条項の有効性──問題文前段について

(a)　**民法は脱退の自由を保障**　本問については a 会が組合の事例を考えればよいことが問題文で指定されている。脱退に関しては、678条に以下のような内容が規定されている。

> ①組合の存続期間を定めてない場合でも、組合員が終身の間組合が存続すべきことが定められた場合には、いつでも脱退できるが、組合に不利な時期には脱退できない。ただし、その場合でも、やむを得ない事由があれば脱退ができる（678条1項）。
> ②組合の存続期間を定めた場合には、やむを得ない事由がある場合に限り脱退できる（同2項）。

②の場合には脱退が制限されるが，やむを得ない事由がある場合には脱退は可能である。雇用など継続的契約関係で契約期間を合意していても，やむを得ない事由があれば解除を認めるように（628条），無制限な拘束力は否定されるのである。要するに，いかなる場合でも，やむをえない事由がある限り，組合員は脱退の自由ないし権利が保障されているのである。

(b) 脱退を禁止できるか

(ア) 強行規定なのかが問題になる　では，どんなことがあっても脱退を認めないという定めは有効であろうか。組合契約も契約（法律行為）として，公序良俗に違反したり強行規定に違反すれば，契約の全部又は一部が無効になる（90条，91条）。では，会員に脱退を認めない組合契約の条項は，公序良俗又は強行規定に反し無効と考えるべきであろうか。

(イ) やむを得ない事由があっても脱退を認めない部分のみ無効　最判平11・2・23民集53巻2号193頁では，6名によりヨットを共同で購入しヨットクラブを設立したが，2名（Xら）が脱退をして，残り4名（Yら）に対して，出資金相当の持分払戻金200万円の返還等を請求した事例で，脱退を認めない規約の効力が争われた。678条の中で，組合員が，やむを得ない事由がある場合には任意に脱退することができる旨を規定している部分は，強行法規であるとした。「やむを得ない事由があっても任意の脱退を許さない旨の組合契約は，組合員の自由を著しく制限するものであり，公の秩序に反する」という。

(ウ) 本問へのあてはめ　以上より，①原則として任意規定なので脱退を禁止する合意は有効であるが，②やむを得ない事由がある場合まで脱退を禁止する部分に限り無効（一部無効）ということになる。この結果，やむを得ない事由がない限り脱退できず，やむを得ない事由があれば脱退できることになる。

本問では，Dは地方に転勤が決まり，湘南地区でのヨットセーリングには参加できない状況になっており，それにもかかわらずα会の脱退を認めず拘束を続けることは酷である。したがって，やむを得ない事由があるというべきであり，やむを得ない事由がある場合にまで脱退を禁止する部分は無効なので，Dのなした脱退の意思表示は有効である。

【答案作成についてのコメント】678条がやむを得ない場合に退会を認める点は強行法規であること，これに抵触する限り問題の組合規定は無効（一部無効）となること，そして，本問はやむを得ない事例であることを書くことになる。

(2)　脱退した組合員の責任など——問題文後段について

　(a)　**脱退組合員の組合に対する権利**　　組合財産は組合員の共有であるが（668条），持分譲渡も分割請求も認められない（676条）。脱退しても共有のままということはなく，組合財産は独立性が認められ，組合員たる地位と共有者たる地位とが密接不可分に結びついているのである。

　そのため，組合員は脱退すると組合財産の共有者の1人から離脱し，その分，他の組合員の持分が増えることになる。この点の清算が必要になり，民法は，脱退による清算を認め，対象については脱退時の財産を基準とし（681条1項）——出資して組合契約に加入した時点の財産ではなく——，出資が現物の場合であろうと，金銭で払い戻すことになっている（同2項）。

> **【答案作成についてのコメント】**脱退した組合員は，組合財産の持分を失い，出資割合に応じた金銭による清算金の払戻しを受けること，その基準となる財産は脱退時の財産であることを，条文を示しつつ確認するだけで足りる。

　(b)　**脱退組合員の組合債務についての責任**　　組合員は脱退以後の債務については責任を負うことはなく，また脱退を債権者が知っていることは必要ではない。このことは規定がないが当然視されている。これに対して，脱退前の債務については，債務も含めて「組合財産」は，「総組合員の共有」なので（668条），組合員でなくなれば持分を失うとともに，債務者でもなくなり責任もなくなるはずである。

　改正法はこの点について，明文規定を置いて例外を認めた。680条の2（脱退した組合員の責任等）を新設し，「脱退した組合員は，その脱退前に生じた組合の債務について，従前の責任の範囲内でこれを弁済する責任を負う。この場合において，債権者が全部の弁済を受けない間は，脱退した組合員は，組合に担保を供させ，又は組合に対して自己に免責を得させることを請求することができる」（1項）。「脱退した組合員は，前項に規定する組合の債務を弁済したときは，組合に対して求償権を有する」（2項），と規定した。この結果，Dは脱退後も，脱退前のBの修理代金債権については責任を免れないことになる。

> **【答案作成についてのコメント】**脱退後の組合員の脱退前の組合債務に対する責任については，明文規定が置かれたので，これを適用してDの責任が免れないことを確認するだけでよい。

4 ［設問3］について（配点は30点）

【出題趣旨】　［設問3］には2つの大きな論点がある。1つは，定款により代表権が制限されている場合に，定款の制限は知っているが総会の同意を得ていると信じた事例における相手方保護の問題である。もう1つは，代表権濫用である。前者で保護されても，代表権濫用を知っていれば相手方は保護されないので，2つとも議論をすべきである。

(1) 代表権の制限について

(a) 定款による代表権の制限

(ア) 一切の代表権を持つのが原則　［設問3］では *a* 会は一般社団法人化されており，Aが代表者に選任されている。一般法人法（正式名称は，「一般社団法人及び一般財団法人に関する法律」）によると，理事は一般社団法人を代表するが（一般法人法77条1項），代表理事を選任した場合にはそれ以外の理事には代表権は認められない（同項但書）。本問ではAは理事長になっており，*a* 会の代表権があることは疑いない。問題はその代表権が制限され，100万円以上の取引については総会の承認を受けなければならないものとされていることである。

(イ) 代表権の制限は善意の第三者に対抗できない　この点につき，一般法人法は，代表権のある理事は「一般社団法人の業務に関する一切の裁判上又は裁判外の行為をする権限を有する」ものとし（同4項），「前項の権限に加えた制限は，<u>善意の第三者に対抗することができない</u>」ものと規定している（同5項）。削除された民法の社団法人についての民法旧54条を承継した規定である。

　この規定により，C社が定款の制限を知らなかった場合には，同5項により代表権の制限の対抗を受けず有効な代表行為であることを主張できる。取引に際していちいち定款まで調べることを要求するのは適切ではないので，定款確認義務まで認めず悪意だけを除外しており，無過失は要求しなかったのである。

(b) 定款の制限は知っていたが総会決議について善意の場合　ところが，本問では，C社はAから定款の制限を説明されたが，総会の承認を得ているという説明を信じて取引に応じたのである。一般法人法77条5項そのものの適用はない。

(ア) 民法110条の類推適用によるべき　本問では，定款の制限を知っている場合には権限がないのに，例外的に総会により承認を得ているということへの信頼が問題である。容易に調べられる定款の制限ではなく，悪意に限定する必要はない。取引安全保護の原則通り善意無過失が必要とされるべきである。むしろ，代理権への存在への信頼を保護する表見代理制度が親和的である。判例も，一般

法人法77条5項の前身である民法旧54条の解釈として，「第三者において，理事が<u>当該具体的行為につき</u>理事会の決議等を得て適法に漁業協同組合を代表する権限を有するものと信じ，かつ，このように信じるにつき正当の理由があるときには，民法110条を類推適用」すべきであるとした（最判昭60・11・29民集39巻7号1760頁）。110条の「類推適用」というのは，代表だから代理規定の類推適用になるためである。

(イ)　**無過失の証明責任**　この結果，C社には110条の類推適用により無過失まで要求されることになり，110条の解釈に従い，C社側が無過失の証明責任を負うことになる（反対説もある）。この点，総会の議事録を偽造し，それを交付していれば，その議事録が容易に偽物と分かるものでない限り，相手方は無過失と事実上推定がされるべきである。そのため，Aが議決を得ていると口頭で説明しただけでは足りず，C社が総会の議決があったと信じる正当な事由の存在として，議事録などが示されたことが必要になる。この点，本問では，総会の議事録を偽造して示しているので，偽造と一見して分かるなど特段の事情がない限り，C社は善意無過失と評価されるべきである。

> 【**答案作成についてのコメント**】一般法人法77条5項（民法旧54条）と民法110条とでは無過失の要否について差が生じ，前者の適用のある事例ではなく，110条（代表なので類推適用）によるべきことを論ずるべきである。無過失の認定につき，偽造した議事録を示しているので，無過失（規範的要件）が事実上推定されることにも言及すべきである。

(2)　代表権の濫用

(a)　**規制のための法的説明**　もしC社が無過失であり代表権の制限の対抗を受けないとしても，もう1つ議論すべき問題点として**代表権の濫用**の問題がある。総会の承認を得ていると信じていても，代表権濫用について悪意であれば代表権濫用についての法理により，C社の保護を否定することは可能である。そのため，改めて代理権の濫用を議論することが必要になる。

(ア)　**改正前の状況**　改正前の判例は，相手方が，代表者の「真意を知りまたは知り得べきものであったときは，<u>民法93条但書の規定を類推し，右の法律行為はその効力を生じない</u>」と判示していた（最判昭38・9・5民集17巻8号909頁）。他方で，任意代理人については，信義則による効力の主張制限により，相手方には無重過失に要件を軽減する有力説もあった。

(イ)　**改正法による無権代理擬制**　改正法はこの点について明文規定を置い

て解決をした。107条に「代理人が自己又は第三者の利益を図る目的で代理権の範囲内の行為をした場合において，相手方がその目的を知り，又は知ることができたときは，その行為は，<u>代理権を有しない者がした行為とみなす</u>」と規定をした。善意無過失という要件は判例通りであるが，93条但書の類推適用ではなく無権代理と「みなす」という規定にしている。有権代理だが効果帰属を否定するという法的構成の難点を解消したのである。

　(ウ)　**無過失を要件とすべきか**　　そうすると，Ｃ社がＡの代理権濫用を知っているないし知り得たならば，107条の代表への類推適用により，無権代表とみなされ，結局は，Ｃ社は売買契約の効力を主張できないことになる。ただし，学説には，任意代理についてはこの要件を無重過失と読み替える主張もある。任意代理の場合には，本人が代理人を選任した濫用リスクを負うべきだからである。本問の理事の代表権は，委任に基づく代表権であり，この考えによれば，Ｃ社は無重過失であればよいことになる。

【**答案作成についてのコメント**】更に効力否定としては代表権の濫用が問題になるが，改正法により問題が解決されたので，代表権に107条を類推適用すれば足りる。ただし，無重過失に制限解釈すべきであるという主張が，改正法の下でもあるので（この点の問題は持ち越された），これによってもよい。ここまで議論していれば加点される。

■ **No.3 模範答案例** ■

1 [設問1] (1)について

(1) 組合の場合

(a) 組合の要件　α会が組合と認められるためには、共同の事業を営む合意と出資が必要になる（667条）。本問では、ヨットの同好会を運営しようという、非営利また非公益的な利益のための活動であるが、共同事業の目的は限定がないので、共同事業の目的という要件は充たしている。また、全員が出資をしていることから、組合の要件を全て充たし、α会は組合といえる。ただし、組合と社団の差は微妙であり、人数だけでは決められない。

(b) Bの債権（α会の債務）

(ア) 組合の財産関係　組合の「財産」は「共有」と規定されている（668条）。これは積極・消極いずれの財産にも適用され、いわゆる「合有」と考えられる。1つの団体財産、目的財産として、組合員ないし団体に帰属する。債務についても、1つの債務が全員に合有的に帰属することになる。427条の分割主義は適用にならない。

(イ) 組合による契約と組合債務　実質的には組合が権利義務の帰属主体になり、契約上の権利義務は、組合を主体とすることを示すことが必要になる。組合を示せば、具体的にどのような組合員がいるかを示す必要はなく、組合、したがって組合員全員に効力が帰属することになる。本問では、代表者であるAが（代表権ないし組合代理権あり）、α会の名でCに本件ヨットの修理を依頼しており、顕名としては十分である。これにより、組合員全員に、債務が1つの債務として合有的に帰属する。

(ウ) 組合債権者の権利行使　組合に対する債権者Cは、組合財産について全面的に責任財産として債権回収が可能である（675条1項）。また、組合員個人についても、組合内部の損失分担割合によるか、これを債権者が知らなかった場合には平等の割合によるか選択して、組合員個人に対しても債務の履行請求ができ、その限度で個人財産が責任財産となる（675条2項）。組合員は、まず組合財産から債権回収をするよう主張することはできず、補充性は認められない。

(エ) 先取特権について　Bには動産保存の先取特権（320条）が認められるが、その対象は、組合員の合有に属する本件ヨットである。また、本件ヨットは、Cに賃貸されているため、Cに対する1つの賃料債権が組合員全員に合有的に帰属し、これへの先取特権の物上代位が可能である（304条1項）。

(2) 社団の場合

(a) 社団の要件　社団については、いわゆる一般法人法の社団法人規定に「社団」の定義や要件は規定されていない。しかし、組合とは区別され、定款と総会という団体としての基本は必須であり、その他に、代表者の選任等、独立した団体としての主要な要素を充たしていることが必要になる。α会は、定款を作成しており、総会など他の要件を充たす限り、社団となる。しかし、法人化の手続を経ていないため、いわゆる「権利能力なき社団」である。

3

法人・団体

(b) Bの債権 (α会の債務)

　(ア)　**組合の財産関係**　　権利能力なき社団を規律する規定はなく、解釈により、その財産関係は総有と考えられている。組合とは異なり、構成員には個人的持分が認められない。1つの権利義務が、構成員全員に帰属することは、組合と同じである。社団債務については427条の適用は排除され、1つの総有債務として全員に帰属する。

　(イ)　**社団による契約と社団債務**　　組合同様に、社団の代表権限がある者により、社団を主体として表示をしていればよく、本問では、代表者がα会の名で依頼しており、顕名としてはこれで十分である。この結果、Cに対する債務は、α会の構成員全員に総有的に帰属することになる。

　(ウ)　**社団債権者の権利行使**　　社団に対する債権者Bは、社団財産について全面的に責任財産として債権回収が可能である。しかし、構成員については、組合財産につき持分を持たない反面、個人的責任を負うことはない。また、代表者の補充的責任も認められない。

　(エ)　**先取特権について**　　Bには動産保存の先取特権（320条）が認められるが、その対象は、構成員の総有である本件ヨットである。また、本件ヨットは、Cに賃貸されているため、α会のCに対する総有債権として賃料債権が構成員全員に帰属し、これへの先取特権の物上代位が可能である（304条1項）。だし、差押えが必要になる。

2　［設問1］(2)について

(1)　組合員の分割責任

　Bは先にみたように、組合たるα会に対して100万円の修理代金債権を有している。α会の組合員全員に1つの債務として帰属し、組合の合有財産だけでなく、組合員も組合契約による割合か、債権者がそれを知らなければ平等の割合で、債権者に対して分割責任を負う。この結果、Aも組合員として、分割された個人責任を負う。では、AがBに対して個人的な金銭債権を有する場合、BまたAからの相殺が、Aの責任割合の限度で認められるのであろうか。

(2)　組合に対する債権との相殺適状

　(a)　**組合財産たる債権・債務ではない**　　α会とBとの間に、α会のBに対する合有債権、合有債務とが対立していれば、いずれも組合債権・組合債務であり相殺適状（505条1項）が認められ、いずれからも相殺が可能である。ところが、本問では、Bのα会に対する債権は組合債務として、組合員全員に1つの債務として合有的に帰属し、AのBに対する債権は個人的な債権であり、相殺適状にはないかのようである。

　(b)　**相殺を認めても不都合なし**　　確かに、組合員に対する個人債権者が、組合に対する債務と相殺をすることは、個人債権者は組合財産を責任財産にできないということと（677条）抵触するので認められない。しかし、本問の事例は、Bは単に組合員個人の債務者であるから、これに抵触せず、相殺を認めても不都合はない。問題は

相殺適状の要件を充たしているのかという理論的な点である。

　この点、債務は組合員に合有的に帰属する他、個人的な責任の限度で併存する個人的な債務を認めて相殺適状を認めるか、又は、組合員個人は分割「責任」のみを負うが相殺適状に準じて考えるか、いずれかの解決によるべきである。結論としては、AB いずれからも、A の負担割合を限度として相殺が可能である。A の負担割合は特約がない限り 5 分の 1 であり、20 万円について相殺ができることになる。

3　［設問 2］について

(1)　脱退禁止特約の効力

　(a)　**やむを得ない事由がある場合の脱退事由の保障**　　本問では、α 会の会員規約には、いかなる場合にも脱退を認めないという脱退禁止条項がある。この条項は有効であり、D は脱退ができないのであろうか。D は、北海道に転勤することになり、湘南地区でのヨットセーリングや親睦活動に参加することができなくなり、脱退を望んでいる。やむを得ない事由があるものといえる。このようにやむを得ない事由がある場合にも脱退を認めない条項は有効なのであろうか。個人の脱退の自由を制限する規約は、公序良俗に違反しないのであろうか。

　(b)　**脱退についての民法規定**　　この点、民法の規定を見ると、脱退についての制限は可能であるが、必ずやむを得ない事由がある場合には脱退の自由が保障されている（678 条）。そのため、やむを得ない事由がある場合にまで脱退を禁止することは、公序良俗に反し、やむを得ない事由があれば脱退を認める 678 条の部分の規定は強行規定であると解すべきである。

　(c)　**本問への当てはめ**　　したがって、本件会員規約の脱退禁止条項は、やむを得ない事由がある場合にも脱退を禁止する限度で一部無効となる。D に、やむを得ない事由がない限りは有効なので脱退は認められないが、北海道への転勤という事情はやむを得ない事由と考えられる。よって、D のなした脱退の意思表示は α 会に到達しており、D の脱退の効力は認められる。

(2)　脱退組合員の責任

　B の α 会に対する 100 万円の債務につき、D は脱退時にはその負担割合に応じた責任を負担していた（既述）。この責任は、D の脱退によりどうなるのであろうか。組合財産は、積極財産も消極財産も「総組合員の共有」とされ（668 条）、組合員でなくなれば、組合財産の帰属主体ではなくなり、持分を失う反面、債務についての責任も免れるかのようである。

　この点、民法は債務について例外を認め、債権者の保護を優先し責任の存続を認めた（680 条の 2 第 1 項）。したがって、B は、D が脱退した後も、D に対してその脱退時の負担割合に応じて支払を求めることができ、また、その財産につき強制執行手続をとることができることになる。

(3)　脱退組合員の権利

　D は脱退により組合員たる地位を失う。組合財産は「総組合員の共有」（合有）で

あり、共有（合有）者たる地位は組合員たる地位と一体になっている。債務については上記の例外が認められるが、積極財産についてはこの原則どおりであり、共有者ではなくなり、脱退当時の組合財産を基準とした清算金請求権を取得する（681条1項）。出資の種類を問わず、清算は金銭による払戻しによる（同2項）。

4 ［設問3］について

(1) 定款による代表権の制限

(a) **定款による制限あり**　［設問3］では、α会は法人化されており、理事長の代表権について、100万円以上の取引には総会の承認を必要とすることが定款に定められている。ところが、代表者たるAは、総会の承認なしに、C社に本件ヨットを150万円でα会を代表して販売している。これは無権代表であり、α会には効力は帰属しない。総会による追認は可能だが、追認はされていない。

(b) **相手方の保護**　相手方たるC社の担当者は、Aから定款は知らされていたが、総会の承認を得ていると説明され、これを信頼して本件ヨットを購入したのである。定款の制限は知っていたため、一般法人法77条5項は適用されない。しかし、総会の個別の承認があるものと信じていたので、110条を類推適用すべきである。

その結果、善意無過失が必要になるが、偽造された総会の議事録を示されており、これが明らかにずさんなものであるなどの事情がない限りは、C社は無過失と事実上推定される。なお、法人の場合に、善意や過失は、その取引を担当した代表者や従業員を基準として判断される。

結論として、110条の類推適用により、C社は本件ヨットを有効に取得できることになる。

(2) 代表権の濫用

ただし、110条が類推適用されるとしても、代表者Aが代金を横領する意図を有していたため、さらに代表権濫用が問題になる。有権代理でも問題になるので、表見代理が成立する場合に、この問題の適用を否定する必要はない。

代理権濫用について、民法は、相手方が悪意又は有過失の場合は、無権代理とみなしている（107条）。これは代表にも類推適用されるべきである。ところで、条文には善意無過失が要求されているが、これは法定代理にはそのまま適用してよいが、任意代理においては、利益衡量の観点から、濫用のリスクは本人が負担すべきものであり、要件を緩和すべきである。即ち、相手方は、無重過失であればよいものと制限解釈すべきである。本問では、Aの担当者に重過失まで認めるかどうかは微妙である。

以上のように解すると、本問では、(1)の110条の要件を充たし、かつ、上記107条の要件を充たす限り、C社は本件ヨットを有効に取得しうることになる。

以上

次の文章を読んで、後記の［**設問1**］から［**設問4**］に答えなさい。（配点：100点〔［設問1］、［設問2］、［設問3］及び［設問4］の配点は、20：25：25：30〕）

【事実Ⅰ】

1.　Aは衣料品の輸入販売を業とする会社であるが、2022年5月、海外よりα社ブランドのポロシャツ5,000着を輸入した。このポロシャツ（以下「本件ポロシャツ」という。）は巧妙な偽ブランド商品であり、Aの経営者甲は、Aの業績が悪化していたため、その事実を知りつつ安価で輸入したものであった。

2.　Aは、本件ポロシャツを、卸売販売業を営む会社であるBに200万円で販売した。Bの経営者乙は、甲から聞かされて本件ポロシャツが偽ブランド品であることを知りつつ安く購入し、これをデパートや衣料専門店等に偽ブランドとは告げずに販売した。

【事実Ⅱ】

前記【事実Ⅰ】の1と2に続いて、以下の事実があった。

3.　AとBは本件ポロシャツの販売で多額の利益を得たため、再度本件ポロシャツを輸入販売することを企てて、2022年7月に、Aが本件ポロシャツを新たに5,000着輸入し、これをBに200万円で販売した。【事実】2の代金200万円は既に決済されているが、今回の代金200万円（この債権を以下「本件代金債権」という。）についてはいまだ決済されていない。

4.　BはAと交渉して、本件代金債権の支払を10月末まで伸ばしてもらう代わりに、Bの知合いである取引先の経営者Cに本件代金債権につき連帯保証をしてもらった。Cは、Bから保証の依頼を受けるに際して、民法465条の10第1項に定める情報提供を適切に受けているが、偽ブランド販売代金で

ある事実は知らなかった。

[設問1] 【事実Ⅰ】及び【事実Ⅱ】（1から4まで）を前提として、以下の問いに答えなさい。

　　2022年10月末の本件代金債権の弁済期日が到来したが、Bが代金を支払わないため、AはCに対して保証人として代金を支払うよう求めた。CはBに連絡したところ、Bが代金を支払っていないことを確認し、やむを得ず200万円をAに支払った。その後に、本件代金債権が偽ブランド商品の売買代金であることを知ったCは、B及びAに対してどのような法的請求をすることができるか、論じなさい。なお、偽ブランド品の販売は不正競争防止法、商標法等に違反する行為である。

【事実Ⅲ】

　前記【事実Ⅰ】及び【事実Ⅱ】（1から4まで）に続いて、以下の事実があった。

5.　Aは、Bに対する本件代金債権200万円を、自己の債権者Dに200万円の債務の弁済のために譲渡をした。その際に、AはBにメールによりDに債権譲渡をした旨を通知した。Dは本件代金債権が偽ブランド商品の売買代金であることを知らずに譲り受けた。

6.　Dは本件代金債権を譲り受ける際、債権が契約の無効や弁済などにより存在しないことを危惧して、Bに本件代金債権の存在を確認し、本件代金債権の原因たる売買契約についての無効・取消し等の主張を、Dに対しては行わないことを約束し、Dはこれを信じて譲り受けたのであった。

7.　その後、Aが偽ブランドの輸入販売が発覚し逮捕されたことにより、Dは、本件代金債権が偽ブランド商品の代金債権であることを知った。保証人Cも、この事実を知り、Dの請求に対して法的に支払義務があるかどうかを争い支払に応じない。

8.　そのため、本件代金債権が有効に成立しているといえるのかが争いになり、DはCと和解のための協議を重ねた。協議の結果、200万円の債権に対して、Cの有する100万円相当の価格の甲美術品で代物弁済をする旨の和解が成立

し（以下「本件和解」という。）、Cは本件和解に従いDに甲美術品を引き渡した。

[設問2] 【事実Ⅰ】、【事実Ⅱ】及び【事実Ⅲ】（1から8まで）を前提として、Cは、B及びDに対してどのような法的請求ができるか、論じなさい。

【事実Ⅳ】

前記【事実Ⅰ】の1と2に続いて、以下の事実があった（前記【事実Ⅱ】及び【事実Ⅲ】の3から8は存在しなかったものとする。）。

9. Bから本件ポロシャツの販売を受けた衣料販売店を経営するEは、Bから購入した100着の本件ポロシャツを納品後に価格が通常より相当安いことから不審に思い、商品受領後これを入念にチェックしたところ、巧妙な偽ブランド品であることを発見した。

10. Eは直ちにBにクレームを入れ、商品を引き取ってもらい代金も支払わなくてよいことを確認させた。Eはこれに止まらず、正式のブランド品を卸価格の定価より安く販売するようにBに迫った。EはBに対し、これに応じなければ、このことを公正取引委員会に告発する、また、今後Bとの取引を系列会社を含めて行わないと告げた。

11. Bはやむを得ずこれに応じて、正規のα社ブランドのポロシャツ1,000枚を150万円（正規の卸売価格は200万円）で販売し引き渡した。その後、Eはこのポロシャツをすべて完売している。

[設問3] 【事実Ⅰ】及び【事実Ⅳ】（1、2及び9から11まで）を前提として、BはEに対してどのような法的主張をすることができるか、論じなさい。

【事実Ⅴ】

前記【事実Ⅰ】及び【事実Ⅳ】（1、2及び9から11まで）に続いて、以下の事実があった（前記【事実Ⅱ】及び【事実Ⅲ】の3から8までは存在しなかったものとする。）。

12. Eはその後もBに対して、偽ブランド品の告発をほのめかしては、正規

のブランド品を低価格で販売をさせている。Eの要求は次第にエスカレートしていき、EはBにβ社のブランドのスカーフ1,000枚（通常の卸売価格500万円）を50万円での販売を迫った。

13. Bはさすがにこれを拒絶し、これに応じるくらいなら公正取引委員会への告発を受ける方がましだと考え、公正取引委員会への告発をしていただいて結構であると応えた。これに激怒をしたEは、反社会勢力とのつながりを示唆し、痛い目に遭いたくなければ言うことを聞くように求めた。そのため畏怖を覚えたBは、やむを得ず上記要求に応じ、Eは商品の引渡しを受け50万円をBに支払った。

14. Eは、上記12のような経緯で上記スカーフ（以下「本件スカーフ」という。）を入手したことを知る同業者Fに、本件スカーフ1,000枚を500万円で販売した。その後、Fは本件スカーフをすべて完売し、代金合計600万円を得ている。

[設問4] 【事実Ⅰ】、【事実Ⅳ】及び【事実Ⅴ】（1、2及び9から14まで）を前提として、Bは、E及びFに対してどのような法的主張をすることができるか、E及びFからの反論を踏まえて、論じなさい。

I [設問 1] について
　①取締法規に違反する契約の効力（重要度 A）
　②保証契約も主債務がなく付従性により無効（重要度 B）
　③A に対する不当利得返還請求（重要度 C）
　④主債務者 B への請求（重要度 B）

2 [設問 2] について
　①債権譲渡は債権がなく無効（重要度 D）
　②抗弁放棄の合意の効力（重要度 B）
　③公序良俗違反と和解（重要度 A）
　④C の B への求償（重要度 C）

3 [設問 3] について
　①暴利行為（重要度 C）
　②強迫の不公正なつけ込みへの拡大（重要度 A）

③不法行為
　ⓐ不法行為の成立（重要度 D）
　ⓑ取り消しうることとの関係（重要度 B）
　ⓒ損益相殺（重要度 C）

4 [設問 4] について
　(1) E に対する請求
　　①暴利行為（重要度 B）
　　②強迫の拡大（重要度 C）
　　③不法行為（重要度 C）
　　④不法原因給付の適用（重要度 B）
　　⑤損益相殺（重要度 B）
　　⑥F の即時取得（重要度 C）
　(2) F に対する請求
　　①F の即時取得（重要度 C）
　　②F に対する損害賠償請求
　　　ⓐ何の侵害か（重要度 C）
　　　ⓑ損益相殺（重要度 C）

4
公序良俗違反

解説及び答案作成の指針

1 [設問 1] について（配点は 20 点）

【出題趣旨】 [設問 1] は，取締法規に違反する契約の効力を論じ，それを基礎として，無効な契約上の債務につき連帯保証がされた場合に，主債務がない以上，付従性により保証債務は成立せず，なされた保証債務の履行も無効になることを確認した上で，その場合の保証人 C の法的保護について検討してもらう問題である。

(1) 偽ブランド品の売買契約の効力——取締法規違反

　(a) 公序良俗違反を問題にする　　かつての学説は，取締法規についても私法法規のように強行法規と任意法規とを区別し，強行法規の場合には 91 条の反対解釈によりそれに反する契約を無効としていた。しかし，判例は，取締法規違反の契約が当然に無効になるものではなく，90 条違反か否か諸般の事情を考慮して無効判断をしている（例えば，最判昭 39・1・23 民集 18 巻 1 号 37 頁 [有毒アラレ事件]）。近時の学説は判例に従い，公序良俗違反（90 条）を問題とし，取締法

規違反という事情は 90 条違反の評価の 1 つの資料として位置づけている。

　(b)　**偽ブランド商品の売買契約について**　　この結果，偽ブランド品の売買契約は，不正競争防止法や商標法（取締法規）に違反するからといって，当然には無効にならない。最判平 13・6・11 判時 1757 号 62 頁（ポロにせ商品事件）は，「単に上記各法律に違反するというだけでなく，経済取引における商品の信用の保持と公正な経済秩序の確保を害する著しく反社会性の強い行為である」，「そのような取引を内容とする本件商品の売買契約は民法 90 条により無効である」と判示した。90 条違反の決め手とされたのは，①ブランド品の信用を失墜される行為であること，②両当事者が悪意で違法な利益を上げようとしたこと，及び，③継続的かつ大量になされたことである。

　(c)　**本問へのあてはめ**　　本問では，偽ブランド商品の取引であること，AB ともに悪意であること――AB は法人であり，代表者が取引をしており，「認識」の有無は代表者について考える――，2 度に渡り 5000 着（合計 1 万着）という大量の取引を行っていることから，AB 間の本件売買契約は公序良俗に違反して無効になる（90 条）。

> **【答案作成についてのコメント】**まず，行政的取締法規違反の売買契約であり，当然に無効ではなく公序良俗違反になるかどうかを検討すべきことを指摘し，本件では大量かつ当事者が悪意であることから，売買契約は無効になることを確認すべきである。

(2)　**AC 間の保証契約及び C による弁済**

　(a)　**保証契約の効力**　　AC 間の保証契約については，AB 間の売買契約が公序良俗に違反して無効であるならば，主債務が存在せず，付従性により保証債務も成立しえない。そのため，保証契約は無効となる。そうすると，C は善意で支払ったのであるが，保証債務が存在しないのでその弁済は無効である。

　(b)　**C は誰にどのような請求ができるか**　　AB 間の売買契約が偽ブランドの売買契約だとは知らずに，その代金債務について保証人になり弁済をした C が保護されるべきことは明らかである。問題は，誰に対してどのような請求を認めるかである。

　　(ア)　**A に対する請求**　　まず，200 万円を受領した A に対して不当利得返還請求をすることができる。C は債務が存在しないことを知らなかったのであり，非債弁済（705 条）に触れることはない。また，保証債務は付従性を根拠として否定されたのであり，不法原因給付（708 条）には該当しない。ただし，保証人

は保証債務の履行として第三者弁済をしていることを考えれば，保証人が悪意であれば保証人に708条を適用する余地はある。ところが，本問では，Cは善意であり，結局はAに対して不当利得返還請求ができる（704条によるべきか）。

　(イ)　Bに対する請求

　　❶　求償権　　次に，CはBに対して求償はできないであろうか。Cは善意であり，Bが無効を主張して求償を拒むのは信義則に違反するように思われるが，公序良俗違反という公益的無効・絶対的無効であり，Cの弁済はやはり無効といわざるをえない。そうすると，Cがその出捐でBを免責したのではないので，求償権は成立しないことになる（459条1項参照）。

　　❷　損害賠償請求権　　ただし，このような無効な債務についての保証を依頼し，また，保証人からの事前の通知に対して何らの説明もしていないことから，BにはCに対する不法行為責任が問題になる（709条）。Bはこれに対して，「CはAに対して200万円の不当利得返還請求権を取得するので損害がない」と主張することが考えられる。

　しかし，CがAに対して不当利得返還請求権を取得しているとしても，Cが200万円を支払ったという損害が当然になくなるとは考えるべきではなく，CはAに対して200万円の不当利得返還請求権，Bに対して損害賠償請求権を取得し，AとBの債務は不真正連帯債務になる。

> 【答案作成についてのコメント】保証債務は付従性で無効なこと，非債弁済でも不法原因給付でもなく，CはAに対して不当利得返還請求ができること，また，Bに対して求償はできないが，不法行為に基づく損害賠償請求が考えられることを論じるべきである。

2　[設問2] について（配点は25点）

> 【出題趣旨】　[設問2] は，無効な契約上の債権の譲渡につき，債務者の抗弁放棄の約束が有効なのか，また，保証人Cが債権譲受人と債権の発生原因たる契約の効力について争いになり，和解として代物弁済がなされた場合のその効力を論じてもらう問題である。

(1)　債権譲渡の効力について――Bによる抗弁放棄の意思表示

　AのBに対する代金債権は有効に成立しておらず，債権譲渡について異議をとどめない承諾制度（旧468条1項）も廃止された。ただし，契約自由の原則からして，抗弁を放棄する合意は有効と考えられ，包括的な抗弁放棄の合意も可能と

考えられている。本問では，【事実Ⅲ】6にあるように，Bは売買契約の無効，取消しなどの主張をしない旨約束している。では，この合意は有効であり，保証人Cも，売買契約の無効を主張しえなくなるのであろうか。

上記抗弁放棄の合意は原則として有効であり，無効の主張ができなくなる。ところが，本件では，公序良俗違反による無効の主張が問題となっている。公序良俗違反による無効の主張に関する限り，抗弁放棄の意思表示はやはり公序良俗に反して無効と考えるべきである（一部無効）。そうすると，DはBによる抗弁放棄の意思表示を援用して，本件代金債権の有効な取得を主張できない。たとえ有効だとしても，保証人Cには対抗できない（448条2項）。

> **【答案作成についてのコメント】** 債権譲渡は，譲受人が善意無過失でも取引安全は図られず，Dは債権を取得しえないこと，また，抗弁放棄の意思表示は原則として有効であるが，公序良俗による無効の主張を放棄することはできないこと，たとえ有効だとしても保証人には対抗できないことを論じるべきである。

(2) CD間の本件和解の効力について

(a) 本件和解は有効か

(ア) **和解には権利創設効がある**　　和解は，権利などについての存在をめぐる争いを，権利などを合意で確定して止めること，以後それを争うことはしない旨を約束する合意である。そのため，たとえ実際には権利はなかったとしても，和解により権利が成立したことになる（696条）。

CDともに本件売買契約が偽ブランド商品の取引であったことを知り，契約が有効であり代金債権が有効に成立しているのかどうか議論になり（「争い」の存在），これを解決するために本件代物弁済契約がされている。そのため，本件和解により，本件代金債権が成立し，Dの甲美術品による代物弁済により有効に消滅したかのようである。なお，特に前提にした基礎事情についての錯誤が問題になっていないので，錯誤の検討は不要である。

(イ) 公序良俗に反して無効な契約上の債務についての和解は有効か

❶ **判例について**　　判例には，和解が成立した以上，後日それが賭博によるものであったという確証がでてきたとしても，和解契約の効力は失われないと判示するものがあった（大判昭13・10・6民集17巻1969頁）。その後，賭博債権のために小切手を振り出す和解契約につき，「和解上の金銭支払の約束も，実質上，その金額の限度で上告人をして賭博による金銭給付を得させることを目

的とするものであることが明らかであるから，同じく，公序良俗違反の故をもって，無効とされなければならない」とされている（最判昭46・4・9民集25巻3号264頁）。しかし，かかる判断は賭博という明らかに公序良俗違反の事例についてなされたものであり，公序良俗違反が微妙な事例については，当事者の自治的解決に委ねてあえて裁判所が介入しないという学説もある（☞次の❷）。そのため，このような事例については判例の立場は明らかではないと言わざるをえない。

❷　**学説について**　　学説には，①公序良俗に違反していたことが明らかになったならば，常に和解契約は無効と考える学説もある。当事者は確かに和解によって無から有を作ることはできるが，和解の前提となる法律関係の不法を適法とすることはできないというのがその理由である。②他方で，公序良俗に違反することを知りながら和解をした場合には和解は無効であるが，公序良俗に違反するか否かが争われている事例において，当事者が妥協して和解をした場合には，たとえ後日契約が公序良俗に反して無効であったことが判明しても，和解の効力には影響はないと考える学説がある。

㈦　**本問へのあてはめ**

❶　**和解は有効か**　　法的には本件のような悪質な事例は公序良俗に反することは明らかであり，判断が微妙な事例ではない。確かに賭博ほどの違法性の高い事例ではないとしても，偽ブランド取引が許されるものではないことは常識である。判例も当然には無効ではなく事例により個別的に判断するが（☞1⑴⒝），5000着の取引であり，客観的には疑義の生じる事例ではなく，法的知識のない当事者間で争われていたに過ぎない。明らかに公序良俗に違反して無効な債権をめぐる和解であり，本件では公序良俗違反により無効と考えられる。したがって，本件代物弁済契約またそれに基づく代物弁済も無効になる。

❷　**不法原因給付になるか**　　では，CはDに対して甲美術品の返還を求めることができるであろうか。

Dからは不法原因給付（708条本文）が主張されることになる。賭博で負けた者が，金銭の支払に代えて代物弁済したのであれば，708条本文を適用してよい。しかし，本件では，違法な取引自体をした者ではなく保証人による履行であり，しかも，売買契約の効力が争われ，有効の可能性もあると思って和解に応じたのであり，違法性の程度は低い。不法原因給付にはならないという考えも可能だと

思われる。

(b) **CのBに対する請求**　CD間の和解が無効であり，また，Bには債務がないので，Cの支払によるBの債務の免責は問題にならず，CのBへの求償は問題にならない。しかし，先に見たように，BがCに保証人になることを依頼した行為は不法行為となるものであり，CからBへの不法行為による損害賠償請求権を問題にすることができる。

❶　**相当因果関係**　まず，偽ブランド品の売買代金と判明した後に，CがDと和解により代物弁済をしたことにつき，不法行為と相当因果関係が認められるかが問題になる。416条2項を類推適用すると，Bが「予見すべき」損害であったかどうかにかかることになる。代物弁済をすることは問題ないとしても，偽ブランド品の代金だと発覚した後に，履行を拒絶せずに和解をして代物弁済をすることを「予見すべき」かどうかという規範的評価がされることになる。あまりにも常識に外れた行為をしたわけではなく，相当因果関係を認めてよい。

❷　**損害及び過失相殺**　CがDに対して代物弁済の無効を主張して甲美術品の返還を求めることができるとした場合，Cは所有権を失っていない。所有物を盗まれた場合には，所有権は存続しているが取り戻すのは社会通念上無理と考えられ，所有権侵害を認めることができる——不法占有だけで使用利益の侵害は問題になる——。したがって，社会通念上取り戻しができると評価できるかが問題となり，本件では，Dが甲美術品の所在を不明としていれば，その価格を損害と認めることができる。

Cが代物弁済に応じたことについては，Bからは過失相殺の主張がされる（722条2項）。偽ブランド品の大量な取引の代金であり，その代物弁済に応じたのは相当因果関係を認めるとしても，過失相殺は認められてよい。

3 [設問3] について（配点は25点）

【出題趣旨】 [設問3]は，EはBに対して，告発等をすることをほのめかし商品を安く売らせており，契約を取り消して目的物の価格返還を請求することと，不法行為を理由に損害賠償を請求することを検討する問題である。その効果として，取消しの場合に708条の適用，不法行為の場合に，受け取った代金について損益相殺を検討することが求められている。

(1) 暴利行為

(a) **暴利行為による無効**　　EはBに対して，公正取引委員会への告発，また，系列会社を含め取引を止めることを示唆して，正規のブランド品を安く売るように求めている。EはBの窮乏に乗じて暴利を得たといえるのであれば，暴利行為として90条により本件売買契約は無効になり，Bからは708条但書の適用により，不当利得返還請求をすることができることになる。しかし，200万円のところを150万円で販売させたことを「暴利」行為といえるかは疑問である。窮迫に乗じてはいるが，この程度では，安売りとしても相当性の範囲内であり「暴利」を得たものとは考えられず，公序良俗に反するとまではいえない。

【答案作成についてのコメント】暴利行為を問題提起してもよいが，暴利行為とまでいえるほど廉価で売らせていないので，結論としてはこれを否定すべきである。

(b) **不法行為に基づく損害賠償請求**　　また，不法行為の可能性もあるが，ただ安く売らせたというだけでなく告発等を示唆して安く売らせたところが問題なので，違法性が認められるか否かは微妙である。Eの示唆した公正取引委員会への告発等は適法行為である。これを盾にして取引通念上相当な限度で交渉する行為は違法ではない。しかし，Eは不当な利益を上げようとしており，Bは50万円の差額の損害を受けていることからも，もはや適法な交渉の限度を超えていると評価すべきである。差額ではなく，経済的威迫により売却させられた商品の価格200万円を損害として，受け取った代金を損益相殺で差し引くべきかという問題が残るが，この点は(3)で改めて説明する。

【答案作成についてのコメント】不法行為も問題提起をして論じるべきであり，結論としては肯定・否定いずれも可能である。

(2) 経済的威迫ないし不公正なつけ込み

(a) **取消しの可能性──強迫法理の拡大**　　Eは強迫を行ったわけではなく，96条1項による取消権は認められない。この点，強迫では畏怖が問題とされるのみであるが，「状況の濫用」「経済的威迫」といった事例にも取消しを認めること

が検討されている。

　近時の立法などでは，例えば UNIDROIT 3-9 条は，それ自体が違法な場合（生命・身体への攻撃等）だけでなく，それ自体は適法な行為であるが，「それを契約締結を実現するための手段として利用することが不法であるとき」も強迫となることを規定している。他方で，DCFR II.-7:207 条は，強迫とは別に「不公正なつけ込み」による取消しを認めている。

　立法論としては，強迫とは別の制度を明記すべきであるが，日本の現行法解釈としては，96 条 1 項の「強迫」の拡大解釈によるべきである。強迫を不公正なつけ込みに拡大するためには，暴利を得る必要はない。

　(b)　取消しの効果

　　(ア)　返還不能なので価格返還　　取消しの効果として原状回復義務が当事者間には認められるが（121 条の 2 第 1 項），目的物は E により既に販売されており返還できないので――種類物の場合には同種の物で返還する義務を認めた判例があるが疑問――，結局は，価格返還となる。B も受け取った 150 万円の返還を義務づけられ，相殺により清算がされる。

　　(イ)　708 条本文の適用の可否　　ただし，詐欺や強迫の場合には，詐欺や強迫を行った者の返還請求については，708 条本文を適用することが考えられる。しかし，E に価格 200 万円を返還させられたにもかかわらず，150 万円の返還を受けられないというのは，経済的威迫を行ったとしても酷に過ぎるというべきであり，708 条本文の適用は否定すべきであろう。そうすると，取消しを認めても，損害賠償請求と同様に 50 万円の支払請求しかできないことになる。

　【答案作成についてのコメント】不公正なつけ込みによる取引につき，強迫を拡大して取消しを認めるかどうかを検討すべきであり，暴利行為と区別して論じるべきである。この論点を知らなかったとしても問題意識を持って考える姿勢を示すことが必要である。また，708 条の適用はなく，取消しの場合にも，相殺により差額 50 万円を受けられるに過ぎないことまで書けば高得点になる。

(3)　不法行為による損害賠償請求の内容について

　(a)　取消しをしないで損害賠償請求ができる――差額を損害とする　　詐欺・強迫の場合に，取消しをするかどうかは自由であり，取消しをせずその取引により被った損害として適正価格との差額を賠償請求することが考えられる。大判大 5・1・26 刑録 22 輯 39 頁は，詐欺により不相当な価格で土地を購入した X（買主）が，「現実支払ひたる代金と実価との差額に相当する損害を蒙りたりとして之れ

が賠償を求」めたのを容認している。

　本問では，EはBに対して契約を取り消さないで，その適正価格との差額50万円を損害として賠償請求することができる。しかし，損害については別の構成も考えられる。次にこの点を考えてみたい。

(b)　損益相殺について

　(ア)　損益相殺の位置づけ　　Eの不法行為を，不法な手段で所有物を売らせた所有権侵害と構成することも考えられる。その構成では，客観的価値を基準として200万円の損害ということになり，代金が入ってくるので，損益相殺された差額のみが損害となる。損益相殺は，①「損害」の差額的解釈の結論か，②不当な利益をさせないという公平の観点からの調整なのかは議論がある（判例の立場は明らかではない）。②の立場では，差額説により「損害」を確定した上で，これにつき損益相殺を行うことになる。そのため，当然に差し引くことにはならず，公平・正義の観点から考察することになる。

　(イ)　損益相殺を否定する判例とあてはめ　　闇金により高金利の利息を支払わされた場合の元本の受領，投資詐欺における僅かばかりの配当金の交付につき，判例は損益相殺を否定している（最判平20・6・10民集62巻6号1488頁，最判平20・6・24判時2014号68頁）。不公正なつけ込みによる取引にもこの判例の射程を及ぼして，支払った代金の損益相殺を否定すべきであろうか。これらの判例は取消しの場合における708条本文適用との不均衡を問題にしており，本件では，取消しをしても150万円の返還請求には708条本文の適用はできないと思われる（☞3(2)(b)(イ)）。そうすると，(b)の構成で損害賠償請求をしても，損益相殺が認められてよく，結局は(a)の構成と同様に，差額の50万円の賠償のみが認められる。

4　［設問4］について（配点は30点）

【出題趣旨】　［設問4］では，BはEに対しては，スカーフの売買契約が暴利行為で無効であること，また，［設問3］とは異なり強迫があるので強迫取消しを主張できることを論じてもらいたい。ここでは代金の返還については708条本文の適用が考えられ，不法行為を理由に損害賠償を請求しても，受け取った代金を損益相殺することは認められない。Fは，暴利行為の事実を知っており，売買契約は無効でEは所有者ではないことを知っていることになる。Fに即時取得は成立せず，そうすると，B所有物たるスカーフを悪意で販売して利益を上げたことになり，悪意の受益者の責任また不法行為者の責任を負うが，Fとの関係においても，B社は代金50万円を受けていることを損益相殺で考慮すべきかを論じることになる。

(1)　Eに対する請求1——価格の返還請求（価格賠償）

(a)　暴利行為

(ア)　契約は無効，708条本文の適用あり　　［設問4］では，EはBに，500万円相当の商品を窮乏に乗じて50万円という10分の1の価格で売らせており，暴利行為といえる。そうすると，Bは90条により無効を主張してEに対して原状回復を請求でき（121条の2第1項），他方で，Eは708条本文により支払った代金50万円の返還を請求できないと考えるべきである。

(イ)　価格返還と相殺　　Eは受け取った本件スカーフを全てFに販売しており，現物の返還は難しく，商品の適正価格（Bは卸売商人なので卸売価格を基準とする）500万円の価格返還を義務づけられる。Eは50万円の代金を支払っており，708条本文が適用されても不当利得返還請求権はある（703条，704条の成立要件は充たしている）。そのため，Eから相殺の主張がされることが考えられるが，強制力のない債権は自働債権にできないので，Eによる相殺は認められない。

【答案作成についてのコメント】　［設問4］では暴利行為になること，Eによる代金50万円の返還請求権と価格返還請求権500万円との相殺については，708条が適用されてEからの相殺は認められないことを論じるべきである。

(b)　強迫取消し　　本問では，Eの行為は疑いなく強迫に該当する（【事実Ⅴ】13参照）。したがって，Bは強迫を理由に本件スカーフの売買契約を取り消すこともできる（96条1項）。90条による無効とは選択が認められてよい。取消しがされると，相手方Eに原状回復義務が生じるが（121条の2第1項），本件スカーフは返還不能なので，500万円の価格返還請求権になる。他方で，Eにも代金50万円の返還請求権が成立する。この場合にも，取消しによる原状回復請求権であるが，Eの50万円代金返還請求権について，708条本文を適用することが考えら

れる（(a)のように暴利行為という事情もある）。

> **【答案作成についてのコメント】**無効と取消しの競合について言及し，また，取消しの場合についても708条が適用されることも論じるべきである。

(2) Eに対する請求2——損害賠償請求（損益相殺の認否）

(a) **取消しとのバランス論の考慮**　BはEに対して不法行為を理由に損害賠償をすることも考えられる。Bは本件スカーフの価格500万円を損害として賠償請求することになるが，Eからは受領した代金50万円を損益相殺で差し引くべきであるという主張がされる。上記のように不当利得返還請求がされた場合には，708条本文が適用され，Eは本件スカーフの価格全額の支払を義務づけられることとのバランスを考える必要がある。

(b) **判例は損益相殺を否定**　先にみたように（☞3(3)(b)(イ)），判例は，708条が適用されて相殺ができない場合に，損害賠償請求がなされても，不法原因給付の趣旨を及ぼして損益相殺を否定している。この判例に従う限り，本問でも，Eはその支払った代金について損益相殺を主張して，損害賠償額を正規価格と支払金額との差額に制限することはできないことになる。

> **【答案作成についてのコメント】**商品の代金全額を損害として賠償請求をすることも認められるが，その場合に，BがEから受け取った代金を損益相殺すべきかについて必ず議論をすべきである。［設問3］の結論の確認をすれば足りる。

(3) Fに対する請求

(a) **Fによる所有権の取得**　BE間の売買契約が暴利行為として無効であり，Eは1000着のスカーフの所有権を取得していないため，無権利のEからFが本件スカーフを購入したことになる。Fは，Bから暴利行為といえる事情でEが本件スカーフを取得したことを知りつつ，Eから本件スカーフを購入している。債権契約として売買契約は有効でも，Fは事情を知っているので即時取得（192条）をしえない。

(b) **Bのなしうる請求**

(ア) **不当利得返還請求権**　Fはスカーフの所有権を取得していないが，既に完売してしまっているので，①まずBの所有権に基づく返還請求は認められない。②FはBの所有物を売却して利益を上げたことになるため，不当利得返還義務が問題になる（704条）。Fの顧客への転売価格は合計600万円であるが，Bの損失を限度として500万円の不当利得返還請求権を問題にできる。しかし，Fは

E に代金 500 万円を支払っているので利得がなく，不当利得返還請求は認められない。

　(イ)　**所有権侵害による不法行為に基づく損害賠償請求権**　　他方，B の所有権侵害による不法行為（709 条）も問題になり，B は F に対して本件スカーフの価格 500 万円（B の損害は卸売価格を基準とする）の損害賠償を請求することが考えられる。これに対し，F は E から受けとった代金 50 万円を損益相殺として差し引くことを主張するものと思われる。

　BF 間では，F の B に対する 50 万円の不当利得返還請求権またその 708 条本文による制限は問題にならない。また，B は E に対しては代金 50 万円の返還につき，708 条本文を援用できるので，B の保護はそれで足りるといえる。B の F に対する 500 万円の損害賠償請求権については，50 万円の損益相殺をしてもよいように思われる。

> **【答案作成についてのコメント】** F に対しては，暴利行為により BE 間の売買契約が無効だとすると，F はその事情を知っているので悪意であり即時取得の保護を受けないこと，しかし既に完売しているので現物の返還は請求できず，他方，正規の代金を支払って取得しているので利得はなく不当利得は成立しないため，不法行為を問題にして，BF 間で損益相殺がされるべきかを論じるべきである。ここでは，不当利得返還請求権についての 708 条とのバランスを考慮する必要がないことを指摘して論じたかどうかが，答案の採点に大きく影響する。

1 〔設問1〕について
(1) AB間の売買契約の効力
(a) 問題の整理 AB間の売買契約における代金債権について連帯保証をしたCは、債権者Aに代金を支払っており、主たる債務者Bに求償することが考えられる。これに対して、Bは主たる債務の無効を主張するものと思われる。また、Cは、Aへの代金の支払を無効として、Aに不当利得返還請求をすることも考えられる。この問題は、AB間の商標法等に違反する偽ブランド商品の売買契約の効力にかかっている。

(b) AB間の売買契約は有効か 不正競争防止法等の取締法規の違反により、売買契約が私法上当然に無効になるわけではない。それが公序良俗（90条）に違反するものと認められて初めて無効となる。この点、違反されている規定、取引の量、取引の態様等を総合考慮して、無効とされるべき違法性があるかどうかが判断されるべきである。

本間では、ABの両当事者が悪意であり、合計1万着もの偽ブランドを市場に流通させるものである。ブランドの信用を大きく損ねる行為であることを考慮すると、本件AB間の売買契約は、90条違反で無効と考えるべきである。違法性が強度でない場合には、抗弁的無効で履行を拒絶でき、履行されたら有効で返還を請求できないできないという解決も考えられるが、本件の強度の違法性を考えると、絶対的な無効と考えるべきである。

(2) AC間の保証契約
上記のようにAB間の売買契約が無効なので、主たる債務である代金債務は成立していない。そうすると、AC間の連帯保証契約は、付従性により保証債務は成立しないので、無効と考えられる（412条の2第2項の適用はない）。先に見たように、AB間の売買契約の無効は絶対的無効であり、Cが事情を知らずに支払っても保証債務がないので、弁済は無効である。

(3) Cのなしうる請求
Cが悪意であれば705条が適用になるが、Cは善意である。では、Cは誰に対してどのような法的根拠でいかなる法的請求ができるのであろうか。

(a) Aに対する請求 上記のように、保証債務はなく弁済は無効であり、Cは債務の不存在を知らないので非債弁済（705条）に該当しない。また、Cの弁済は不法原因給付（708条）にもならない。したがって、CはAに対して不当利得返還請求ができる。Aは悪意の利得者と扱ってよい（704条）。

(b) Bに対する請求

(ア) 求償請求 しかし、Aに代金を返済するだけの資力があるとは限らず、CはBに対する請求を選択することができることが好ましい。ところが、Cが追認して弁済を有効にできるわけではなく（絶対的無効な契約上の債務の保証）、弁済は無効であり、Bを免責させたわけではない（459条1項の要件を充足しない）。したがって、

求償権は認められない（459条1項）。

　　(ｲ)　**損害賠償請求**　　ただし、Bには、Cに対する不法行為（709条）を認める余地がある。Bは無効な契約の保証を依頼し無駄な支払をさせているからである。これが不法行為と認められれば、保証人として支払うことは相当因果関係が認められる。また、Aに対して不当利得返還請求権を有するからといって損害は否定されない。したがって、CはAに支払った金額を、Bに対して損害賠償請求でき、このBの損害賠償義務とAの不当利得返還義務とは不真正連帯債務の関係になる。

　なお、Cは事情を知らないので過失相殺（722条2項）はされない。

2　［設問2］について

　本問では、Cは、AB間の売買契約が無効であり、代金債務はなく付従性によりCの保証債務は成立しておらず、Cがこれらの存在を前提としてなした本件和解によりなされた代物弁済は無効であるとして、Dに対して甲美術品の返還を求めることが考えられる。また、返還を諦め、［設問1］同様にBに対して、不法行為を理由に、甲美術品についてその価格を損害賠償請求することが考えられる。以下、検討する。

(1)　債権譲渡は有効か

　まず、Dが代金債権を取得しているのかどうか確認してみたい。AB間の本件売買契約は、既述のように公序良俗に違反しており無効であるため、代金債権は存在していない。存在しない債権が譲渡されても、債権契約としては有効かも知れないが、Dは代金債権を取得しえない。

(2)　抗弁放棄の合意

　この点、問題になるのが、Bは、譲受人Dに対して売買契約の無効等の主張をしないことを約束していることである。Dはこれを信頼して債権譲渡を受けており、Dの保護も必要である。Dはこの合意を援用して、Bは公序良俗違反による無効を主張しえない、その結果、保証債務も認められると主張することが考えられる。

　しかし、公序良俗違反による無効は公益的無効であり、私人間の合意でこの主張を制限することは許されない。したがって、抗弁放棄の合意は有効であるが、公序良俗違反については抗弁放棄の合意部分は無効（一部無効）と考えるべきである。たとえ有効だとしても、保証人には対抗しえないと考えるべきである（448条2項）。

　したがって、DはBに対する代金債権も、Cに対する保証債権も取得していない。

(3)　本件和解による代物弁済の効力──CのDへの請求

　本件和解は、CD間で、AB間の売買契約が公序良俗違反により無効なのかどうかが争いになり、この争いを解決するために締結されたものである。では、和解による権利創設効（696条）で保証債務はあったことになり、代物弁済は有効になるのであろうか。

　主観的に争われていても、客観的にはAB間の売買契約は明らかに公序良俗違反で無効である。明らかに公序良俗違反無効な事例についての和解を有効と認めるべきではない。したがって、和解の内容たる代物弁済は無効になり、CはDに対して甲美

術品の返還を請求しうると解すべきである。なお、本件には708条本文を適用するのは、保証人Cに酷であり否定すべきである。

(4) Bに対する請求

Bは、[設問1]に述べたように、Cに保証させたことは不法行為になる。そして、保証人が代物弁済をすることは、相当因果関係の範囲内である。また、CがDから取り戻す可能性があっても、本件美術品の所有権侵害は否定されない。ただ、偽ブランドの代金であるとこを認識した後の本件和解につき、Cに過失を認めることができ、甲美術品の価格の賠償請求につき、過失相殺（722条2項）の対抗を受けそうである。しかし、Bが悪意であることを考えれば、公平の観点から、Cに過失があっても過失相殺を認めるべきではない。

3 [設問3]について

(1) 暴利行為か

[設問3]では、Eは、Bに対して、偽ブランド商品販売を公正取引委員会に告発する、今後取引をしないと述べて、それがいやなら200万円の商品を150万円で販売するように求め、Bはこれに応じている。窮乏に乗じて不当な利益を上げたとまでは言えず、暴利行為として90条違反で無効とすることはできない。

(2) 強迫の可能性

(a) **強迫の拡大**　確かに、公正取引委員会に告発することや、取引を停止することは適法行為であるが、これを利用して自分に有利な契約をさせることは、取引通念からして問題がある。犯罪をした者に、警察に言うぞと脅して、弱みにつけ込んで自己に有利な取引をさせるのと同様である。

しかし、応じなければ暴力を振うことを示唆すれば、強迫により取消しが可能であるが（96条1項）、本問では、告発・取引停止を示唆する以上には脅しはしていない。では、これも強迫と考えるべきであろうか。確かに強迫は抵抗を全くできなくする必要はない。しかし、不法な害悪を通知し相手方を畏怖させるという伝統的な強迫概念からは、本問の事例は離れる。

(b) **当てはめと708条との関係**　しかし、強迫規定（96条1項）は、経済的不利益をほのめかせて義務のない行為をさせる場合にも拡大適用すべきである（経済的威迫）。そうすると、BはEとの売買契約を取り消して、150万円を返還し、200万円の価格返還を請求し、相殺により差額50万円の支払を求めることができる。また、契約を取り消さずに、正規の価格との差額50万円を損害として、不法行為（709条）を理由に賠償請求も可能であると解される。

本問ではEの不法性はそう大きくはなく、拡大された強迫取消しの代金返還には708条の適用を否定すべきである。また、損害賠償請求についても、差額の損害賠償ではなく、200万円の財産を奪われたことを損害として賠償請求しても、受領した代金150万円は損益相殺されるべきである。

4　［設問4］について

(1)　Eに対する請求1——暴利行為

　(a)　**無効・取消し**　EはBに対して、正規の卸売価格500万円の商品を50万円で、強迫を用いてEに販売させており、暴利行為として90条違反により無効になる。また、強迫を理由として取り消すことも可能である（96条1項）。「無効」も1つの法的評価であり、ある法律行為が存在する場合に、無効か取消しかのいずれを裁判所に認めてもらうか、選択することができる。

　(b)　**原状回復請求**　Eは既に受領したスカーフを全てFに販売しており、返還を不能としている。そのため、Eの原状回復義務（121条の2第1項）は、価格返還義務となり、Bは正規の価格500万円を支払うよう求めることができる。これに対して、Eからは、代金50万円を支払っているので、その返還を求め（121条の2第1項）、これとの相殺をして、差額の450万円のみを支払う旨の主張をすることになる。

　この点、BE間の売買契約は暴利行為で無効なので、EのBに対する代金50万円の返還請求については、708条本文の適用があると考えるべきである。そのため、Eは返還を請求できず、したがって強制的に実現できない債権なので、相殺の自働債権に使用することは認められない。

　この結果、Bは50万円の代金を受け取っているが、Eから500万円全額の返還を受けられる。

(2)　Eに対する請求2——不法行為による損害賠償請求

　Eは強迫により500万円の価格のスカーフを50万円で脅し取ったことになり、明らかに不法行為に該当する（709条）。本件スカーフの所有権侵害による損害額は、スカーフの価格である。この点、Fは顧客に合計600万円で販売しているが、Bは卸売業者であり、卸売価格500万円を基準にすべきである。

　こうして、Bの損害は500万円となるが、受け取った代金50万円を損益相殺すべきであろうか。708条本文の趣旨からして否定すべきである。

(3)　Fに対する請求

　Eは上記のような経緯で所得した本件スカーフを全てFに転売し引き渡している。Fもこれを完売している。Bは、Fに対してどのような法的主張をすることができるであろうか。

　まず、BE間の売買は暴利行為で無効であり、Eは本件スカーフの所有権を取得していない。ただし、本件スカーフを占有しているので、Fには即時取得（192条）による保護が考えられるが、Fは悪意なので即時取得は認められない。しかし、Fは既に完売しているので返還は不能になっている。

　まず不当利得については、FはEに正規の代金を支払っているので、不当利得はない。しかし、Bの所有物を売却した不法行為を問題にできるが、BはEから受け取った代金を損益相殺すべきである。そうすると、Bは、Fに対して、不法行為を理由として、500万円の損害から50万円損益相殺がされ、450万円のみ賠償請求ができることになる。Bに対するEとFの債務は、不真正連帯債務の関係に立つ。　　　　　　以上

次の文章を読んで、後記の **[設問1]** から **[設問4]** までに答えなさい。（配点：100点〔[設問1]、[設問2]、[設問3] 及び [設問4] の配点は、25：25：25：25〕）

【事実Ⅰ】

1. A社は輸入家具の販売を業としているが、業績が不振で、A社は新たな融資を金融機関に頼んでも断られ、事業資金に窮する状態になっていた。そのため、A社の代表者甲は、知合いのBに頼んで、A社からBがソファーセットを100万円で購入したことにして、信販会社の立替払いを利用してもらい、信販会社から代金の立替払い名目で100万円を得ようと考えた。

2. 2023年5月、A社からBへの上記売買契約が仮装され、Bは事情を知らないC社とクレジット契約を締結し、C社からA社に代金100万円が支払われた。A社とBとの間では、BのC社に対するクレジットの分割払いについては、A社が責任を持って支払うので、Bには絶対迷惑はかけないとの約束がされていた。

3. BC間のクレジット契約において、BはC社から保証人を提供することを求められたので、Bはその知人Dに依頼して、クレジットの立替払金の分割払債務についてDに連帯保証人になってもらった。Dは【事実】2の事情を知らず、真実Bがソファーを購入したものであると考えていた。

4. A社は同様の取引を別の者に依頼して事業資金の獲得を図っていたが、円安が重なり輸入家具の値段を抑えた結果、収益率が落ち込み業績が更に悪化し、2023年11月頃には、結局は事実上倒産状態に陥った。そのため、A社が支払うことになっていたBのC社に対する立替払金の分割払いも、途中から支払われなくなった。

5. そのため、C社からBに催告がされたが、Bが支払をしなかったため、2023年12月に、C社から期限の利益を失ったとして分割払金の残額70万円全額の一括払いの請求が、B及びDに対してなされた。

[設問1] 【事実 I】（1から5まで）を前提として、C社のB及びDに対する
クレジットの残額70万円の一括支払請求につき、B及びDから主張される
反論を指摘した上で、C社の請求が認められるかどうか、論じなさい。A社
が同様のいわゆる空クレジットを他の者を介して多数行っていることが、B
との契約前に発覚しており、C社としては今回も空クレジットでないかと疑
い、Bにこの点の確認をすべきであった場合についても言及しなさい。

　なお、本問の考察にあっては、売買契約が有効であることは、クレジット
契約の有効要件ではないものとして考えなさい。また、住宅ローンにおいて、
借主として第三者が名義を貸した事例については、心裡留保の規定（旧93
条）の類推適用を認める最高裁判例があることを参考として検討しなさい。

【事実 II】

　前記【事実 I】の1から5までに続いて、以下の事実があった。

6.　Bは、2024年4月、地元の暴力団により行われた違法カジノに参加し、掛
け金300万円分を同暴力団の組員Eから借りた。Bはこの300万円を使用し
てカジノで使用するコインを300万円分購入し、カジノに費やしたが全て負
けてしまった。

7.　Bは、Eに対する300万円の借金が残ったため、Eからその支払を求めら
れた。同月、Bは、その所有の500万円相当の高級車（以下「本件自動車」
という。）を、Eに対する上記借金の代物弁済に供し（以下「本件代物弁済」
という。）、本件自動車を引き渡しまたE名義にその名義を書き換えた。

[設問2] 【事実 I】及び【事実 II】（1から7まで）を前提として、BはEか
ら本件自動車を取り戻すことができるか、論じなさい。また、【事実 I】の
後の2024年5月に、C社がBに対する訴訟で勝訴判決を得て、これが確定
したとして、C社は本件自動車についてどのような法的主張ができるか検討
しなさい。Bは、【事実 II】の6の時点から現在に至るまで債務超過の状態
にあり、めぼしい財産を有していないものとする。

【事実Ⅲ】

前記【事実Ⅰ】及び【事実Ⅱ】（1から7まで）に続いて、以下の事実があった。

8. Eは本件自動車を、中古車の買取販売を業とするFに販売し、これを引き渡してまたF名義への名義の書換えも行った。Fは【事実Ⅱ】の事実を一切知らずにE所有と信じて本件自動車を買い取ったものであった。

［設問3］ 【事実Ⅰ】、【事実Ⅱ】及び【事実Ⅲ】（1から8まで）を前提として、Bが所有権に基づいて本件自動車の返還と名義の書換えをFに対して求めることを考えている。これは認められるか、Fからの反論を踏まえて論じなさい。また、BはEに対する法的請求も考えている。いかなる法的請求が可能か、論じなさい。本問については、B及びEは、【事実Ⅱ】の6の時点から現在に至るまで債務超過の状態にはないものとして考えなさい。また、Fに【事実Ⅱ】の事情を知り得た特段の事情がある場合についても検討しなさい。

【事実Ⅳ】

前記【事実Ⅰ】の1から5までに続いて、以下の事実があった（前記【事実Ⅱ】及び【事実Ⅲ】の6から8までは存在しないものとする。）。

9. C社は、Bに対する期限の利益を失った70万円のクレジットの残金債権をGに譲渡し、C社からBに対して内容証明により債権譲渡通知がなされた。Gからの支払請求に対して、Bは自分には支払義務はないと主張して、支払を拒んでいる。Gは保証人Dにも支払を請求したが、DもBから事情を聞かされ、Bの保証契約の無効を援用し、やはりGの請求を拒絶している。

［設問4］ 【事実Ⅰ】及び【事実Ⅳ】（1から5まで及び9）を前提として、GのB及びDに対する70万円の支払請求が認められるか、論じなさい。A社が同様の空クレジットを他の者を介して多数行っていることが、Bとの契約前に発覚しており、C社としては今回も空クレジットでないかと疑い、Bにこの点の確認をすべきであった事例であるとして検討しなさい。

◎ 言及すべき点及び論点 ◎

1 [設問1] について
①AB間の売買契約は虚偽表示（重要度D）
②BC間のクレジット契約は心裡留保か（重要度B）
③心裡留保の類推適用（重要度A）
④CD間の保証契約と錯誤（重要度B）
⑤Dの付従性に基づく抗弁（重要度C）

2 [設問2] について
(1) 問題文前段
①BE間の消費貸借は公序良俗違反（重要度B）
②代物弁済は無効（重要度D）
③代物弁済への708条本文の適用（重要度C）
(2) 問題文後段
①詐害行為取消し（重要度C）
②取消債権者の自己への引渡請求（重要度C）

③C社による債権者代位権の行使（重要度B）
④本件自動車の所有権の帰属（重要度A）

3 [設問3] について
①708条本文と所有権の帰属（重要度A）
②登録動産と即時取得（重要度C）
③譲受人への708条本文の拡大適用（重要度B）
④Eに対する不当利得返還請求や損害賠償請求への708条本文の適用（重要度B）

4 [設問4] について
①第三者保護規定としての93条2項（重要度C）
②債権譲渡の468条1項（重要度B）
③①と②の調整（重要度A）
④保証人Dによる錯誤取消しの対抗（重要度C）

解説及び答案作成の指針

1 [設問1] について（配点は25点）

【出題趣旨】 [設問1] には大きな論点が2つある。①1つは，いわゆる空クレジットの名義貸人Bとクレジット会社C社とのクレジット契約の効力の問題である。心裡留保ではないが，それに類似した状態にある。②もう1つは，この場合のBの分割払金債務の保証人Dの保護，とりわけ，保証契約の錯誤取消しの可否である。

(1) 空クレジットの場合におけるクレジット契約の効力

 (a) **売買契約は虚偽表示** AB間の売買契約は，明らかに虚偽表示であり無効である（94条1項）。A社のBに対する代金債権は成立していない。

 (b) **クレジット契約の効力**

  (ア) **債務の存在は有効要件ではない** クレジット契約は，買主の依頼に基づいて信販会社（クレジット会社）が代金を支払えば，クレジット契約の有効な履行になり，代金債務がなく立替払いが無効であったとしても，クレジット契約

の買主に対する分割払債権が有効に成立する。本問では，C社のなしたA社への弁済は無効であっても，クレジット契約は有効なので，BはC社へのクレジット契約上の分割払金支払義務を免れない。抗弁権の接続が一定の場合には認められているが（割販法30条の4参照），AB間の虚偽表示による無効は抗弁権の接続が認められる事由ではない。

【答案作成についてのコメント】 AB間の売買契約は虚偽表示であり，この点は結論の確認だけをしておく。クレジット契約は依頼された立替払いをすればよく，債務があり弁済として有効でなくてもクレジット会社のクレジット契約の履行になることに言及できればよい。クレジット契約の知識になるので，問題文で，売買契約が有効であることは，クレジット契約の有効要件ではないことを書いておいたため，これを確認するだけでよい。

(イ) **心裡留保について**　問題はBC間のクレジット契約である（空クレジットと呼ばれる）。一見すると，BはA社との売買契約で代金債務を負担していないので，代金債務の立替払いをCに依頼するクレジット契約も心裡留保（93条）であるかのようである。確かにBにはA社に依頼されて名義を貸したといった程度の意識しかない。

しかし，有効なクレジット契約を締結するからこそ，A社がC社から有効に立替払金を受け取れるのであり，Bには，A社を支援するため有効なクレジット契約を締結して，C社よりA社が有効に金銭の支払を受けられるようにする意思がある。BC間のクレジット契約に，Bの心裡留保はない。

(ウ) **錯誤取消しについて**　Bは，A社が実際に支払ってくれると約束しているため，自分が支払わされることはないであろうと考えていた。そのため，Bは錯誤取消し（95条）を主張することも予想される。この点，動機の錯誤（基礎事情誤認型錯誤。以下同じ）であり，C社がBのそのような意図を知りうることは通常は考えられない。A社が支払う意思がなく詐欺であったとしても，第三者の詐欺である（96条2項）。ただ問題文後段については問題になるが，Bからの基礎事情の表示は，黙示としてであっても認めるのは難しい。

【答案作成についてのコメント】 BはC社との間のクレジット契約については，①契約をすることについて「法的には」意思があり心裡留保には該当しないこと，また，②A社が支払ってくれると思った錯誤も，動機の錯誤でありまた正当な保護に値する錯誤ではないため，いずれの条文によってもクレジット契約の無効・取消しを主張できないことを確認すべきである。

(c) **Bはまったく保護されないのか──心裡留保の類推適用**

(ア) **経済的な意図との齟齬はある**　法的には，上記のようにBはクレジッ

ト契約を締結する意思を有している。しかし，実際には，A社が責任を持って賦払金を支払うのであり，Bは自分は名前を貸すだけであり（いわゆる名義貸し）実際には自分が賦払金を支払うことはないと信じている。法的に債務者になることを容認はしているが，実際に支払う即ち経済的負担をする意思はないのである。そのため，法形式と経済的実態との食い違いを問題にする代理権の濫用事例のように（改正前の判例），形式的には心裡留保ではないが，93条1項但書を類推適用して効力を否定できないかが議論されている。

　(イ)　**93条1項但書の類推適用**　この点，福岡高判平元・11・9判時1347号55頁は，「立替払契約を締結する意思そのものがあったことについてはこれを否定することはできない」としつつも，信販会社側が空クレジットとの事実を「知り，あるいは知り得べきであった場合には，信販会社を当該立替払契約上保護すべき根拠は失われているのであって，名義貸与者にその契約上の債務を負担させることは著しく公正を欠く」として，旧93条但書（現行93条1項但書）の類推適用により効力を否定する。

　なお，住宅ローンに関する名義貸につき金融機関が事情を知っていた事例について，「消費貸借契約上の貸主として法的保護を受けるには値しない」，民法93条但書（現行93条1項但書）の適用ないしは類推適用により「貸付金の返還を求めることは許されない」とした原審判決を支持した最高裁判決がある（最判平7・7・7金法1436号31頁）。この判決は問題文に示してあるので，その射程が本件事案に及ぶかどうか検討すべきである（肯定してよい）。

　(ウ)　**本問へのあてはめ**　上記判例をあてはめれば，C社が──C社の本件契約の担当者が──空クレジットであることを知っていた又は知り得たならば，クレジット契約は93条1項但書の類推適用により無効となる。C社はA社に対して不当利得返還請求（704条）をすべきである。保証人Dも付従性よりしてこれを援用することができる（☞次の(2)(a)）。

> **【答案作成についてのコメント】**Bの保護としては，法的意思に食い違いがないとしても，経済的な負担（実際に誰が支払うか）について自分が支払う意思は有していないことを問題として，心裡留保規定の類推適用によるかどうかを議論する必要がある。信義則による権利行使の制限によっても実質的な理由が書かれていればそれなりの点数は与えられる。住宅ローンについての最高裁判決を問題文で説明してあるので，パラレルに考えその射程が及ぶかを検討すべきである。

(2)　**保証契約の効力**

　(a)　**付従性に基づく抗弁**　まず，Bが上記93条1項但書の類推適用（又は信

義則）により本件クレジット契約の無効を主張できる場合には，保証人 D もこれを援用でき（457 条 2 項），保証債務は付従性により成立していないことを主張することができる。問題は B が保護されない事例である。

(b) 保証契約の錯誤──保証人固有の抗弁

(ア) 改正前の判例　　2017 年改正前の判例は，空クレジットの賦払金債務の保証につき，要素の錯誤と認めて保証契約を無効としている。理由としては，「主たる債務が実体のある正規のクレジット契約によるものである場合と，空クレジットを利用することによって不正常な形で金融の便益を得るものである場合とで，<u>主債務者の信用に実際上差があることは否定できず，保証人にとって，主債務がどちらの態様のものであるかにより，その負うべきリスクが異なってくるはずであり，看過し得ない重要な相違がある</u>」という（最判平 14・7・11 判時 1805号 56 頁 ［錯誤無効（当時）を否定した原審判決を破棄］）。動機の錯誤ではなく，内容の錯誤と位置づけているかのようである。

(イ) 改正法ではどう考えるべきか

❶ 錯誤を二分した　　しかし，内容の錯誤なのか動機の錯誤なのか，事例は微妙である。改正法は，①「意思表示に対応する意思を欠く錯誤」（95 条 1項 1 号），②「表意者が法律行為の基礎とした事情についてのその認識が真実に反する錯誤」（同 2 号）とに分け，後者については，「その事情が法律行為の基礎とされていることが表示されていた」ことを必要としている（同条 2 項）。

❷ 本事例は動機の錯誤か　　他方で，動機の錯誤，即ち基礎事情の錯誤だとすると，空クレジットでないことは当然の前提であり，黙示の表示が容易に認められそうであり，動機の表示だけでよいとすると，C 社の保護がないがしろになる。改正前の判例は，動機を法律行為の内容とすることまで要求していたが，この点は立法に際しては議論され，条文上は表示だけを要求し，法律行為の内容化まで要求するかは事例により解釈にまかせた。

(ウ) 本件へのあてはめ　　もし動機の錯誤と考え，そして法律行為の内容化を要求すると，「虚偽表示ではない売買のクレジット契約についての保証」という合意がされる必要があり，それがない限り，保証人は保証契約を取り消し得ないことになる。他方で，動機の表示だけでよいと考え，当然の前提として空クレジットの債務の保証ではないことが黙示的に表示されているとすると，D は保証契約を取り消すことができることになる。判例の変更がない限り，改正前の判例

の先例価値が認められ，動機の錯誤ではなく，「意思表示に対応する意思を欠く錯誤」になり（95 条 1 項 1 号），錯誤取消しができそうである。

2 ［設問 2］について（配点は 25 点）

【出題趣旨】　［設問 2］は，賭博のための金銭の借入れの効力を検討し，これが公序良俗に違反して無効になること，その債務のための代物弁済に 708 条本文が適用になるかどうか，C 社が債権者代位権により代位行使できるのか，本件自動車の所有権はどうなるのか等を検討してもらう問題である。

(1) 賭博資金としての金銭消費貸借

　E から B への 300 万円の金銭消費貸借は，B が違法カジノでの賭博に参加するために行われたものである。いわゆる「動機の不法」が問題になり，改正 90 条は，旧規定が公序良俗に「反する事項を目的とする法律行為」とされていたのを変更し，公序良俗に「反する法律行為」と変更し，動機の不法にも対処できるようにした。そのため，動機も考慮した上で公序良俗違反の評価がなされることになる。

　本件を見ると，賭博を行わせるための金銭の貸付けである。賭博を助長する行為であり，90 条による抑止・制裁の対象とされるべきであり，公序良俗に違反して無効である。

(2) 代物弁済の効力と不法原因給付 1 ── B の返還請求

　(a)　**代物弁済の効力**　　上記のように考えると，E の B に対する貸金債権はなく，債務がないのになされた代物弁済も無効になる。ただし，E が B に交付した 300 万円については不当利得返還請求権は成立し，結局は，300 万円の債務があることに変わりはない。そうすると，無効行為の転換として，300 万円の不当利得返還義務について代物弁済をしたものと考えることも可能である。

　(b)　**不法原因給付**

　　㋐　**B の代物弁済は任意の弁済として有効か？**　　E の B に対する 300 万円

の不当利得返還請求権については，708条本文が適用になるとしても，Bが任意に300万円を返還すれば，それは有効である。では，BのEに対する本件代物弁済も，任意の返還に代わるものとして有効と考えるべきであろうか。しかし，Eが初めから借金をさせて賭博に参加させ，支払ができなければ代物弁済名目で財産を奪い取ることを目論んでいたとも考えられ，代物弁済を任意の返還に代わるものとして有効と考えるのは適切ではない。

その上で，全体として考察して，Bも賭博行為をした非難されるべき者であり，代物弁済につき708条を適用することが考えられる。

(イ)　**物権的請求権への708条の適用**　本件代物弁済に708条を適用することには1つ問題がある。代物弁済が無効であれば，所有権が移転していないので，Bには所有権に基づく物権的返還請求権が認められ，問題になる権利が不当利得返還請求権ではないのである。この点，判例は，708条を物権的返還請求権に類推適用をする（最大判昭45・10・21民集24巻11号1560頁）。不当利得返還請求権と同様に考えれば，物権的返還請求権は成立しているが，その行使が認められないだけになる。

> **【答案作成についてのコメント】** 代物弁済は債務がないので無効になるが，全体としてみてクリーンハンズによる抑止・制裁の趣旨がBに妥当し，708条本文を適用してよいか，これを肯定すると，ここでは物権的請求権が問題になるので，不当利得規定を類推適用することを論ずるべきである。

(3)　代物弁済の効力と不法原因給付2 —— C社による代位行使

(a)　**詐害行為取消し**　Bは無資力状態で代物弁済をしており，しかも，300万円の債務に対して500万円の本件自動車を代物弁済に供している。そのため，424条の4により，C社はBの本件代物弁済の取消しと，超過分の200万円の価格償還を裁判所に求めることができそうである（424条の6）。

(ア)　**無効な行為の詐害行為取消し**　ところが，本件代物弁済は上記のように取り消すまでもなく無効であり，C社は次の代位行使によればよいのではないかという疑問がある。この点，判例は無効の行為の詐害行為取消しを認めないが（大判明41・6・20民録14輯759頁，大判明41・11・14民録14輯1171頁），学説はこれを認める。

(イ)　**過大な代物弁済部分のみの取消しか**　したがって，学説によれば，C社は自己への支払を求めることができ（424条の9第1項），ただし，その金額はC社の債権額70万円に限られることになる（424条の8）。なお，424条の3第2

項の要件を充たせば，代物弁済全部の取消しが可能である。

【答案作成についてのコメント】C社が詐害行為取消しをできるかどうかを，無効な行為の取消しという観点から論じるべきである。加点事由程度の論点である。また，424条の4だけでなく424条の3第2項の適用の可能性があることも論じるべきである。

(b) **債権者代位権の行使**　詐害行為を理由に取消しするまでもなく，本件代物弁済は無効である。そのため，C社は，債権者代位権に基づいてBの所有権に基づく物権的請求権を代位行使すればよいようにみえる。ところが，この点につき(ア)と(イ)の2つの問題点がある。

(ア)　E は B に主張できる抗弁を C 社にも対抗できる

❶　**抗弁対抗可能の原則**　代位行使は，代位債権者に第三債務者に対する直接の権利を認めるものではなく，債務者の権利を行使するに過ぎないので，その権利に同時履行の抗弁権等の抗弁権や，取消しにより消滅したといった抗弁を主張できれば，代位債権者が行使しようとこれに対しても主張することができる（423条の4）。そうすると，C社が代位行使してきても，Eは708条本文を援用できるかのようである。

❷　**抗弁ではなく反射的利益**　しかし，708条本文は債務者Eを保護するための抗弁ではなく，債権者Bに対するサンクションを与えるものに過ぎず，その反射的として債務者Eが履行の強制を免れるに過ぎない。代位債権者にはクリーンハンズに反する事由はない。代位債権者の債権回収ができないという犠牲の下に，C社に反射的な利益を与える必要はない。古い判例に代位行使を否定したものがあるが（大判大5・11・21民録22輯2250頁），破産管財人が否認権を行使して返還を請求することを認めた判決がある（大判昭6・5・15民集10巻6号327頁）。しかし，代位権については，代位行使を認める最高裁判決はない。

(イ)　**所有権の帰属**　金銭債権たる不当利得返還請求権の代位行使であれば，(ア)の議論だけで済む。ところが，物の返還の場合には，最大判昭45・10・21民集24巻11号1560頁は「物の返還を請求できなくなったときは，その反射的効果として，目的物の所有権は贈与者の手を離れて受贈者に帰属するにいたった」と述べ，その理由として，それが「最も事柄の実質に適合し，かつ，法律関係を明確ならしめる所以」と説明する。

(ウ)　**本問へのあてはめ**　反射的帰属肯定説では，(ア)で❷のように考えても，そもそもBに所有権また物権的請求権がないことになる。学説では反射的帰属と

いう法的扱いには反対が強い。判例に従う限り，C社はEから本件自動車の返還を求めることができないことになる。しかし，C社等債権者の犠牲の下に，Eに不当な利益の享受を認めてよいのか大いに疑問である。他方，反射的帰属否定説によれば，Bは，返還を請求できまた自己に返還すること，名義はB名義に戻すよう代位行使が可能になる。

> **【答案作成についてのコメント】**債権者代位権について，Bには708条本文が適用されること，C社に対してEはBに主張しうる抗弁を対抗できること，その法理を本件に適用してよいのかを論じ，あわせて，本件自動車の所有権帰属についても論ずるべきである。この部分は，本答案の1つの山場になる。

3 ［設問3］について（配点は25点）

> **【出題趣旨】** ［設問3］は，本件自動車の代物弁済が無効であり，Eがその所有権を取得していないのに——ただし，判例のように反射的帰属という処理をすれば取得している——，これをFに販売して引渡しをしていることから，即時取得を論じることになる。登録動産について，登録まである場合の即時取得である。即時取得できないとしても，BはEからは返還請求できなかったのに，Fには返還請求ができるのかを論じることになる。また，Eに対する請求については，EはBに対して不当利得また不法行為による損害賠償が問題になり，これにまで708条が適用になるのかを論じることになる。

(1) Fに対する請求

(a) 登録動産の即時取得

(ア) **Eへの反射的帰属**　　Bは，本件自動車の代物弁済は無効であり，Eは所有権を取得していないと主張して，所有権に基づきFに対して本件自動車の返還を求めることになる。これに対して，Fからは，所有権のEへの反射的帰属，また，それが認められなくても即時取得（192条）が援用されるものと思われる。反射的帰属を認めれば，即時取得を問題にする必要はなく，悪意のFも所有権を「承継」取得できることになる（絶対的構成）。しかし，この考えが問題であることは先に述べた通りであり，判例の射程がどこまで及ぶのかも明確ではない。そこで，以下には反射的帰属を認めないとどうなるのかを検討してみたい。

(イ) **即時取得の援用——登録動産と即時取得**　　即時取得については，登録動産についての即時取得ということが問題になる。この点，判例は登録動産につき即時取得を認めない。ただし，登録名義まで占有者が有している場合についての判例はなく，学説にはその場合には即時取得の適用を認める考えが有力である。

Bには占有と登録という権利外観の作出について帰責事由が認められ，Fの保護を優先することも考えられる。

こうして，BのFに対する［設問3］の請求については，①即時取得の適用を否定すると，これは認められ，②即時取得の適用を肯定すると，認められないことになる。

> 【答案作成についてのコメント】まず，登録動産で，占有者が登録名義まで有している場合について，即時取得の適用を認めるか否かを論じるべきである。

(b) **即時取得の成立を認めないとどうなるか**　所有権の反射的帰属をEに認めない限り，Fの即時取得を認めなければ，BはFに対して所有権に基づく返還請求が可能になりそうである。ただ，問題になるのは，BはEには708条本文で返還請求ができなかったのに，Fに売却され引き渡されると，Fに対しては返還請求ができることになるのが適切なのかという点である。

708条本文は，Eを保護するための制度ではない。Bに対するサンクションを与える規定である。Fに占有者が変わっても，708条本文が適用されるままという処理も考えられる。このような面倒な法律関係になるので，判例は反射的帰属という処理をしたのかもしれないが，Fに対しても708条本文が適用されるままという処理も不合理ではない。

> 【答案作成についてのコメント】即時取得を否定する立場では，Fは本件自動車の所有権を取得できないが，BはEに返還請求できなかったのに，Fが占有者になったならば返還請求ができるようになるのかを論じるべきである。これは加点事由程度の論点である。

⑵　**Eに対する請求**

(a) **Fの即時取得を認めると――新たな708条の問題**　まず，Fの即時取得を認めると，Eは，①代金を取得して不当利得しており，Bに対して不当利得返還義務を負う。②また，所有権を侵害したことになり，不法行為による損害賠償義務をBに対して負うことになる。

ここで新たに出てくる問題は，Bは本件自動車について，所有権に基づく返還請求ができなかったが，①②の権利については，Bは708条本文による制限を受けることなく行使できるようになるのかという問題である。これを肯定すると，Bに対する抑止・制裁という趣旨が没却される。そのため，上記①②の権利にも，708条本文を拡大適用すべきである。

(b) **Fの即時取得を認めないと**　Fの即時取得を認めないと，Fは所有権を

取得しておらず，Bは所有権を失っていない。Eは返還しなくてよいという「反射的利益」を受けるだけなのに，本件自動車を売却して代金を得ている。また，観念的には，Bの本件自動車の所有権を侵害しているともいえる。Bに，Eに対する不当利得返還請求権や不法行為の損害賠償請求権が成立するのか，所有権侵害はあっても，返還請求できないので，「損害」はないということになるのであろうか。

708条本文を根拠に所有権の反射的帰属を認める判例は，このような種々の問題を回避するために，所有権の反射的帰属という処理をしたのかもしれない。しかし，反射的帰属説によらずに，この場合にも不当利得返還請求権や損害賠償請求権の成立は認めつつ，708条本文をこれらに適用をすることも可能である（(a)と同じ結論になる）。このように考えると，C社の代位行使や差押えが可能になる。

【答案作成についてのコメント】 Eについては，返還請求できなかったのに，不当利得返還請求権や損害賠償請求権の成立を認めて，その行使ができるようになるのかということを論じる。しかも，登録動産について即時取得を認めるかどうかにより，微妙に問題提起の内容も変わることになる。問題に気がついて論じたことで採点が上がる論点である。

4 ［設問4］について（配点は25点）

【出題趣旨】 ［設問4］では，C社が悪意又は善意有過失でありクレジット契約が無効となる場合に（93条1項但書の類推適用），債権が譲渡されても，債務者Bは468条1項により譲受人Gに無効を対抗できるものの，他方で，93条2項の類推適用により，無効を第三者に対抗できなくなるので，債務者Bは債権譲受人Gに無効を対抗できなくなりそうである。いずれの規定が適用されるのかを検討してもらう問題である。

(1) 468条1項と93条2項との抵触

(a) **468条1項の適用** ［設問4］では，B（保証人も457条2項により援用できる）は，C社により立替払金の支払請求がなされたら，93条1項但書の類推適用による無効を主張してこれを拒絶することができる。債務者が，債権譲渡によりいわれのない不利益を受けてはならないので，民法は，468条1項により，BはC社に主張できた主張を，債権の譲受人に対してもなしうるものとしている。譲受人が悪意や有過失であることは必要ではなく，取引安全よりも債務者保護を優先させた規定である。

(b) **93条2項** 他方で，93条2項により，93条1項但書による無効は善意（無過失まで要求されていない）の第三者には対抗できないものと規定されている。

そのため，93条1項但書の類推適用により，BC間のクレジット契約が無効とされても，その契約上の債権を譲り受けたGを同規定の「第三者」と認めれば，Gが善意であれば，Bは無効を対抗できなくなる。

　一方で，(a)は債務者を取引安全を犠牲にしても保護する，他方で，(b)は第三者の取引の安全を保護するというものであり，いずれの適用を優先すべきか判断する必要がある。

(2)　参考としての545条1項但書及び94条2項の議論

　この点，これまで判例があるのは，468条1項と94条2項の関係及び545条1項但書との関係であり，判例は異なる解決を図っている。

　(a)　**545条1項の関係**　　契約上の債権が譲渡された後に契約が解除された場合については，468条1項（改正前は2項）を優先させて，債務者保護を第三者の取引安全保護に優先させる。「民法第545条第1項但書の第三者」とは，「解除せられたる契約を基礎とし其契約より生ぜし債権其ものを譲受け其権利を承継する者を云うにあらず」（大判明42・5・14民録15輯490頁）という。545条1項但書の「第三者」を制限解釈して，468条1項の適用を優先させたのである。

　(b)　**94条2項との関係**

　(ア)　**当初の判例**　　虚偽表示上の債権が譲渡された場合について，当初の判例は，虚偽表示たる契約上の債権の譲受人は，「善意の譲渡人たると否とを問はず，民法第94条に所謂第三者に該当せざること亦自明なり」としていた（大判明37・1・28民録10輯57頁）。上記545条1項但書と同様に，468条1項（改正前は2項）の債務者保護を優先するという結論を，問題となる取引安全保護規定における「第三者」につき，当該契約から生じた債権の譲受人は含まれないという制限解釈により説明していたのである。

　(イ)　**変更後の判例**　　ところが，その後，「債権を生ぜしむる意思表示の虚偽なることは，同法第468条第2項［現行1項］の所謂譲渡の通知を受くるまでに譲渡人に対して生じたる事由中に包含せざるもの」とする（大判大3・11・20民録20輯966頁など）。逆に94条2項を，契約上の債権についても適用し，468条1項の適用が排除されることの説明が必要になり，468条1項の対抗が認めら

れる事由には94条1項の無効は含まれないとしたのである。

(c) **93条2項について**　改正法により新設された93条2項については，いまだ判例はない。しかし，93条2項が94条2項同様に善意しか要求されていないというようにパラレルに扱う趣旨であることから——改正前は93条但書の無効に94条2項が類推適用されると考えられていた——，94条2項とパラレルに扱ってよいと思われる。そうすると，取引安全保護が優先され，93条2項の「第三者」にはその契約上の債権の譲受人も含まれ，他方で，468条1項の対抗事由には93条1項但書による無効は含まれないことになる。

以上のように考えると，93条2項が適用され，BはGに無効を対抗できなくなる。保証人Dは457条2項の主張ができなくなる。債権者と主債務者で債権の「目的又は態様」を加重をしたのではなく，448条2項の適用はない。保証人もBC間のクレジット契約の無効を対抗できなくなる。

> 【答案作成についてのコメント】93条1項但書類推適用がされると93条2項が類推適用されるが，それによる第三者保護と，468条1項の債権譲渡における債務者保護規定との関係を議論すべきである。94条2項については判例があるので，94条2項に準じて考え，解除とは異なる扱いをしてよい。

(3) **保証人Dについて**

(a) **錯誤取消しの可能性**　保証人Dは，保証契約の錯誤取消しを主張する余地があることは先に説明した通りである。そうすると，Bが債権譲受人Gに対してBC間のクレジット契約の無効を対抗できず，保証人Dもその効果に服するとしても，Dは保証契約の錯誤取消しをGに対して主張することが考えられる。

(b) **95条4項と468条1項の調整はここでも問題になる**　ところが，錯誤取消しについても95条4項により，善意無過失の第三者に取消しを対抗できないことになっている。保証債権は譲渡されたのではなく，随伴性による移転であるが，保証人は独自の抗弁（例えば検索の抗弁）を債権譲受人に対抗できる。468条1項の類推適用といってよい。そのため，やはりここでも95条4項との調整が問題になる。保証債権だけ譲渡されることはないので，ここにも95条4項の射程が及ぶと考えられる。

(c) **どう考えるべきか**　95条4項は，騙されてもいないのに勝手に錯誤に陥っている表意者よりも第三者を保護する規定であり，第三者保護を優先してよいようにもみえる。しかし，468条1項は，取引の安全を害してでも債務者保護

を優先するという原則を宣言するものである。債権は原則として取引の安全は保護されないのである。そうすると，虚偽表示や心裡留保の事例とは異なり，錯誤程度の帰責事由に過ぎない場合には，債務者保護を優先するという原則通りの扱いでよいように思われる。

　こう考えると，保証人Dは，主債務者Bの93条1項但書の類推適用を援用できないが，保証契約の錯誤取消しについては，95条4項の「第三者」には契約上の債権の譲受人を含まないものと制限解釈をすべきであり，Gによる保証債務の履行請求を拒むことができる。

【答案作成についてのコメント】保証人固有の抗弁として，保証契約の錯誤取消しも検討すべきである。その際，468条1項や95条4項による第三者保護規定がここにも適用されるかどうか，適用されるとしたらその調整が必要になることは同じであり，どう考えるべきなのかを論ずべきである。

1 〔設問1〕について

(1) BC間のクレジット契約の効力

C社は、Bとクレジット契約を締結しているが、その立替払いの対象であるAB間の売買契約は虚偽表示により無効である（94条1項）。しかし、問題文にあるように、クレジット契約が有効に成立するために、また、クレジット会社の賦払金債権が成立するためには、売買契約が有効でありまた立替払いが有効であることは必要ではない。本問でも、BC間のクレジット契約は有効に成立し、C社のBに対する賦払金債権は成立し、また、これを保証するためのCD間の連帯保証契約も有効になる。

そうすると、C社のBに対する支払請求、また、Dに対する保証債務の履行請求はいずれも認められるのが原則となる。以下、これに対するBまたDの反論について検討したい。

(2) Bの反論──クレジット契約について

(a) 心裡留保また錯誤取消し　売買契約が有効であることは、クレジット契約の有効要件ではないため、BはAB間の売買が虚偽表示であっても有効なクレジット契約を締結する意思はあり、心裡留保（93条1項ただし書）ではない。しかし、Bは実際には賦払金はAが支払うと思っていたため、いわばクレジット契約をする名義だけを貸したようなものであると思っていた（いわゆる空クレジット）。しかし、これは基礎事情の錯誤、つまり動機の錯誤にすぎない。取消しが認められるためには動機の表示が必要であるが（95条1項2号、2項）、Aが支払うからという動機の表示が黙示的にもあったとはいえず、BはC社とのクレジット契約の錯誤取消しはできない。

(b) 心裡留保の類推適用　上記のように、Bには有効なクレジット契約を締結する意思がある。しかし、経済的負担としては、Bは債務を負担するが実際には自分が分割払金を支払うことはないと信じている。そのため、問題文の住宅ローンの名義貸事例についての判例と同様に、93条1項ただし書を類推適用すべきである。そして、Cは、Aにより空クレジットがいくつも行われていることを知っていた問題文後段の事例では、C社としては本件も空クレジットではないかと疑い確認をすべきであった。したがって、C社には過失が認められ、本件クレジット契約は無効となる。

この場合には、保証人Dも付従性より、クレジット契約が無効であり、Bの主たる債務が存在しないことを援用できる（457条2項）。

(3) Dの反論──保証契約の錯誤取消し

保証人Dは空クレジットとは知らなかった。空クレジットは、売主が破綻寸前で、金融機関からの融資が受けられない場合に行われる危険な取引である。故に保証人としては、空クレジットの債務の保証か否かは、重大な利害関係を有している。

有効な売買契約のクレジット契約かどうかは、いかなる債務を保証するかという保証債務の内容に関わる錯誤と考えるべきであろうか。2017年改正前の錯誤規定につき、そのように解した最高裁判決がある。ABが虚偽表示でありBが名義貸し的な空

クレジットといった取引ではなく、まっとうな取引関係についての保証ということは、契約内容にかかわる問題といってよい。これにより保証人が責任を取らされるかどうかのリスクが全く異なってくる。

そうすると、95条1項の「重要な」錯誤といえ、Dには重過失も認められないので（95条3項）、Dは本件連帯保証契約を錯誤を理由として取り消すことができる。よって、C社による保証債務の履行請求に対して、Dは錯誤取消しをしてこれを拒絶することができる。

2 ［設問2］について

C社はBに対する残額70万円についての勝訴判決を得ており、Bの責任財産に対して強制執行をすることができる。しかし、Bは無資力状態にあり、めぼしい財産を有していない。そのため、BによるEに対する本件代物弁済を、無効であるとして債権者代位権（423条1項）により本件自動車を取り戻す、又は、詐害行為取消訴訟を提起して、取消判決を得てこれを取り戻すことが考えられる（424条1項）。以下、Eからの反論も踏まえて、これらの法的主張が認められるのか検討する。

(1) 消費貸借契約の効力

Eは、BE間の本件代物弁済は有効であると主張し、C社は債権がなく無効であると主張することになる。そのため、EのBに対する債権を確認してみたい。

確かにBE間には、300万円の金銭消費貸借契約が締結され、300万円が交付されている。しかし、これはBに賭博をさせるための手段であり、動機の不法が問題になる。賭博を容易にするための取引であり、90条の公序良俗違反として無効と解される。90条違反と認められるためには、契約「内容」が公序良俗に違反する必要はない。

よって、本件BE間の消費貸借契約は90条により無効であり、代物弁済がなされた貸金債権は存在していない。

(2) 本件代物弁済の効力

消費貸借契約が無効であっても、300万円の交付があるので、300万円についての不当利得返還請求権が成立するが、不法原因給付でありEはBに300万円の返還を請求しえない（708条本文）。ただし、Bが任意に返還するのは有効であるが、本件代物弁済も任意になされたので有効であろうか。

しかし、Bは賭博を行った者であり、そのための資金の融資にかかわる債務の代物弁済を含めて一体的に公序良俗違反を判断すべきである。本件代物弁済も公序良俗に反して無効であり（90条）、その給付は不法原因給付に該当すると考えるべきである。

(3) Bによる本件自動車の返還請求の可否

以上のように、本件代物弁済は無効であり、Eはその所有権を取得していない。しかし、BはEに対して所有権に基づく物権的返還請求権が認められるが、これにも708条本文を類推適用すべきである。この結果、BはEに本件自動車の返還や名義の書換えを求めることはできないことになる。所有権の帰属については後述する。

(4) C社の権利行使

 (a) **詐害行為取消し**　Bは代物弁済当時無資力であり、300万円の債務に500万円の本件自動車を代物弁済に供している。そのため、C社は、424条の4により詐害行為として超過額200万円分の取消しを裁判所に求めることができるが、被保全債権である70万円に限られ（424条の8第1項）、また、70万円の自己への支払を求めることができる（424条の9第1項）。さらには、424条の3第2項の要件を充たせば、C社は代物弁済全体を取り消し、不可分なので本件自動車の返還を求めることができる（424条の8第1項反対解釈）。

 この点、Eは無効な行為の取消しはできないと主張することが考えられるが、次の代位権も詐害行為取消権も債権者を保護する共通の制度であり、取消権の行使も認めるべきである。

 (b) **債権者代位権**　C社は、詐害行為取消しによらずに、代物弁済が無効であるとして、Bの有する所有権に基づく物権的返還請求権を代位行使することも考えられる。しかし、これに対しては、Eからは、Bは返還請求できないこと（708条本文）、また、その反射として所有権はEに帰属していることが反論として主張されるものと思われる。

 (ア) **C社に対する抗弁の対抗**　C社の自動車の返還請求に対しては、Bは708条本文により返還請求できないので、このことをC社に対抗することができる（423条の4）との主張がされることが考えられる。債権者は、債務者に認められる以上の保護は認められないからである。

 しかし、708条本文はEを保護する規定ではなく、Bに対する制裁規定にすぎない。Eが返還請求を受けないことになるのは、その反射的な利益にすぎない。よって、C社による代位行使に対して、Eは423条の4を根拠に708条本文の対抗を主張することはできないと解すべきである。

 (イ) **所有権の帰属**　ところが、さらにEからは、本件自動車はEの所有であるという反論がなされることが考えられる。判例は、708条本文適用の反射として本件自動車の所有権はEに帰属することを認めている。しかし、債権者の犠牲の下に、不法な行為を行った者に不法な利益を享受させることになり、適切な解決ではない。本件自動車の所有権はBに残ったままで、Bは返還請求できないというだけと解すべきである。

 以上より、C社は、Eに対してBの所有権に基づく物権的請求権を代位行使して、Eに対して本件自動車の自己への引渡しを求めることができる。

3　[設問3] について

(1)　BのFに対する請求

 (a) **Eへの反射的帰属の援用**　[設問3] では、BがFに対して、所有権に基づいて本件自動車の返還を請求しようとしている。これは認められるか。

 これに対するFからの反論としては、本件自動車は不法原因給付の効果として反

射的にEに帰属しており、Fは所有者Eからの取得であり、有効に本件自動車の所有権を取得したとの主張が考えられる。しかし、この主張を認めるべきではないことは先に説明したとおりである。

(b) **192条による保護**　そこで、Fからは即時取得（192条）が援用されるものと思われる。登録動産であるが、占有だけでなく名義まで取得している場合には、登録動産にも192条を類推適用すべきである。そのため、Fが善意無過失であれば、本件自動車を有効に取得でき、Bの返還請求を拒絶できる。Fは問題文から善意であり、Eにつき占有だけでなくE名義の登録まであるので、無過失と事実上推定される。

(c) **708条本文の拡大**　もし、特段の事情があり、Fに過失が認められる場合には、即時取得は成立しないので、BはFに本件自動車の返還と名義書換を請求できそうである。しかし、所有権は有していても、BはEには708条本文により返還請求ができなかった。それなのに、Eが悪意又は有過失のFに譲渡したならば、第三者たるFには返還請求ができるというのでは、抑止・制裁という観点から適切ではない。そのため、Fに即時取得が認められないとしても、この関係はFに承継されると考えるべきである。

以上より、いかなる場合であっても、BはFに対して本件自動車の返還及び名義書換を請求できない。

(2) BのEに対する請求

先に見たように、本件自動車の所有権はBに帰属している。その結果、EがこれをFに販売したのは、即時取得の成否を問わず所有権侵害であり(709条)、不当利得にもなる(704条)。では、BはEに対して、損害賠償請求権及び不当利得返還請求権が認められ、これらを行使ができるのであろうか。

Bは返還請求ができず、損失や損害があるかは問題である。たとえこれらの権利が成立するとしても、これらの権利の行使にも708条本文の効力を及ぼすべきである。よって、BはEに対して、損害賠償請求権及び不当利得返還請求権を取得するが、その行使は認められないことになる。

4　［設問4］について

［設問4］では、C社のBに対する債権を譲り受けたGが、B及びその連帯保証人Dに対して70万円の支払を求めることになり、B及びDは、それぞれ支払を争うことになる。BDの反論を踏まえて、Gの請求が認められるのか、以下検討していく。

(1) BのGに対する反論

(a) **Bによるクレジット契約の無効の対抗**　Bは、Gに対して、Gが債権を譲り受けたBC間のクレジット契約は、93条1項ただし書の類推適用により無効であり（既述）、債権は成立しておらず、GはC社から債権を取得しえないものと主張するはずである。債務者Bは、譲渡人C社に主張できる抗弁を譲受人Gにも対抗できる（468条1項）。

(b) **Gによる93条2項の援用**　これに対しては、Gからは93条2項が援用さ

れ、無効を自分に対抗できないと主張することが考えられる。Ｇはそのような事情を知らず善意である。

(c) **いずれの主張が認められるべきか**　Ｇによる93条1項ただし書の類推適用の援用と、Ｂによる468条1項の援用とは抵触し、いずれの適用が優先するのかを考える必要がある。

一方で、468条1項により、取引の安全を害しても債務者保護を図るという民法の原則が宣言されている。他方で、第三者保護規定がある場合には、それを優先し、468条1項の抗弁から問題の対抗を制限される事由を排除することも考えられる。

この点、虚偽表示や心裡留保については、表意者の帰責事由が重大であり第三者保護を優先してよい。よって、93条2項の適用が優先され、468条1項の適用は排除されることになり、ＢはＧの70万円の支払請求を拒絶できないと考えるべきである。

(2) **保証人ＤのＧに対する主張**

(a) **93条1項ただし書による主債務の否定**　以上のように、主債務者Ｂは、93条2項により、無効を譲受人Ｇに主張できないため、保証人Ｄは、457条2項により主債務が成立していないということを主張できない。また、448条2項はここに適用すべきではない。

(b) **錯誤取消しの対抗**　しかし、先に見たように、ＣＤ間の連帯保証契約は、錯誤を理由に取消しが可能である。保証債権の移転は、随伴性による移転であるが、468条1項により譲受人Ｇにも対抗できてしかるべきである。

これに対して、Ｇからは、95条4項を援用することが考えられる。有効に保証された債権だと信じて、Ｃ社のＢに対する債権を譲り受けたので、95条4項の「第三者」に該当すると主張されることになる。そのため、確かにＢに対する債権とは異なり、Ｄに対する保証債権は債権譲渡がされたわけではなく随伴性により移転するものであるが、上記のＢと同様の問題が当てはまる。ここでは、468条1項（類推適用）と95条4項との調整の問題である。

この点、債権譲渡は、取引の安全を害しても債務者の保護を優先するというのが原則である（468条1項）。そして、虚偽表示や心裡留保といった債務者の帰責事由が重大な場合に例外を認めるにすぎない。錯誤取消しについては、債務者保護優先の原則を覆すほどの重大な帰責事由が、債務者Ｄにあるとは思われない。よって、468条1項の原則どおりでよく、Ｄは保証契約の錯誤取消しをＧに対抗でき、その支払請求を拒絶できる。

以上

　以下の事実を読み、後記の［設問1］から［設問3］に答えなさい。（配点：100点〔［設問1］、［設問2］及び［設問3］の配点は、30：40：30〕）

【事実Ⅰ】

　Aの弁護士への法律相談における説明によると、以下の事実があった。

1. 「私は、親父が亡くなって相続によって山林やアパートなど数多くの不動産を取得し、地元で農業を営む傍らゴルフ練習場やレストランなどを経営しています。」

2. 「ある時、地元の飲み屋で飲んでいて、地元で不動産業をしているというBと知り合い、甲地を利用していないのでその有効利用について相談したところ、利用する予定がなければとりあえず月極駐車場としたらどうかと言われたので、そのとおりにしてBにその管理をまかせました。」

3. 「Bが駐車場の管理をきちんとしてくれるのですっかり信頼していました。その後、ゴルフ練習場にテニス場も併設してレジャー施設として充実させようと考え、隣地の山林である乙地を親戚である所有者Cに交渉して売ってもらうことにしました。」

4. 「2023年4月に、Cの自宅で口頭にて売買契約の合意をし、翌日に代金500万円をCの銀行口座に振り込みました。ただし、不動産業者を介しておらず、まだ正式の売買契約書も作成していません。そのため、所有権の移転登記もしていません。乙地の不動産登記について、所有権移転登記をどうしようか考えていました。」

5. 「司法書士に依頼すると手数料がかかるので、Bに相談したところ、Bは司法書士の資格も有しており、私との仲ですので、登録税だけで手数料はいらずに登記手続をしてくれるというのです。しかし、司法書士の資格を有するというのは、後で嘘であることが分かりました。」

6. 「そのときはすっかりBを信頼していて、Bから登記に必要な書類を用意

してくれと言われて、売買契約書はBが作成しておくというので、印鑑証明書、委任状、住民票の謄本などを用意して、Bの不動産屋の事務所に行きました。CにもBに必要書類を渡すよう頼んでおきました。」

7. 「Bの事務所に着くと、Bから売買契約書への署名押印を求められました。予備も含めて2通作成したので2つとも署名押印してほしいというので、これに応じて2つともに署名押印しました。ところが、実はそれは乙地のCから私への売買契約書と私からBへの売買契約書だったのです。」

8. 「(1)Cから私への売買契約書を上に重ねて下にある私からBへの売買契約書の契約当事者の部分を見えないようにして、私に巧妙に署名押印をさせたのです。私は、すっかりBを信頼していましたので、後で知って愕然としました。」

9. 「(2)Bは自分への所有権移転登記をするとすぐに、登記上Bが所有者になっていることを利用して、2023年5月に、乙地を事情を知らないDに売却してしまい、今はDが登記簿上の所有者になっており、私に対して乙地の明渡しを求めています。Bはその後にどこかに行方をくらませてしまい、Bの不動産屋の事務所は閉鎖されていて、Bが今どこにいるか分かりません。」

[設問1] 前記【事実Ⅰ】（1から9まで）を前提として、AはDに対して、乙地につき、明渡請求を拒絶し、また、自己への所有権移転登記手続をするよう求めることができるか、論じなさい。また、以下のようにそれぞれ問題文を変更した場合についても考えなさい。

(1) 下線部(2)を、「騙されたのに気がついてすぐにBに文句を言いましたが、Bが陳謝してなんとかするというのでそれを信頼し、会うたびに何度も催告したもののその度になんとかすると言われるも、何も協力せず2年経過した2025年5月に、Bが乙土地をDに売却してしまい」、と変更。

(2) 下線部(1)を、「2通目の契約書は、CA間の売買契約書ではなくAB間の売買契約書であったため、不思議に思いましたが、Bを信頼していましたので何かのために必要なのだと思って、2通とも署名押印をして渡してしまいました」、と変更。

【事実Ⅱ】

Aの弁護士への法律相談における説明によると、前記【事実Ⅰ】の1から9までとは別に、以下の事実があった。

10. 「実はもう1つ別の相談があります。私はレストランの他にそば屋を経営しています。問題はその建物です（以下「本件建物」という。）。2015年に、丙地を所有者のFから賃借して、本件建物（店舗）を建築してそば屋を経営しています。借地権の登記はしていません。」

11. 「2022年4月に、私は賭博に参加し負けて地元の暴力団に1,000万円の債務を負担し、借用証書を作成・交付させられ、暴力団が本件建物を差し押さえる可能性が出てきました。」

12. 「そのため、知人のGと話し合って、本件建物の差押えを免れるために、本件建物を借地権とともに私からGに売却したことにして、売買契約を原因として、Gへの所有権移転登記をしてしまいました。そば屋自体は、固定客もつき、経営は順調でした。Fには何も話していません。」

13. 「その後もこの建物でそば屋の営業を続けていましたが、2023年2月に、Gが地元で金融業を営むHに、2,000万円の借入れに際して本件建物を譲渡担保に供し、譲渡担保を登記原因として所有権移転登記をしてしまいました。Gは、本件建物は自分の所有で、建物を私に賃貸しているという説明をHに対してなしたようです。」

14. 「私は、現在も本件建物でそば屋を継続しており、土地所有者Fに地代を支払い続けています。本件建物は3,000万円相当の価値があります。借地権価格も2,000万円相当ではないかと、親戚から言われたことがあります。」

[設問2] 【事実Ⅱ】（10から14まで）を前提として、HからAに対してどのような法的主張がなされると考えられるか、Aからの反論を踏まえて論じなさい。検討に当たっては、Hが譲渡担保権を実行する意思表示をGになす前と、これをなした後とについて分けて考えなさい。

【事実Ⅲ】

Aの弁護士への法律相談における説明によると、前記【事実Ⅱ】の10から

14 までに続いて、以下の事実があった。

15. 「2023 年 12 月になり、丙地を購入して作業服店を経営することを計画して I 社が、F に購入を持ちかけてきたようです。I 社は、F から丙地は A に賃貸中であると聞き、私に確認に来ました。私は、I 社の担当者に、自分が F から賃借していることの説明をしました。」

16. 「ところが、I 社は本件建物の登記を調べて、H の所有名義になっていることを確認して、F から丙地を購入して所有権移転登記を受けたようです。そして、私の所にやってきて、借地借家法の何条とかを持ち出して、借地権が I 社には対抗できないので、本件建物を収去して土地を明け渡すよう求めて来ました。」

[設問 3] 【事実 II】及び【事実 III】（10 から 16 まで）を前提として、I 社の A に対する建物収去土地明渡請求は認められるのか、論じなさい。また、I 社は、H に対して建物収去土地明渡請求をすることも考えているとして、これは認められるのか検討しなさい。いずれについても、H が譲渡担保権を実行する意思表示を G になす前と、これをなした後とについて検討しなさい。

○ 言及すべき点及び論点 ○

1 [設問 I] について
　①登記に公信力なし（重要度 C）
　②94 条 2 項の類推適用の放置型への適用
　　（重要度 A）
　③94 条 2 項の類推適用の重過失作出型へ
　　の適用（重要度 B）
　④94 条 2 項の類推適用と相手方の無過失
　　の要否（重要度 C）

2 [設問 2] について
　①AG 間の売買は通謀虚偽表示で無効（重
　　要度 D）
　②94 条 2 項の第三者
　　ⓐH の承継取得（重要度 C）
　　ⓑ誰からの承継取得か（重要度 B）
　③建物の仮装売買と借地権の 94 条 2 項に

　　よる取得（重要度 A）
　④譲渡担保の法的構成
　　ⓐ実行前の権利関係（重要度 A）
　　ⓑ実行によりどう変わるか（重要度 A）
　　ⓒ清算金請求権（重要度 B）
　　ⓓA の留置権（重要度 C）

3 [設問 3] について
　①借地権の無断譲渡になるか（重要度 B）
　②借地権の無断譲渡と解除（重要度 A）
　③建物所有者として収去義務を負うのは誰
　　か
　　ⓐ譲渡担保の被担保債権の弁済期到来前
　　　（重要度 A）
　　ⓑ譲渡担保の被担保債権の弁済期到来後
　　　（重要度 A）

解説及び答案作成の指針

1 [設問 1] について（配点は 30 点）

【出題趣旨】　[設問 I] は，94 条 2 項の類推適用の射程を考えてもらう問題である。前段では，
登記に公信力がないことを確認してもらい，小問(1)では他人が作出した外観の放置型につい
ての 94 条 2 項の類推適用の可否，更に，小問(2)では他人が虚偽の外観を作出することに所
有者が重過失で関与した場合における，94 条 2 項の類推適用の可否について，判例が積み重
ねられているので判例を意識して考えてもらう問題である。

(1)　[設問 1] 前段について（単純過失作出型）

　(a)　原則としての無権利の法理——登記に公信力なし　　乙地は，A が C から
購入したものであり，C から A への所有権移転登記は有効であるが，A から B へ
の売買を原因とする所有権移転登記は実体のない無効な登記である。ここでは，
無権利の法理，即ち自分の有していない権利を他人に与えることはできないとい
う法理が適用され，登記には公信力は認められておらず，B から乙地を買い取っ
た D は善意無過失であっても所有権を取得できないことになる。

　(b)　94 条 2 項の類推適用，94 条 2 項・110 条の類推適用

　(ア)　**94条2項及びその類推適用**　　登記に公信力がないという原則に対する修正原理に，94条2項またその類推適用の法理（判例法）がある。①真の権利者が故意に虚偽の登記を作出した場合（**自己作出型**），また，②他人により虚偽の登記が作出されたが，真の権利者がこれを追認した場合（**他人作出追認型**），更には，③他人により虚偽の登記が作出されたが，真の権利者がこれを知りながら長期にわたって放置した場合（**他人作出放置型**）には，94条2項の類推適用により第三者の権利取得が認められている。

　(イ)　**94条2項と110条（の趣旨）の類推適用**　　①また，通謀による虚偽の登記があっても，それを更に名義人が利用して更なる虚偽の登記を作出した場合（**自己作出＋他人変更型**）には，94条2項と110条の趣旨から第三者が保護されている。②更には，真の権利者の重大な過失により虚偽の登記が作出された場合には（**重過失作出型**），94条2項，110条の類推適用により第三者が保護されている。

　(c)　**本問へのあてはめ**　　本文の事例は，単なる過失作出型であり，過失があるかどうかさえ疑問となり重過失とは言うことはできず，登記に公信力がないという原則を覆すのは無理である。したがって，Aは単なる被害者であり，Dの所有権に基づく明渡請求を拒むことができる。また，AからBへの所有権移転登記もBからDへの所有権移転登記も無効であり，Aは所有権に基づいて，Dに対して真正な登記名義の回復のために，自己への所有権移転登記手続を求めることができる。

　【答案作成についてのコメント】まずは無権利の法理そして登記には公信力は認められていないこと，例外的に判例により94条2項の類推適用また94条2項・110条の類推適用が認められているが，本問ではBにその判例法理の適用が認められるほどの帰責事由のある事例ではないことを論じるべきである。

(2)　[設問1] 後段小問(1)について（他人作出＋放置型）

　下線部(2)を小問(1)のように変更した場合，確かにAはBによる被害者であるが，第三者がそれを信頼して取引をして損害を被る可能性のあるのにもかかわらず――しかもBが名義人となっておりそのリスクは高い――虚偽の登記を2年にわたって放置したという帰責事由がある。この場合に，94条2項の類推適用によって第三者Dを保護することができるであろうか。判例の評価は微妙である。

　(a)　**事後の明示又は黙示の「承認」を要求する判決**

　(ア)　他人作出型にも 94 条 2 項の類推適用が認められる　　最判昭 45・9・22 民集 24 巻 10 号 1424 頁の事例は，内縁の妻の不動産を内縁の夫が勝手に所有権移転登記をしてしまい，これに気がついた内縁の妻が登記を取り戻そうとしたがそのための費用を捻出できないため躊躇しているうちに，正規の婚姻をしてそのままになり，自分が融資を受ける際に内縁の夫に物上保証人として抵当権の設定をしてもらった事例である。判例は，「不実の所有権移転登記の経由が所有者の不知の間に他人の専断によってされた場合でも，所有者が右不実の登記のされていることを知りながら，これを存続せしめることを明示又は黙示に<u>承認していたときは</u>」，94 条 2 項の類推適用が認められるとする。

　(イ)　94 条 2 項を類推適用する根拠――本人の事後的承認　　上記判例は，その理由として，「けだし，不実の登記が真実の所有者の承認のもとに存続せしめられている以上，<u>右承認が登記経由の事前に与えられたか事後に与えられたかによって</u>，登記による所有権帰属の外形に信頼した第三者の保護に差等を設けるべき理由はない」ことをあげる。そして，事例へのあてはめとして，不実の登記が所有者の「<u>承認のもとに存続せしめられていた</u>ものということができる」として，94 条 2 項の類推適用を肯定している。

　この判決の説明では，94 条 2 項の類推適用のためにはあくまでも「明示又は黙示」の「承認」が必要であり，単なる放置では足りないことになる。この判決に従う限り，本問では放置はしているが承認までは認められないので，94 条 2 項の類推適用はできないことになる。

　(b)　傍論として放置型への適用を認める判決

　(ア)　94 条 2 項，110 条の類推適用を肯定　　ところが，次に述べる最判平18・2・23 民集 60 巻 2 号 546 頁は，被害者たる所有者に虚偽の登記作出について重大な過失があった事例につき，「虚偽の外観（不実の登記）が作出されたことについての X の帰責性の程度は，自ら外観の作出に積極的に関与した場合やこれを<u>知りながらあえて放置した場合と同視し得るほど重いものというべきである</u>」として，善意無過失の譲受人 Y につき「94 条 2 項，110 条の類推適用」により，「X は，A が本件不動産の所有権を取得していないことを Y に対し主張することができない」と判示する。

　(イ)　「あえて放置」したことが必要　　単なる放置型につき 94 条 2 項の類推適用を肯定した判例はないが，(ア)の一般論だけ見ると「知りながらあえて放置し

た場合」も「自ら外観の作出に積極的に関与した場合」に匹敵する重大な帰責性があり、「94 条 2 項、110 条の類推適用」が可能なことになる。「あえて放置」という絞りをかけており、単なる放置以上に制限をしようという趣旨が見受けられるが、具体的にはどのような事例が想定されているのかは明確ではない。また、放置型事例は 94 条 2 項の類推適用そのものなのか、94 条 2 項、110 条の類推適用なのかも明確とはいえない——無過失の要否が異なってくる——。

いずれにせよ、この傍論に従えば、[設問 1] 後段小問(1)の事例にも 94 条 2 項（ないし 94 条、110 条）の類推適用が可能になる。

【答案作成についてのコメント】単なる放置型に 94 条 2 項の類推適用を肯定するか、肯定するとしても、94 条 2 項の類推適用とするか、94 条 2 項、110 条の類推適用とするかは微妙である。登記の公信力否定に対する例外であるため、「あえて」放置した事例に限定されること、そのため相当の期間の放置が必要になることには必ず言及すべきである。

(3) [設問 1] 後段小問(2)について（重過失作出型）

判例は、前記最判平 18・2・23 民集 60 巻 2 号 546 頁により、賃貸不動産の管理を依頼して行ってもらっている者に、他から取得した別の不動産の移転登記を依頼したところ、自分への売買契約書とは別に自分からこの者への売買契約書が作成され、それへの署名押印を求められおかしいと思いつつもこれに署名押印してしまい、この者への移転登記がされてしまった事例についての判例である。本判決は、(2)に述べたように重大な帰責事由を認めて、94 条 2 項、110 条の類推適用により善意無過失の第三者の保護を認めている。

この場合には、所有者の帰責事由が幾分軽くなるので、バランス論からいって第三者の無過失が必要とされることになる。別の不動産について管理を委ね代理権を与えていたことから 110 条を加味したのかもしれないが、一般論として述べており、無過失を要求するために 110 条が付け加えられたと考えることができる。

【答案作成についてのコメント】重過失作出事例に、94 条 2 項、110 条の類推適用の拡大を認める判例に従えば、小問(2)の事例でも同様の処理が可能になる。相手方に無過失が必要になることは必ず言及すべきである。

2 [設問 2] について（配点は 40 点）

【出題趣旨】[設問 2] は、借地上の建物が仮装売買された場合に、94 条 2 項により「第三者」

たる譲受人は建物とともに借地権を取得できるのかを考察してもらう問題である。肯定するとして、譲渡担保の場合にはどのような権利関係になるのか、更に検討が必要になる。

(1) Hによる本件建物の所有権の取得

(a) AG間の売買は虚偽表示であり94条2項が適用される

(ア) **Hは保護される**　Eは借地上の本件建物を、虚偽表示によりGに売却したことにして、売買契約を登記原因として所有権移転登記をしている。したがって、本件建物について94条2項が適用されることは疑いない。譲渡担保における所有権的構成（判例）による限り、実行前にはHは担保に必要な限度で所有権を取得することになる（☞後述(b)）。94条2項の直接適用であり、第三者Hの無過失までは要求されない。

(イ) **Hの権利取得の法的構成**　なお、94条2項が適用される場合の所有権取得は、原始取得ではなく承継取得になるが、その権利移転の当事者をどう考えるのかは議論がある。

①まず、AG間の売買契約の無効をHに対抗できないので、AからG、GからHへと転々と所有権の移転があるものと考えることができ、AB間の無効の対抗不能ということからは素直な解釈である（いわば、「**二段階移転説**」）。②しかし、原始取得ではないとしても、AからHへの所有権の移転と構成する考えもある（いわば「**直接移転説**」）。判例は①のようであるが、必ずしも明確ではない。

【答案作成についてのコメント】まず、本件建物について94条2項が適用になることを確認する。法的構成に言及しておくと、設定者の立場にあるのは誰かという後述の問題につなげることができる。

(b) Hが取得する権利について

Hは94条2項の「第三者」として、建物の「譲渡」取引の保護を受ける。ところが、本問の「譲渡」は譲渡担保である。譲渡担保の場合、実行前後で譲渡担保権者の所有権は変化し、①実行前は担保に必要な限度での所有権の移転、②実行後は完全な所有権——ただし、受戻権の制限を受ける——になる。そのため、本件建物につき、HがAに対して主張しうる請求内容は、実行の前後で異なってくる。

(ア) **譲渡担保権の実行前**　まず、譲渡担保権の実行前は、Hは担保に必要な限度で所有権を取得しているに過ぎず、未だ使用収益処分できる完全な所有権ではない。占有権原はなく、Aに対して、不法占有者として所有権に基づく妨害排除請求はできない。ただし、不法占有者に対してであれば、譲渡担保権侵害を理由に妨害排除を認める可能性がある。

この点，(a)(イ)の法的構成にかかることになる。①二段階移転説では，設定者留保権はGが保持することになるが，そもそも所有権がなかったのに設定者留保権がGに認められるのは不合理である。②直接移転説では，設定者留保権がAに認められ，Aは本件建物を適法に使用・占有していることになり，不法占有や不法行為にはならないことになる。

　(イ)　**譲渡担保権の実行後**　次に，Hの譲渡担保権の被担保債権の弁済期が到来し，Hが譲渡担保権を実行したならば，Hが本件建物の完全な所有権を取得する。そうすると，直接移転説では，Aは本件建物についての設定者留保権を失い占有権原がなくなり不法占有になり，Hからの明渡請求が可能になる。しかし，二段階移転説では問題状況が大きく異なってくる。以下の点が問題になる。

　❶　**清算金請求権及び留置権**　まず，2000万円の債権に対して本件建物の価格は3000万円なので，1000万円の清算金請求権が認められる（後述のように借地権も取得すれば，借地権価格もプラスされる）。では，清算金請求権は誰に帰属するのであろうか。Hに対する譲渡担保権の設定者はGであるが，二段階移転説でもHの所有権取得を正当化するための所有権に過ぎず，Gが所有者でもないのに1000万円の清算金請求権を取得するというのは不合理である。これに対し，直接移転説では，Aが設定者になるので，Aが清算金請求権を取得することになる。

　AにHに対する清算金請求権を認めるならば，本件建物を占有しているAには，これを被担保債権として留置権（295条1項）が認められることになる。

　❷　**受戻権**　同じ権利取得型の担保として仮登記担保があり，仮登記担保法では，清算金請求権が成立する場合には，設定者に被担保債権と同一金額を支払って，目的不動産を取り戻すことを認めている（仮登記担保法11条）。これを受戻権という。判例は譲渡担保にも受戻権を認めるというが（実行前の債務を弁済して所有権を取り戻す権利という程度の意味で受戻権といっている），実行後の本来の受戻権まで認めるのかは不明である。学説には仮登記担保法11条の類推適用により，譲渡担保においても受戻権を認める主張がある。この考えによるならば，また，直接移転説によるならば，Aに受戻権を認めることが可能になる。これに対し，二段階移転説では，受戻権はGに認められ，Aには認められないことになる。

【答案作成についてのコメント】譲渡担保権の実行後は，Hは完全な所有権を取得し，留保所有権を保持するのは誰か，また，清算金請求権，及び，受戻権を誰が取得するのかが問題になることを指摘し，この関連で94条2項による権利取得の法的構成を論ずべきである。

(2) Hによる借地権の取得

(a) 借地権も仮装譲渡されているのか？

㋐ 建物と借地権とをばらばらに考えるか　　問題は借地権である。Hは借地権まで，取得できるのであろうか（実行後について）。場合によっては建物よりも借地権の価値の方が高いことも考えられる（清算金に算入される）。

①借地権の登記がされており，その虚偽の譲渡契約そして移転登記が行われていれば，借地権を譲渡したという虚偽の公示がされていることになる。借地権の譲渡の無効を，94条2項により仮装譲受人から借地権を譲り受けた第三者に対抗できないことになる──ただし，借地権を取得するのは実行時──。②しかし，本問の事例では借地権の登記がされておらずその仮装譲渡による移転登記はなく，借地権について虚偽の登記はなされていない。では，94条2項は，建物についてのみ適用され，借地権には適用されず，Hは本件建物だけ取得し，借地権はAに残っているということになるのであろうか。

㋑ 一体不可分の権利関係である　　しかし，借地上の建物が譲渡されると，用益権限なしに建物を取得しても仕方ないので，借地権も従たる権利として譲渡されたものと認められる（87条2項類推適用）。そして，借地権譲渡それ自体の独自の公示がなくても，借地上の建物の所有権移転登記がされれば，それにより借地権の移転も間接的に公示されている，即ち公示はあり対抗力が認められる。建物抵当権につき，借地権への効力についての対抗力を認める判例がある（最判昭44・3・28民集23巻3号699頁）。ところが，判例は，建物に抵当権が設定された事例につき，借地権への94条2項の適用を否定した（☞次述(b)㋐）。

(b) 解決の可能性

㋐ 借地権については94条2項の適用を認めない（判例）

❶ 判例は借地権の取得を認めない　　判例は，借地上のA所有建物につきB名義で建築確認を申請し課税台帳にもB名義で登録していたが，Bが自己の建物としてAに無断で所有権保存登記をし，Cに所有権移転登記をしてしまい，CはDのために本件建物に抵当権を設定し，抵当権が実行されYが建物を買い受けたが，他方で，Aが借地権を妻Xに譲渡していた事例で，94条2項，110条の

類推適用によりYによる建物の取得を肯定しつつ，借地権の取得は否定している（最判平 12・12・19 判時 1737 号 35 頁）。

　❷　**借地権の取得を認めない理由**　　本判決は，「建物について抵当権を設定した者がその敷地の賃借権を有しない場合には，右抵当権の効力が敷地の賃借権に及ぶと解する理由はなく，右建物の買受人は，民法 94 条 2 項，110 条の法意により建物の所有権を取得することとなるときでも，敷地の賃借権自体についても右の法意により保護されるなどの事情がない限り，建物の所有権とともに敷地の賃借権を取得するものではない」とし，Xによる，土地の所有者の所有権に基づく建物収去土地明渡請求権の，借地権を被保全債権とする代位行使を認容している。

　(イ)　**借地権に 94 条 2 項の適用を認めることも可能（原審判決）**　　上記最高裁判決によって破棄された原審判決は，「土地の賃借人所有の地上建物に設定された根抵当権の実行により，買受人がその建物の所有権を取得したときには……，右建物の敷地の賃借権も買受人に移転」し，「この理は，……民法 94 条 2 項，110 条の類推適用により，建物所有権をもって対抗することができない場合も同様である」と判示していた。この解決のほうが適切である。

　(c)　**本件へのあてはめと結論**　　①最高裁判決に従う限り，Hは譲渡担保権を実行しても，本件建物を取得するが借地権は取得できず，Aが借地権者になり，土地所有者Fの有する建物収去土地明渡請求権を代位行使できることになる。②しかし，原審判決の見解を採用すれば，Hは借地権も取得でき，土地の利用権限なしに本件建物を所有しているわけではないことになる。確かに譲渡担保権の設定だけでは借地権は移転しないといってよいが，実行により本件建物の所有権とともにその従たる権利である借地権も取得することになる。したがって，実行後は，HのAに対する明渡請求は認められ，Aは清算金請求権に基づく留置権を主張できるに過ぎない。

【**答案作成についてのコメント**】建物については 94 条 2 項が適用されることは疑いなく，借地権についてどうなるのかを議論すべきである。［設問 2］は，AからHへの請求なので，借地権の無断譲渡の問題までここで論じる必要はない。

3 [設問 3] について（配点は 30 点）

> 【出題趣旨】 [設問 3] は，丙地の借地権が誰に帰属しているのかを検討し，A に帰属していれば A が本件建物の所有権登記を有していないので土地譲受人 I 社への対抗力が問題になり，また，もし対抗力を否定される場合，誰が本件建物の所有者として建物収去義務を負うのかを検討してもらう問題である。

(1) 譲渡担保権の実行前

(a) 借地権者 A の建物の所有権登記がない

(ア) **実行前は A が借地権者**　　譲渡担保権の設定では，未だ担保に必要な限度での所有権の移転しか認められず，直接移転説では，A に設定者留保権が残され，建物所有権と一体不可分の借地権も設定者留保権とともに A に留保されていることになる。そうすると，A は借地権者でありながら，土地に借地権の登記がない限り，借地権を丙地の譲受人 I 社に対抗できないのではないかという疑問を生ずる。

(イ) **判例は対抗力を否定**　　判例には，「X が本件土地につき所有権移転登記を経由した当時，Y は，既に A に対し本件建物につき代物弁済を登記原因とする所有権移転登記手続を了し，本件土地上に自己所有名義で登記した建物を有していなかったのであるから，建物保護に関する法律 1 条の趣旨にかんがみ，本件土地賃借権を第三者である上告人に対抗することができない」とする判決がある（最判平元・2・7 判時 1319 号 102 頁）。ただし，X が背信的悪意者に当たるか否か，X の本訴請求が権利濫用となるか否かの点について更に審理を尽くさせる必要があるとして，原審への差戻しを命じている。

> 【答案作成についてのコメント】まず，A には本件建物の所有権登記がないことを指摘して，H が譲渡担保権を実行する前は，借地権を保持していても対抗力を有していないことを確認する。

(b) 誰が本件建物の所有者として収去義務を負うか　　そのため，I 社は A に対して所有権に基づく物権的請求権により，丙地の明渡しを請求できそうである。この場合，誰が建物の収去義務を負う建物所有者であろうか。

(ア) **所有権留保についての判例**　　所有権留保については，最判平 21・3・10 民集 63 巻 3 号 385 頁は，留保所有権者は，①「残債務弁済期が到来するまでは，当該動産が第三者の土地上に存在して第三者の土地所有権の行使を妨害しているとしても，特段の事情がない限り，当該動産の撤去義務や不法行為責任を負うことはない」，②しかし，「残債務弁済期が経過した後は，留保所有権が担保権

の性質を有するからといって上記撤去義務や不法行為責任を免れることはない」
とした。その理由としては、「留保所有権者が有する留保所有権は、原則として、
残債務弁済期が到来するまでは、当該動産の交換価値を把握するにとどまるが、
残債務弁済期の経過後は、当該動産を占有し、処分することができる権能を有す
るものと解されるからである」と説明する。

　(イ)　**譲渡担保について**　　譲渡担保についての最高裁の判例はない。所有権
留保とパラレルに考えれば、弁済期到来以降は、実行をしていなくても譲渡担保
権者が妨害排除の相手方になる。①これに対するHの対抗手段としては、譲渡担
保権を実行して借地権を取得することが考えられる。Hは所有名義の登記を有し
ているために、譲受人I社に対抗できることになる。②また、①で十分であるが、
実質は抵当権同様の担保なので、Hは譲渡担保権の放棄をすることが考えられる。
建物所有権は放棄できないが、譲渡担保権を放棄すれば、Aに全面的な所有権が
復帰することになる。借地権は、譲渡担保権の実行前はAが保持している。

　また、そもそも譲渡担保権を実行するか否かは自由なので、実行をするまでは
抵当権などと同様に、本件建物につき担保権を有するに過ぎず、譲渡担保権者は
実行までは妨害排除請求の相手方にならないと考えることができる。

【**答案作成についてのコメント**】Aの借地権が対抗できないとしても、誰が本件建物の所有者として妨
害排除義務を負うのかを論じるべきである。所有権留保についての判例に従う必要はなく、判例を
批判してHの収去義務を否定して書いた方が答案の注目度は高くなるように思われる。

　(c)　**Aに対する妨害排除請求**　　もしHの妨害排除義務が否定されれば、Aの
みが妨害排除義務を負うことになる。I社の担当者は、事前にAが借地人である
ことを確認しつつ、所有権移転登記がGそしてHに為されていることを確認して、
これを奇貨として丙地を購入したのである。本件建物は2015年に建てられたも
のであり、2023年時点では8年しか経過しておらず、そば屋の経営も順調であり、
Aを保護する必要性は高い。

　①考えられるAの保護として、1つは建物収去土地明渡請求を権利濫用とする
ことであるが、その後の権利関係が厄介になる。②もう1つは、Aの借地権の対
抗力を認めることである。対抗力を否定することが権利濫用といった状況である
ため、背信的悪意ということができる。

【**答案作成についてのコメント**】譲渡担保権の実行まではAが妨害排除請求の相手方だとしても、そ
れは権利濫用にならないか、更には振り出しに戻って、対抗力を否定するのが適切なのかを論じる

べきである。

(2) 譲渡担保権の実行後

(a) **実行によりHが借地権取得**　譲渡担保権実行後は，本件建物はH所有，そして，判例によらない限り，94条2項により借地権もHが取得することになる。その結果，Hは本件建物の所有者名義の登記を有しており，対抗力が認められる。ところが，賃貸人たるFの承諾がないので，Hによる借地権の取得が認められるのか問題がある。

(b) **無断譲渡になる**　Aは，借地権の譲渡について，賃貸人Fの承諾を得ていない。仮装売買で実際に譲渡するつもりではないので承諾を求めなかったのであるが，その後，94条2項の「第三者」が登場し，Hが実行後に引渡しを受ければ——本問ではまだ引渡しを受けていないもよう——612条2項の適用の余地がある。そうすると，Fは，承諾していないので賃借権は移転しておらず，Aとの契約が存続しこれを解除できることになる。Iが賃貸人たる地位を取得した後はIが解除権を取得し，Aに解除をし，他方で，Hに対し建物収去土地明渡しを請求できそうである。Hは，Iに承諾料（借地権価格の10％程度）を支払って承諾をしてもらうことができるが，Iは承諾を義務づけられるものではない。

【**答案作成についてのコメント**】譲渡担保権の実行後は，本件建物と借地権とをHが取得しそうであるが，Fの承諾がないので借地権を取得しえない。94条2項の問題を乗りこえても（☞［設問2］(2)の解決），結局はHは借地権を取得できず，FはHに建物収去請求ができそうである。それではHの立場がないが，事後処理は超難問である。問題意識を見せて，議論ができていれば合格点を得られるものと思われ，最後まで諦めないで考えてもらいたい。

1 ［設問1］について

(1) 問題文前段について

Aは、「乙地をCから買い取っており、自分が所有者であり、Bへの所有権移転登記は無効であり、登記に公信力はないので、DがBから乙地を買い取っても、登記に公信力がないので所有権を取得し得ない」と主張し、所有権に基づく物権的請求権として、Dから自己への所有権移転登記を求めることになる。

これに対して、Dからは、94条2項の類推適用が主張されることが考えられる。しかし、Aには94条2項の類推適用が認められるほどの重過失は認められない。よって、AのDに対する上記請求は認められるべきである。

(2) 問題文後段(1)の事例

(a) 放置にも94条2項が類推適用されるべきか

(ア) **Aも被害者** 問題文後段(1)の事例でも、Dからは94条2項の類推適用が主張されることになる。本事例は、当初は上記のように重大な過失はなく、94条2項の類推適用は認められなかった。ところが、AはBに所有権移転登記の抹消登記を何度も求めたものの、強くは求めず訴訟などの提起もしていないというだけである。この場合でも、94条2項の類推適用ができるようになるのであろうか。

(イ) **放置＋αが必要** 判例は単なる放置ではなく「あえて」放置したことを94条2項の類推適用のために必要としており、本問では、AはBに抹消登記を何度も求めており、あえて放置したとは言えないものと思われる。ところが、作出自体に過失が認められ、さらにあえてではないとしても「放置」をしているため、2つの帰責事由をあわせて94条2項を類推適用できるだけの帰責事由を認めることも不可能ではない。微妙であるが、次述のように、第三者の無過失を要件としてこれを肯定すべきである。

(b) 第三者の無過失が必要 94条2項の類推適用を認めるとしても、Aの帰責事由は自ら虚偽の登記をした事例とは異なるので、第三者には無過失を要件とすべきである。この点、Dは登記を信じており、疑いを抱く特段の事情はなく無過失と認められる。第三者に登記を要求するかは議論があるが、本問では、Dが所有権移転登記を得ているので、問題にはならない。

よって、AはDに対して、真正な登記名義を回復するための、自分への所有権移転登記手続を求めることはできない。

(3) 問題文後段(2)の事例

(a) Aに重過失あり 問題文後段(2)の事例では、AはBと通謀して虚偽のB名義の所有権移転登記を行ったわけではない。しかし、Bが、AからBへの売買契約書を作成しこれへの署名押印を求められたのに疑問を持ちつつこれに応じている。このような契約書があれば、Bから第三者への所有権移転登記が容易にされてしまうことが予見できたはずである。Aも被害者であるが、Aには重過失があるといわざるを

えない。

(b) **94条2項＋110条の類推適用**　判例には、所有者が騙されたものの虚偽の登記作出につき重大な過失がある事例で、94条2項、110条の類推適用により第三者を保護したものがある。本問でも、このような処理が認められるべきであり、110条の趣旨も適用することから、第三者には無過失が必要になると考えられる。

本問に当てはめると、Dには過失はなくAに重大な過失が認められ、94条2項、110条の類推適用が認められる。Dは有効に乙地を取得していることになり、AはDに対して所有権移転登記手続を求めることはできない。

2　〔設問2〕について

(1)　**問題点の確認**　〔設問2〕では、本件建物につき、AからGに虚偽の所有権移転登記がされ、事情を知らない善意のHがGに融資をする際にこれを譲渡担保に取り、譲渡担保を原因として所有権移転登記を受けている。本件建物は依然としてAが占有しそば屋を営業している。HがAに対してどのような法的主張ができるのか、AGHの法律関係を確認した上で、Hの譲渡担保権の実行の前と後とを分けて検討したい。

(2)　**AG間は虚偽表示**

まず、AG間の売買契約は虚偽表示であり無効である（94条1項）。したがって、Gは所有権を取得しておらず、Gの所有権移転登記は無効である。登記に公信力はないが、虚偽表示の無効は「第三者」には対抗できないため（94条2項）、善意のHには無効を対抗できない。94条2項では、第三者に無過失は要求されていないので、Hの担当者に過失があっても、Hは保護されることになる。

(3)　**Hが94条2項により取得する権利**

(a)　**実行前**　Hは、譲渡担保権を有効に取得するが、実行前は担保に必要な限度での所有権の移転にすぎない（譲渡担保権）。これは私的実行が可能な担保権であり、実行後は完全な所有権となる。したがって、実行前は、Hは本件建物につき担保に必要な範囲での所有権の移転を受け、利用権限は実行前には取得していないので、建物の利用に必要な丙地の借地権はいまだ取得していない。

このことから、その反面として、Aはいまだ完全には所有権を失っておらず、本件建物の利用権限を保持し、したがって、建物に必要な丙地の借地権も保持していることになる。よって、Aは不法占有者ではなく、Hは、Aに対して本件建物の明渡しを求めることはできない。

(b)　**実行後**　HはGへの譲渡担保権実行の意思表示をすることにより、本件建物の完全な所有権を取得する。あわせて従たる権利である借地権も取得すると解すべきである（賃貸人の承諾はとりあえず措く）。これと異なる判例があるが、適切ではない。この結果、Aは利用権限を失い不法占有になるはずである。即ち、Hは所有権に基づいて、本件建物の明渡しを請求できるはずである。

ところが、Hは2,000万円の債権で、建物価格3,000万円、借地権価格2,000万円、

合計 5,000 万円の財産権を取得できてしまう。そのため、A に差額 3,000 万円の清算
金請求権を認めるべきであり、また、その支払があるまでの受戻権を認めるべきであ
る（仮登記担保法 11 条を類推適用）。94 条 2 項の法律関係として、H は A から所有権
（実行までは譲渡担保権）を承継取得すると考え、設定者に与えられる権利は A に認
められるべきである。そして、A は清算金が支払われるまで、本件建物について留置
権が認められる（295 条 1 項）。

3 ［設問3］について
(1) 問題点の確認

丙地を買い取った I 社は、丙地に建物を新築して作業服店を経営する予定であり、
A 又は H に対して、本件建物の収去、また、A に対しては丙地の明渡しを求めるこ
とを考えている。ここで問題になるのは、借地権者は誰なのか、その借地権について
対抗要件が充たされているのかという点である。この点を検討しつつ、I 社の請求の
可否を考えたい。H が譲渡担保権を実行する前か後かで分けて考えていく。

(2) 譲渡担保権の実行前

(a) 借地権者は誰か　　譲渡担保権者 H はその実行まで、本件建物の利用権限は
有せず、借地権も取得していないことは先に述べた。借地権は、本件建物の利用権限
を保持している A に帰属することになる。

(b) A は借地権の対抗　　では、A は借地権の対抗要件を充たしているであろうか。
この点、借地借家法 10 条 1 項の要件である自己名義で登記された建物を所有してい
ない。そうすると、A は借地権を I 社に対抗できないことになる。しかし、I 社は背
信的悪意であり、対抗力を否定することができないと考える余地がある。この点は、
事情によるものと思われ、悪意というだけでは当然には背信的悪意とは認められな
い。

(c) 妨害排除義務を負うのは誰か　　では、I 社が背信的悪意ではないと考えられ
る場合、I 社は土地所有権に基づき本件建物所有者に対して建物収去を請求できるが、
誰に対してこの請求をすることができるのであろうか。

譲渡担保権の実行前には、本件建物は、A に設定者留保権、H に担保のための所
有権が帰属する。H は譲渡担保権実行までは完全な所有権を有せず、弁済期になって
も譲渡担保権を実行するかどうかは自由である。そのため、実行しない限りは、H は
担保権者としての地位しか有しないと考えられる。

そうすると、A が建物所有者として建物収去義務を負うことになる。ただし、I 社
が背信的悪意ではないとしても、本問の事例では事情によっては、I 社の本件建物の
収去請求は権利濫用と認められる可能性がある。

(3) 譲渡担保権実行後

譲渡担保権が実行されると、本件建物は H 所有となり、また、借地権も H が取得
するはずである。ただし、ここで 1 つ問題がある。

AG 間の売買は仮装売買であるため、G への所有権移転登記をする際に、丙地の所

有者Fの承諾を得ていないのである。賃借人たる地位の譲渡は、契約譲渡の原則どおり（539条の2）、賃貸人の承諾が必要である（612条1項）。そのため、Fの承諾また売却後のI社の承諾を得ていないので、Hの借地権の取得の効力は、譲渡担保権を実行しても認められないことになる。

　I社は、Hを本件建物の所有者であるが、丙地の利用権限のない不法占有者として、建物の収去また土地明渡しを求めることができることになる。ただし、やはり悪意のI社については、事情によっては、建物収去土地明渡請求が権利濫用として認められないことが考えられる。

以上

　以下の事実を読み、後記の **［設問1］** から **［設問4］** までに答えなさい。（配点：100点〔［設問1］、［設問2］、［設問3］及び［設問4］の配点は、25：20：25：30〕）

【事実Ⅰ】

　Aの弁護士への法律相談における説明によると、以下の事実があった。

1. 「私は陶磁器の蒐集を趣味としているのですが、2023年5月、日頃から取引のあるBが経営する骨董品店からのメールが来て、江戸時代中期の甲作の伊万里焼の壺（以下「本件壺」という。）が掘り出し物として売りに出されていたのを見つけました。翌日Bの店に行き、本件壺を見て気に入り500万円で購入しました。」

2. 「2023年7月、陶磁器に詳しいαが自宅に遊びに来た際に、本件壺を見せたところ、αが甲作かどうか疑わしいと述べ、一度鑑定してもらったらどうかと丙鑑定協会を紹介してくれました。そこで、丙鑑定協会に本件壺の鑑定を依頼したところ、江戸時代中期の作ではあるが、甲の作ではないという鑑定結果が示されました。」

3. 「鑑定によると江戸時代中期の甲の弟子の作品である可能性が高いそうで、それでも50万円くらいの値打ちはあるということです。甲作ではなくても、非常によくできた作品で、見れば見るほど気に入っています。ですので、これを絶対に手放したくないと思っています。」

4. 「Bは、私が購入する1週間前に、ある地方の旧家の相続人Cからの依頼で蔵の所蔵物を整理していて出てきた代物をCから買い取り、Bの知人で陶磁器の専門家丁に見てもらったところ甲の作品ではないかと言われたので、Bは甲作として売りに出したようです。」

5. 「Bは本件壺を作者は明確ではないが相当の値打ちのある物と考えて、Cから100万円で購入したようです。Cからは江戸時代の作品と説明されたよ

うですが、「落款」といわれる作者名の刻印は判読が難しく、Bは購入に当たって作風から甲の作と判断したようです。ですから、BはCから甲作と説明を受けて100万円で購入したわけではないようです。」

[設問1] 【事実Ⅰ】（1から5まで）を前提として、AのB及びCに対する法的主張について論じなさい。Bがその後に業績が悪化して廃業し、現在債務超過の状態にある場合についても考えなさい。

【事実Ⅱ】
　Aの弁護士への法律相談における説明によると、前記【事実Ⅰ】の1から3までに続いて、以下の事実があった（前記【事実Ⅰ】の4と5は存在しなかったものとする。）。

6.　「Bも、古美術品の有名な蒐集家であるCから、1か月前に甲作と説明されて400万円で買い取ったものであり、Cも別の古美術商からこの壺を甲作と言われて購入したということです。」

[設問2] 【事実Ⅰ】の1から3及び【事実Ⅱ】（1から3まで及び6）を前提として、AのB及びCに対する法的主張について論じなさい。Bがその後に業績が悪化して廃業し、現在債務超過の状態にある場合についても考えなさい。

【事実Ⅲ】
　Aの弁護士への法律相談における説明によると、前記【事実Ⅰ】及び【事実Ⅱ】の1から6までとは別に、以下の事実があった。

7.　「別の相談なのですが、私の家では、祖父の代から和菓子の製造販売をしていて、評判も高く創業から50年も続いており、現在私が経営を引き継いでいます。2023年2月5日に、同業者のDが廃業するので、和菓子の製作用機械（以下、「本件機械」という。）を安く売るというので200万円で買い取りました。」

8.　「Dの説明では、本件機械は1時間に饅頭を1,000個生産する性能があると

いうことでした。そのため、それまで手作りで生産個数が限られていたのを、これを機に生産を拡大してネット販売を開始し、またデパートなどにも卸そうと計画していました。代金は契約と同時に全額支払っています。」

9. 「ところが、1週間後の2月12日に引渡しを受けて実際に本件機械を使用して生産してみるとスピードが遅く、1時間に500個の生産が限度でした。本件機械はDが購入してから5年しか使用していないそうです。Dにクレームを述べたところ、本件機械のメーカーEの技術職員が調査にやってきて、本件機械を点検していきました。」

10. 「Eの技術職員の説明によれば、この機械は初めから1時間1,000個の生産能力ではなく600個の生産能力しかなく、部品の老朽化により生産能力が多少落ちているということで、部品の大がかりな交換をすれば1時間600個の生産能力に復帰させることはできるということでした。」

11. 「Eの技術職員からは、1時間600個の生産能力に復帰させるためには修理費用が50万円くらいかかると説明されました。本件機械での生産をあきらめて、メーカーEに本件機械の買い手を探してもらったところ、100万円で本件機械を販売することができました。」

[設問3] 【事実Ⅲ】（7から11まで）を前提にして、AはDに対してどのような法的主張をすることができるか、論じなさい。その際、Dは実際に自ら使用していたのであり1時間に500個の生産能力しかないのを知りつつ、Aに対して1時間1,000個の生産能力があると説明をしていたものとして考えなさい。

【事実Ⅳ】

Aの弁護士への法律相談における説明によると、前記【事実Ⅲ】の7と8に続いて（前記【事実Ⅲ】の9から11までは存在しなかったものとする。）、以下の事実があった。

12. 「本件機械には、メーカーEによる製造上の欠陥に起因してある程度の期間使用をしていると、原材料の投入口部分の安全カバーが欠落する危険性があったようです。そのため、Dから購入して使用開始して5か月ほどした

2023 年 7 月上旬に、安全カバーがゆるくなり、7 月末には完全にはずれてしまいました。」

13. 「Dがメーカー E から本件機械を購入してから、私への売却までまだ 1 年しか経っていませんでした。このままでは危ないので、8 月に入り私は知合いの修理業者に依頼をして、安全カバーを特注で作製し取り付けてもらいました。その工事に 20 万円の費用がかかり、同月末に全額を支払いました。」

14. 「Dには連絡しようとしたのですが、機械を引き渡した後に引っ越してしまっており、引越し先が分かりません。そのため、Dには連絡せずに私の方で修理をしました。Dからは機械の説明書を受け取っていますが、その説明書によるとこの機械はDの特注によりEが製作したものです。説明書には、メーカー E の連絡先が記載されています。」

15. 「2024 年の 9 月に、私は町でばったりDに出会いました。その場で、Dに本件機械についての出来事を説明したところ、そのような不具合があったとは知らなかったと陳謝してくれましたが、私への引渡しから 1 年が経過しているので「賠償には応じられない、メーカー E と相談してくれ。」との返答を受けました。」

[設問 4] 【事実Ⅲ】の 7 と 8、【事実Ⅳ】（7、8 及び 12 から 15 まで）を前提にして、AがD及びEに対してどのような法的主張をなしうるか、論じなさい。Dはこのような不具合を知らず、他方、Eにはこのような不具合のある機械の製作につき過失があり、また、E ならば安全カバーの予備があり取付けの費用は 5 万円程度で済んだものとして考えなさい。

1 ［設問1］について
 (1) AB間について
  ①動機の錯誤（基礎事情の錯誤）による
   取消し（重要度A）
  ②虚偽の説明による損害賠償請求（重要
   度B）
  ③担保責任
   ⓐ追完請求権（重要度D）
   ⓑ代金減額請求権（重要度A）
   ⓒ損害賠償請求権（重要度B）
   ⓓ契約解除権（重要度C）
  ④担保責任と他の制度との関係
   ⓐ錯誤（重要度B）
   ⓑ不法行為（重要度D）
 (2) BC及びAC間について
  ①Cの担保責任（重要度D）
  ②Bの錯誤取消し（重要度C）
  ③債権者代位権（重要度D）

2 ［設問2］について
 (1) AB間について
  ＊［設問1］と同じ
 (2) BC及びAC間について
  ①Cの担保責任（重要度B）
  ②Bの錯誤取消し（重要度B）
  ③Cの不法行為（重要度D）

  ④債権者代位権（重要度C）

3 ［設問3］について
  ①担保責任（重要度B）
   ⓐ代金減額請求権（重要度C）
   ⓑ損害賠償請求権（重要度C）
  ②錯誤取消し（重要度B）
  ③詐欺取消し（重要度C）
  ④不法行為による損害賠償請求権（重要度
   B）

4 ［設問4］について
 (1) Dに対する法的主張
  ①担保責任
   ⓐ損害賠償請求権（重要度C）
   ⓑ除斥期間（重要度B）
  ②錯誤取消し（重要度C）
  ③担保責任と錯誤取消し（重要度A）
 (2) Eに対する法的主張
  ①債権者代位権（重要度D）
  ②欠陥ある機械の生産と不法行為
   ⓐ不法行為の要件（重要度A）
   ⓑ本件での不法行為の法的説明（重要
    度A）
   ⓒ過失相殺（重要度B）

解説及び答案作成の指針

1 ［設問1］について（配点は25点）

【出題趣旨】 ［設問1］は，専門の古物商の説明を信じて甲作として購入した本件壺が甲作では
なかった事例につき，買主の救済として，錯誤取消し，担保責任，更には，虚偽の説明によ
る不法行為などを検討してもらう問題である。また，Aの債権者代位権行使の前提として，
CのBに対する責任も検討することが求められている。

(1) Bに対する法的主張

 (a) 錯誤取消しの主張　　Aは本件壺を手放すつもりはなく，本件壺を保持し

つつ利用できる救済方法を探る必要がある。

　　(ア)　**動機の錯誤**　　まず，A は錯誤取消し（95 条）を主張することが考えられる。ここでの錯誤は，別の壺と勘違いしたのではなく，本件壺を買う意思を有しており，どうして購入しようとしたかというと甲作と誤信したからであり、いわゆる**動機の錯誤**である。

　　改正法では，動機の錯誤は基礎事情の錯誤とされ（95 条 1 項 2 号），その事情が法律行為の基礎とされていることが表示されていることを要件として（同 2 項），「取消し」が可能とされている（95 条 1 項柱書）。「表示」は黙示でもよく，本問でも甲作ということが基礎とされて 500 万円という値段が合意されており，この要件を充たしている。したがって，A は B との売買契約を取り消すことができる。B が善意とはいえ，B の甲作という説明が A の誤信をもたらしたものであり（善意不実表示），取消しを認める結論には結果の妥当性からも問題はない。

　　【**答案作成についてのコメント**】動機の錯誤（基礎事情の錯誤）が問題となること，事例では，B が甲作と説明しそれを信じて A が本件壺を購入しているので，錯誤取消しが認められる事例であることを確認すればよい。甲作だからという基礎事情は，黙示的に表示があるということは言及すべきである。

　　(イ)　**一部取消しは可能か**　　A は本件壺を保持したいと考えている。そのため，相当額 50 万円を超えた分のみの一部取消しという処理はできないであろうか。それは，結局は契約内容の改訂を認めるに等しい。確かに，数量的な取引の場合には，一部のみの取消しは場合によっては可能である。しかし，対価関係を調整するのは代金減額の問題であり，これを一部取消しで代用することは難しい。したがって，錯誤取消しを選ぶ限りは本件壺を返還しなければならない。

　　【**答案作成についてのコメント**】錯誤取消しでは，目的物を返還し代金の返還を受けることしかできず，対価の調整を図る結論を実現できないことを確認すべきである。

　(b)　**担保責任と他の制度との関係**

　　(ア)　**担保責任の成立可能性**　　甲作ということが契約内容であるため，引き渡した物が甲作でなければ契約内容に適合した物を渡す義務の不履行になる。改正法では，債務不履行として担保責任は再構成され（483 条，562 条以下），本問でも担保責任が適用される。

　　その効果は，①まず追完請求については（562 条），本件では追完不能である。②次に，代金減額請求（563 条）も可能であり，追完不能なので催告なしに 500

万円から 50 万円への減額請求が可能である（563 条 2 項 1 号）。③損害賠償請求については（564 条，415 条），差額分の損害賠償請求も可能であり，その限度で，代金減額と選択関係になる。④解除も可能であるが（564 条，542 条 1 項 1 号），A は本件壺を手放すつもりはない。

【答案作成についてのコメント】作者も美術品の性能・品質にかかわるものであり，契約内容として甲作を引き渡す義務の不履行となり担保責任が成立すること，売主の過失は損害賠償以外には不要であること，責任の内容として解除しないで代金減額ができることなどを確認すべきである。

(イ) **錯誤取消しとの関係**　判例は，改正前に瑕疵担保責任と錯誤無効との選択を認めていた。**中古アルゲマイネ社製電動機事件判決**（大判大 10・12・15 民録 27 輯 2160 頁）は，瑕疵担保責任が除斥期間にかかっても，錯誤無効の主張を認めていた。買主が無効の主張を選択していれば，裁判所が瑕疵担保責任での判決を出し得ないのは当然である（最判昭 33・6・14 民集 12 巻 9 号 1492 頁［**特選金菊印苺ジャム事件**]）。改正法では，錯誤の効果が取消しに変わったが，判例の選択可能という立場は承継されるものと考えられる。

【答案作成についてのコメント】判例は瑕疵担保責任と錯誤無効の選択を認めていたこと，改正法については，基本的に従前の判例が妥当することを確認すべきである。

(c) **不法行為との関係——不法行為の可能性**　B は甲作ではない本件壺を甲作と説明して A に販売しており，故意で行えば不法行為たる詐欺に該当する。過失の場合にも，交渉段階での説明義務違反ということで，債務不履行と構成することも考えられるが，判例は契約締結前の説明義務の違反は，信義則上の義務違反ではあるが不法行為しか認めない（最判平 23・4・22 民集 65 巻 3 号 1405 頁）。しかし，拡大損害を生じる事例ではなく，過失事例では，債務不履行を超えて不法行為が成立するのかは疑問がある。

【答案作成についてのコメント】不法行為まで思い至らなかった者が多いと思われるが，不法行為についても言及することが好ましい。加点事由ではなく，配点の基礎点となる論点である。

(2) **C に対する法的主張**

(a) **代位権行使の可能性**　B は C から本件壺を買い取ったのであるが，BC 間の売買契約については，錯誤取消しや担保責任の追及は可能であろうか。これが可能ならば，A は，B に対する損害賠償請求権や代金減額後の差額の代金の返還請求権を被保全債権として，B の C に対する債権を代位行使することができる。しかし，結論としては，以下のように C の責任は一切認められないと考えられる。

【答案作成についてのコメント】債権者代位権の行使が考えられ，その前提として，BのCに対する権利を検討する必要があることを，まず確認すべきである。

(b)　錯誤取消し　　BはCから本件壺を購入した時点では，甲作とは考えておらず掘り出し物とくらいに思っていただけである。江戸時代中期の作という点は真実であり誤解はない。少なくとも100万円程度の価値はある作品だと思って購入していることは黙示的に表示されているといえる。ところが，実際には50万円の価値しかなかったのである。しかし，美術品の購入は特約がない限りはギャンブルのようなものであり，本件でも甲作であればBは400万円の収益があったのであり，甲作ではなく50万円の損失を受けるのも公平の観点から，特に不合理ではない。

このような美術品についてのギャンブル的取引については，<u>自己の危険で購入</u>また販売（Cもそうである）するものであり，特約がない限り，取引の性質上錯誤による保護は受けられない。

【答案作成についてのコメント】BC間については，錯誤取消しを認めるのは困難であること，また，その理由を論じるべきである。

(c)　担保責任　　次に，担保責任も問題になるが，BC間では決して「甲作」として本件壺が販売されたわけではない。甲作という保証が売主によりなされ，甲作の壺ということが契約内容にはされていない。したがって，甲作でなかったとしても，契約不適合（債務不履行）は問題にならず，Cの担保責任は認められない。上記の錯誤における議論のあてはめに等しい。

【答案作成についてのコメント】BC間の売買契約では甲作の壺ということが契約内容になっておらず，Cには契約内容に適合した目的物の引渡義務の債務不履行はないことを確認し，Cの担保責任を否定すべきである。

2　［設問2］について（配点は20点）

【出題趣旨】　［設問2］は，AB間は変わることはなく，変わるのはBC間である。BC間でも，甲作として売買契約がされているのである。したがって，BC間でもBの法的救済が考えられ，Aがそれを代位行使することが可能になる。この差を意識して論じてもらう問題である。

(1)　Bに対する法的主張について

AB間は［設問1］と変更はないので，AはBに対して，錯誤取消し，担保責任，

また，不法行為を問題にすることができる。Aは本件壺を返還したくないので，担保責任の代金減額，担保責任又は不法行為による損害賠償請求が問題になる。しかし，Bは債務超過の状態にあり，Bから支払を受けることは期待できない。そのため，BのCに対する権利を代位行使することが検討されるべきである。

【答案作成についてのコメント】AB間は［設問1］と同じであり，AはBに対して差額分（450万円）の代金返還請求又は損害賠償請求が可能であるが，Bが債務超過の状態にあるため，BのCに対する権利を代位行使することを検討する必要があることを指摘して，次の論点に進むべきである。

(2) Cに対する法的主張について

  (a) 錯誤取消し

  (ア) 錯誤取消しが可能　　BC間でも，本件壺は甲作として取引されている。Bは骨董品商ではあるが，自己の目利きでないし自己のリスクで購入した事例ではない。また，BCいずれも甲作と誤認しており，共通錯誤でもある。そのため，たとえBに重過失があっても取消しが可能である（95条3項2号）。

  (イ) 錯誤取消し・代金返還請求権の代位行使　　ところが，一部取消しはできず，BC間の売買契約を全部取り消すことになると，CはBに対して本件壺の返還請求権を取得し，代金返還との同時履行の抗弁権を行使することができる（533条類推適用）。確かに本件壺は甲作ではなかったが，それでも50万円程度の価値はあるものであり，同時履行の抗弁権を認めることは公平に合致する。そうすると，Aは，Bの代金返還請求権を代位行使して，400万円につき（423条の2），Cに対して自己に支払うよう請求することができる（423条の3）。CからはBが転売し返還不能になっているので，50万円の価格返還請求権による相殺が主張される。

【答案作成についてのコメント】Aは，BC間の売買契約の錯誤取消しを代位行使により行え，また，代金返還請求権も代位行使できるが，Cから50万円の価格返還請求権による相殺が主張され，350万円のみ代位行使ができる。

  (b) 担保責任　　担保責任についても，BC間で甲作として売買契約がされているので，甲作の壺の引渡義務が認められ，Cには債務不履行があり担保責任が認められる。担保責任の内容は，代金減額請求や損害賠償請求も可能なことは先に述べた通りである。そのため，AはBの代金減額請求権（形成権である）を代位行使し，それにより生じた超過代金の返還請求権を代位行使することができる。ただし，BC間は400万円での売買で価値が50万円なので，差額の返還請求権は

350万円になる。そのため，Aは，代位行使によって450万円全額を回収することはできないことになる。

【答案作成についてのコメント】Aは，BのCに対する担保責任に基づく代金減額請求権を代位行使して，それにより発生してBのCに対する超過額350万円の代金返還請求権を代位行使し，Cに対して自己への支払を求めることができることを論じるべきである。

3　[設問3] について（配点は25点）

【出題趣旨】 [設問3] は，Aの法的保護につき，担保責任の他に，錯誤取消し，詐欺取消し，不法行為による損害賠償請求について検討してもらう問題である。

(1)　担保責任について

(a)　担保責任が成立する　本問では中古の本件機械の売買契約につき，担保責任が問題となる。その要件は，引き渡された物に引渡時に契約不適合があることである。本件機械のAD間の売買契約では，本件機械は1時間に1000個の饅頭の生産能力があるということであったが，実際には1時間に500個の生産能力しかなかったものであり，契約不適合があることは疑いない。したがって，AはDに対して，担保責任を追及できる。

(b)　なしうる法的主張　買主Dに認められる権利は，①追完請求権（562条），②代金減額請求権（563条），③損害賠償請求権（564条，415条），及び，④契約解除権（564条，541条，542条）である。本件機械は元から1時間600個の生産能力しかなかったため，部品を新品に交換しても1時間600個の生産能力にしかならないので，追完は不能といってよい——ただし，1時間600個までは追完可能——。1時間500個の生産能力だと適正価格がいくらになるのか分からないが，100万円で売れたので適正価格を100万円と考えることができ，そうすると差額100万円の返還請求ができる。なお，Aは本件機械を売却してしまっており，契約解除をしても本件機械の返還ができないので，解除はできない（548条）。

【答案作成についてのコメント】1時間1000個の生産能力が契約で約束されているので，1時間500個の生産能力しかない場合には担保責任が問題になること，追完は不能といってよいこと，解除はできないこと，100万円で売れたので差額100万円について代金減額が請求できることなどを要領よく論ずればよい。

(2) その他の法的主張

(a) 錯誤取消し

(ア) **錯誤取消しが可能**　1時間1000個の生還能力があることがAの本件機械購入の動機であり，1時間500個の生産能力しかない機械であったため，動機の錯誤（基礎事情の錯誤）が認められる。このAの錯誤は，売主Dの説明によってもたらされたものであり，それを当然の前提とすることがAにより黙示的に表示されていたものと認められる（95条1項2号，2項）。Aに重過失があっても，取消しが可能である（95条3項1号）。

(イ) **返還不能でも取消し可能**　錯誤取消しの場合には，返還ができなくても取消しが制限されることはない。担保責任では代金減額ができるが，錯誤では代金減額請求はできない。そのため，Aは本件機械が返還不能になっているが，錯誤取消しをして代金200万円の返還を求めることができる（121条の2第1項）。Aも本件機械を返還することを義務づけられるが，これができないのでその価格100万円の返還を義務づけられる。結局，相殺により差額100万円の返還を請求できる。

【答案作成についてのコメント】次に，本件では錯誤取消しもできること，本件機械を返還できなくても取消し可能なこと，その場合に機械の価格を返還すべきことなどを論じるべきである。

(b) **詐欺取消し**　Dは，本件機械が1時間に500個の生産能力しかないことを知りつつ，1時間1000個の生産能力があると説明しており，これは詐欺に該当する。したがって，Aは詐欺取消しが可能になり（96条1項），詐欺取消しも目的物が返還できなくても妨げられない（548条のような規定はない）。そして，詐欺をしたDにも，価格返還として100万円の返還請求権が成立するが（121条の2第1項），これに708条を適用するのかは事例により解釈にまかされる。本件では，708条本文を適用するほど悪質性が高い事例とはいえない。

【答案作成についてのコメント】詐欺取消しも認められることを確認すればよく，708条に言及すれば多少の加点事由にはなる。

(c) **不法行為に基づく損害賠償請求**

(ア) **代金200万円の支払が損害か？**　また，不法行為による損害賠償請求権も問題になる。詐欺なので，代金200万円を騙し取った不法行為になる——信義則上の義務違反といえたとしても債務不履行にはならない——。ただし，1時間500個の生産能力のある本件機械を取得するので，この点をどう評価すべきで

あろうか。契約の取消しをしないで損害賠償請求をすることを検討してみたい。

①差額説的に，100万円の物を200万円で購入したため，利益を差し引いて709条の「損害」を100万円と考えるか（損害評価説），それとも，②200万円を損害として，損害の評価とは別に公平の観点から「損益相殺」で100万円を差し引くかは（相益相殺説），理解が分かれる。

　（イ）**100万円の価値のある製品は取得している**　②の理解だと，200万円を騙し取られ損害が200万円であるが，損益相殺で100万円を差し引いて——売却して代金100万円が手に入った時ではなく，本件機械の取得時に——100万円の損害賠償請求権が成立することになる。ただし，損益相殺については，単純に差額説的な調整ではなく公平の観点から調整をすることが認められるので，事例によっては，<u>利益を差し引かない</u>ことも可能である（詐欺による投資で，わずかばかりの配当金を受けた事例など）。しかし，本件では，Dは悪意であり詐欺といってよいが，708条本文を適用するほどの違法性が高い事例ではなく，損益相殺がされるべき事例である。

【**答案作成についてのコメント**】更には，詐欺による不法行為にもなるが，100万円の価値のある機械を取得した点を損益相殺で考慮するかを論ずるべきである。(b)で708条本文を適用しないこととの整合性から，ここでも損益相殺を否定すべきではない。

4　［設問4］について　（配点は30点）

【**出題趣旨**】［設問4］は，まず，買主Aが不適合を知ってから1年以内に売主Dに通知をしていないので，担保責任は除斥期間にかかっていることを確認し，製品の安全性にかかわる不具合であるため，メーカーEにつき不法行為を問題にできることを指摘して検討してもらう問題である。欠陥ある建物の建築については判例があり，それを応用して考えることが求められる。

(1)　Dに対する請求

　Aは本件機械の売主Dに対して，担保責任に基づいて損害賠償請求や解除・代金返還請求をすることが考えられる。しかし，不適合を知ってから1年以上を経過しており，その間，不適合の通知をしていないので，担保責任については除斥期間が経過しており責任追及ができない（566条）。

　Dは，本件機械の不具合を知らず，専門家でもないので知らないことに過失もなかったといってよく，詐欺取消しや不法行為による損害賠償請求は認められな

い。錯誤については，安全性にかかわるとはいえ，容易に修理可能な不具合であり，そもそも 95 条 1 項柱書の錯誤の重大性の要件を充たしていないといえる。

　この結果，A は D には何も権利行使ができず，D の E に対する権利を代位行使することは考えられない。

> **【答案作成についてのコメント】**担保責任は除斥期間の経過により責任追及ができず，売主に故意過失が認められないので，詐欺取消しや不法行為による損害賠償請求も認められず，更には，錯誤も重大性の要件を充たさないので錯誤取消しもできないことを確認すべきである。

(2)　E に対する請求

(a)　E の不法行為責任の追及

(ア)　**製造物責任は適用されない**　本件機械には，いわゆる製造欠陥があり，この欠陥により事故が発生していれば製造物責任法 3 条により，「生命，身体又は財産を侵害」された被害者は，E に対して損害賠償を請求することができる。ところが，本件では，欠陥による事故は発生しておらず，製造物責任法は問題にならない。

(イ)　**民法上の不法行為の可能性**

❶　**給付利益の不獲得は不法行為にはならない**　民法の不法行為が成立するためには，「他人の権利又は法律上保護される利益」を侵害して損害を与えることが必要である。このような一般的な法益（権利・利益）が侵害されることが必要であり，約束された給付を取得しないという給付利益（履行利益）の損害賠償は，債務不履行の排他的規制領域である。詐欺で契約をした場合には，その後の債務不履行が問題なのではなく，詐欺により金銭や財産を詐取されたことを損害として不法行為が成立するのである。

❷　**不法行為の成立の余地はないか**　判例は，欠陥住宅の事例で，欠陥住宅を作った請負人に対するその注文者から建売住宅として建物を購入した買主による不法行為を理由とする損害賠償請求につき，建物の設計・施工者等は，「建物の建築に当たり，契約関係にない居住者等に対する関係でも，当該建物に建物としての基本的な安全性が欠けることがないように配慮すべき注意義務を負い」，「設計・施工者等がこの義務を怠ったために建築された建物に建物としての基本的な安全性を損なう瑕疵があり，それにより居住者等の生命，身体又は財産が侵害された場合には，設計・施工者等は」，原則として「これによって生じた損害について不法行為による賠償責任を負う」ものと判示している（最判平 19・7・6

民集 61 巻 5 号 1769 頁)。

　(ウ)　**709 条の責任をどう根拠づけるか**　　事故が発生しているわけでもなく，「他人の権利又は法律上保護される利益」を侵害していないのに，709 条の要件充足をどう説明すべきであろうか。上記判例はこの点の説明を避けている。学説には，権利や利益の侵害を認めるための構成として，いろいろな権利や利益が提案されている。

　この点は，調査官解説によれば，履行利益の賠償ではなく，事故が起き拡大損害が生じるのを予防するための，いわば不法行為による損害発生を予防するための費用が問題であり，これは不法行為を理由に賠償請求ができるということである。権利や利益侵害を介さない純粋経済損害であるが，このような事例では例外的に不法行為による損害賠償請求を認めてよいと考えるのである。おそらくその射程は無過失責任である製造物責任には及ばず，製造物責任法では賠償請求はできないものと思われる。

　(エ)　**再度の要件の確認とあてはめ**　　不法行為により生命等の侵害が生ずることを予防する費用であることが必要であり，建物で言えば美観とか住み心地にかかわる不具合については給付利益のみに関わり，その修補は担保責任の領域であり，不法行為を問題にはできない。本問では，カバーが外れたまま放置すると事故につながりかねないので，安全性に関わる事例であり，事故予防費用という要件を充たすことになる。

　【**答案作成についてのコメント**】A が E に対して不法行為を根拠に損害賠償請求ができるか，その要件，また，認められるための法的根拠づけについて，一番の中心論点であり詳しく議論すべきである。

　(b)　**賠償請求できる金額**　　A は D に通知せずに本件機械を修補している。これは売主の修補権を保障する 563 条の規定の趣旨に違反しており，代金減額は認められない。修補費用の損害賠償請求がされたとしても，売主の修補権保証の趣旨が考慮されるべきである（563 条類推適用）。

　ところが，［設問 4］ではメーカー E への損害賠償請求が問題になっている。A にはメーカー E への通知義務はない。しかし，E は契約関係にない A に修理義務を負わないが，賠償義務を軽減するために自ら修理をする利益がある。そして，事実 14 によれば，連絡先の記載されたメーカーの発行した説明書を D から交付されており，E に通知をすることは容易であった。メーカー E に連絡せず，わざわざ費用のかかる修理業者に特注でカバーを製作して取り付けてもらったのは，

損害軽減義務に違反するものということが可能である。評価は微妙であるが，過失相殺（722条2項）により，払った20万円ではなく，Eならば修理できた額の5万円まで減額する必要はないとしても，相当の減額をしてもよいように思われる。なお，欠陥を知ってから2年しか経過していないので，消滅時効にはかかっていない（724条1号）——事故予防費用には724条の2は適用にならない——。

> **【答案作成についてのコメント】**20万円を修理業者に支払っており，Aに20万円の損害が発生していることは疑いないが，メーカーEならば5万円で修理ができたことをどう評価するか，AにメーカーEに修理をさせるという損害軽減義務を認めて過失相殺をすべきなのかを議論すべきである。

1 ［設問1］について

(1) AのBに対する法的主張

Aは、Bから本件壺を甲作と説明を受けて500万円で購入したが、甲作ではないことが判明したものの、50万円程度の価値はあり、本件壺を気に入っていて手放したくないと思っている。そのため、Aが本件壺を保持しつつ、受けられる法的救済を考える必要がある。まず、売主Bに対する法的主張について検討してみたい。

(a) 錯誤取消しの主張　まず、考えられるのが錯誤取消しの主張である（95条1項）。本問では、Aは本件壺を購入する意思を有しており、甲作だと思ったから購入しようと思ったのであり、いわゆる動機の錯誤になる（95条1項2号）。そのため、動機（基礎事情）が明示又は黙示に表示され意思表示の内容になっていることが必要である（95条2項）。

本問では、Aは、Bが甲作との説明を信じたものであり、売主Bもそう信じていたので詐欺にはならないが、いわゆる善意不実表示の事例となり、Bはそのなした説明が誤りであることにつき不利益を負わされて仕方ない。黙示の表示がありまた甲作ということが契約内容になっているともいえる。したがって、Aは、Bに対して錯誤取消しをすることができる。

ところが、錯誤の効果として代金減額請求権は認められておらず、錯誤取消しをすると本件壺を返還しなければならない。これでは、Aの希望を叶えることはできない。

(b) 不法行為による損害賠償請求　そこで他の法的主張を検討してみると、Bには専門の販売業者として容易に見抜けなかった場合には過失が認められる。そして、誤った説明をしたことは、信義則上の説明義務違反でありまた上記のように過失もあり、不法行為責任が成立する（709条）。この責任は債務不履行にはならない。損害賠償請求によれば、Aは壺を保持して、差額450万円を損害として賠償請求することができる。

(c) 担保責任　また、AはBの担保責任を問題にすることもできる。

(ア) 担保責任の成立　甲作という本件壺についての性能・品質が約束（保証）されており、担保責任が成立する。担保責任の効果として、契約解除は可能であるが（564条、542条1項1号）、Aの希望は叶えられない。また、Aは、担保責任に依拠して、代金減額（563条）又は差額を損害賠償請求することができる（564条、542条2項1号、415条1項）。これにより、Aは本件壺を保持することが可能になる。

(イ) 担保責任と錯誤取消しなどとの関係　なお、担保責任と錯誤や不法行為はそれぞれ別の制度であり、Aはいずれを選択することもできる。また、不法行為又は担保責任による損害賠償請求も選択関係にあり、いわゆる請求権競合の関係に立つ。

(2) AのCに対する法的主張

Bが無資力なので、AはBのCに対する権利を代位行使できる。しかし、そのた

めには、BのCに対する権利が成立していなければならない。ところが、BC間では、甲作としての売買がされたものではなく、BはCに錯誤取消しはできない。また、同様に、甲作ということが契約内容になっておらず、担保責任も問題にならない。虚偽の説明をしているわけでもなく、不法行為による損害賠償責任も問題にならない。

結局、代位行使できる権利がなく、AはCに何らの請求もできない。

2 ［設問2］について

(1) AのBに対する法的主張

AB間については、［設問1］と同様である。AはBに対して、450万円につき代金返還又は損害賠償請求ができる。Aは、これを被保全債権として、Bの以下のCに対する権利を代位行使することになる。

(2) AのCに対する法的主張──BC間について

［設問2］が［設問1］と異なるのは、BC間である。以下、検討したい。

(a) **錯誤取消しの代位行使** ［設問2］では、BC間で、Cが本件壺を甲作と説明している。Bの錯誤は動機の錯誤であるが（95条1項2号）、動機（基礎事情）の表示がある（95条2項）。したがって、錯誤取消しができ、Aに転売しているため、BはCに価格返還義務を負うことになる。Aは、Bの錯誤取消権を代位行使しても、本件壺を保持できることになる。BC間では、代金400万円の返還と、50万円の価格返還とが対立し、相殺により350万円の返還請求権が残るので、Aは450万円の債権であるが、Cからは350万円を回収できるにすぎない。Aは、Cに350万円を自分に支払うよう請求することができる（423条の3）。

(b) **不法行為による損害賠償請求権の代位行使** Cに過失が認められれば不法行為が成立する可能性がある。信義則上の説明義務違反であるが、不法行為責任が成立するだけである（709条）。代金との差額350万円が損害となり、この損害賠償請求権をAは代位行使して、自分への支払を求めることができることは錯誤取消しと同じである。

(c) **担保責任** ［設問2］では、BC間でも、本件壺につき甲作ということが合意されており、担保責任が成立する。そのため、Bの解除権を代位行使しても、Bの返還義務は価格返還義務なので(a)と同じ解決になる。また、契約解除をしないで、代金減額（563条）による差額350万円の返還請求権又は差額350万円の損害賠償請求権（564条、415条1項）を代位行使して、AはCに自分への支払を求めることができる。

3 ［設問3］について

(1) 担保責任について

AのDに対する法的主張としては、まず担保責任を追及することが考えられる。

Dの販売の際の説明では、1時間1,000個の商品の生産能力が保証され、これを信頼してAは200万円で購入したものであり、この性能は契約内容になっている。したがって、引き渡された本件機械は、1時間500個の生産能力しかなく、担保責任が

成立する。

担保責任の内容としては、追完請求権（562条）が問題になるが、初めから600個の生産能力しかなく、1,000個の生産能力への追完は不能である（412条の2第1項）。Aは本件機械は既に他に売却してしまっており返還できず、したがって、Aは契約解除ができない（548条）。そして、100万円で売れたので、代金減額して、差額100万円の返還請求ができる（563条）。また、Aは差額100万円を損害賠償請求することもできる（564条、415条1項）。

(2) 担保責任以外について

(a) 取消し

(ア) 錯誤取消し

本問では、錯誤取消しも問題になる。Aは、1時間1,000個の生産能力があると信じたから購入したのであり、動機の表示がある（95条1項2号、2項）。この生産能力だから購入したという動機の黙示による表示が認められる。ただし、取消しをしても、本件機械が返還できないので、価格返還義務として、Aは100万円の返還義務を負い（121条の2第1項）、代金200万円の返還請求権と相殺をして、100万円のみの返還請求をすることになる。

(イ) 詐欺取消し

Dはその説明した生産能力がないことにつき悪意なので詐欺になり、Aは詐欺取消しができる（96条1項）。取消後の権利関係は錯誤取消しと同じである。

708条本文を適用すべき事情は存在しないため、相殺はDからも許される。Aには、慰謝料請求を認めるべき特別事情はない。

(b) 詐欺による不法行為

Dの行為は詐欺になり不法行為にもなる（709条）。Aは詐欺により代金200万円を詐取されたことになり、Dに対して200万円の損害賠償請求権を取得する。ただし、100万円の価値のある本件機械を取得しており、また、その後に他に100万円で販売し、代金100万円を取得している。708条本文が適用すべき事例ではなく、損害賠償請求権について、損益相殺を認め100万円の損害賠償請求権が成立することになる。

4 〔設問4〕について

(1) Dに対する法的主張

まず、AのDに対する法的主張について考えると、安全性にかかわるとはいえこの程度の簡単に修理できる不具合があるだけでは、錯誤取消しは問題にはできず、担保責任を主張するしかない。しかし、Aは契約不適合を知ってから1年を経過しているが、Dに不具合を通知しておらず、除斥期間にかかっている（566条）。したがって、AはDに対して、担保責任を追及できず、その結果、DのEに対する契約上の権利を代位行使することもできない。

(2) Eに対する法的主張——不法行為責任

(a) 不法行為責任の追及

AE間には契約関係はない。AはEに対して不法行為責任を追及するしかないが、不法行為責任が成立するためには製作における過失だけ

では足りず、生命、身体、財産等の不法行為法上の一般的保護法益を侵害するか、又は、詐欺のように契約をさせたことないし対価を給付させたことが不法行為となることが必要である。

　本件機械は、「欠陥」があると言えるが、事故が発生しておらず、製造物責任法の適用は認められない。しかし、事故による損害は発生していないものの、Aは事故の発生を予防する措置をとりその費用を費やしている。これは、美観や快適さといった給付利益を実現するための費用ではない。

　そのため、不法行為上の損害発生の防止費用は不法行為を理由に賠償請求できてよい。特に権利侵害を想定する必要はなく、純粋経済侵害をこのような例外事例に限って不法行為により賠償請求を認めるべきである。

　(b)　**賠償請求できる金額**　　Aは本件不具合の修理のために修理業者に20万円を支払っており、20万円の損害を受けている。ところが、メーカーEであれば5万円で修理ができた。契約関係がなく、Eの修補権の保障は問題にならないが、DからEの連絡先を知らされていたのであり、Aとしては損害軽減義務としてメーカーEに修理を求めるべきであった。

　そのため、過失相殺（722条2項）により、賠償請求できる金額は5万円を限度とすべきである。

以上

次の文章を読んで、後記の **[設問1]** から **[設問4]** までに答えなさい。（配点：100点〔[設問1]、[設問2]、[設問3]及び[設問4]の配点は、30：25：20：25〕）

【事実Ⅰ】

1. Aはその所有の土地（以下「甲地」という。）を、2010年に、建物所有を目的としてBに賃貸し、Bは甲地上に建物（以下「乙建物」という。）を建築して、2階部分で家族と居住するとともに1階部分においてそば屋を経営している。2020年頃から、コロナ禍による不況の影響や営業自粛要請などにより、Bのそば屋の経営も苦しくなっていった。

2. そのため、BはAに対する賃料を滞納しがちになったが、1か月以上は滞納することはなく遅れはしても必ず払っていた。しかし、2022年に、近くに総合的なアミューズメントパークが作られ多くの飲食店が開業したため、客足の多くをそちらに奪われてしまい、ますます経営は苦しくなっていった。

3. それでも、メニューに創意工夫を凝らしてなんとか経営を続けてきたが、2023年になり、ついに数か月にわたって賃料を滞納し、最終的にはそれが5か月に及んでしまった。なお、甲地の1か月の賃料は20万円であり、滞納賃料合計100万円になる。

4. Aは滞納に対して何度も口頭で催告をしている。Aは、都会に出ていた次男が結婚して地元に戻って飲食店を開きたいと言っているので、Bとの契約を解除して乙建物を買い取って、次男を乙建物に住まわせ飲食店を開業させようと考えた。

5. そこで、Aは、2023年7月3日に、Bに対して滞納している3月分から7月分までの5か月分の賃料（地代）の支払を求め、最寄りの郵便局にて、10日以内に支払がなければ賃貸借契約を解除する旨の通知を内容証明郵便（以下「本件内容証明郵便」という。）により作成し、その配達を依頼した。

6. 郵便配達員が翌4日に乙建物に、本件内容証明郵便の配達に赴いた。しか

し、ちょうどＢのそば屋の定休日でありＢが家族全員で出かけていたため、配達ができず、郵便局員はＢの郵便受けに不在配達通知書を入れておいた。Ｂは帰宅して不在配達通知書を発見し、Ａから内容証明郵便が来ていることを知り賃料の催告であろうと考えた。

7. しかし、Ｂは食材の仕入れや料理の仕込みなどで忙しく、再配達の手続をするのをすっかり失念してしまった。そのため、本件内容証明郵便は、留置期間（内国郵便約款89条により7日）の経過により、同月12日にＡに返送された。

8. 同年の6月頃から、Ｂの店では次第に奇抜なアイデアが当たり、SNSなどのネットで情報が拡散され、みるみる客足が戻りつつあり、7月16日に、7月の収益とＢの妻の実家から借金して得た金銭とにより、滞納している100万円の賃料をＡの口座に振り込んだ。

9. Ａは、内容証明郵便が返送されてきたため、Ｂが内容を察してあえて内容証明郵便を受け取らなかったものと思い憤慨し、本件内容証明郵便につき不在配達通知書が入れられていた7月4日から10日を経過した同月14日が過ぎたら解除の効力が発生すると考え、その後にＢに明渡しを求めようと考えていた。

10. ところが、7月16日に、思いもかけずにＢからの振込みがされたことを知った。Ａは次男に飲食店を営ませようと考えているため、翌17日、100万円をＢの口座に返金し、Ｂに契約は解除されたので建物を収去して土地を明け渡すように求めた。

11. その際、ＡはＢに対して、建物を買い取る用意があるので、建物を自分に売るつもりであれば収去はしなくてよいと述べた。これに対して、Ｂは、既に滞納していた地代100万円全額を振り込んだと説明し、解除の効力を争っている。

[設問1] 【事実Ⅰ】（1から11まで）を前提として、ＡのＢに対する乙建物の収去並びに甲地の明渡請求が認められるか否か、論じなさい。

【事実Ⅱ】
前記【事実Ⅰ】の1から11までに続いて、以下の事実があった。

12. その後、ＡＢ間の交渉がまとまらないままになっていた。2023 年 7 月 28 日、Ｂは、明渡しに応じるが同年 11 月いっぱいまで明渡しを猶予してもらいそば屋を継続することを認めてもらうこと、乙建物を 500 万円でＡに売却し、11 月末に土地とともにＡに明け渡し、それまで土地の分に建物の賃料を加えて月 25 万円の賃料を支払うことを申し込むことを内容とするＡ宛ての手紙（以下「本件手紙」という。）を書いて、これを投函した。

13. ところが、本件手紙の投函の 2 時間後、Ｂは自動車を運転中、道路に飛び出してきた猫を避けようとして道路わきの標識に激突し、Ｂは救急車で病院に搬送されたが、手当むなしくその日のうちに死亡した。

14. その翌 7 月 29 日に、本件手紙がＡ宅に配達された。Ａは本件手紙を読み、この申出を承認しようと考え、Ｂに電話で連絡しようと考えていたが、Ｂの息子ＣよりＢが死亡した旨の連絡が入り当惑している。

15. Ｂの相続人は、同居して店を手伝っている成年の息子Ｃのみである。Ａは、Ｂからの手紙の件を悲嘆にくれているＣにすぐに切り出すのを遠慮し、同年 8 月 5 日になって、乙建物に出向き、ＣにＢから本件手紙が届いていたこと、Ａとしてはこれに承諾する旨を伝えた。

16. 本件手紙を見せられ、Ｃはこの書面どおりの合意に応じる旨を述べ、同月 10 日に、乙建物の売買契約書が作成され、Ｃによる相続を原因とした所有権移転登記をした上で、ＣからＡへの売買を原因として所有権移転登記がなされた。ところが、その翌 11 日に、α の運転する自動車が α の過失により乙建物の店舗に猛スピードで衝突し、それにより生じた火災により乙建物が全焼した。

[設問2] 【事実Ⅰ】及び【事実Ⅱ】（1 から 16 まで）を前提として、乙建物の占有改定が認められるかどうか、α に損害賠償を請求できるのは誰かという点に注意しながら、ＣがＡに対してなしうる法的主張について論じなさい。乙建物の代金 500 万円については、明渡後に支払う約束でありいまだ支払われておらず、建物の評価額は 1,000 万円であるものとする。

【事実Ⅲ】

前記【事実Ⅰ】の 1 から 11 までに続いて、以下の事実があった（前記【事

実Ⅱ】の 12 から 16 までは存在しなかったものとする。）。

17. Bは、2023 年 7 月 28 日、A 宛てに手紙（以下「本件手紙」という。）を書いて投函し、Aのなした解除を認めること、乙建物をAに 500 万円で売却すること、敷金は全額返還をしてもらうことを提案し、本件手紙は翌 29 日にAに配達された。

18. Aは本件手紙を読みこれを検討した結果、これを受諾することを考え、8 月 1 日に、本件手紙による申込みをすべてそのまま受け入れることを内容とする内容証明郵便をB宛てに発送した。ところが、Bはその前日に、サラ金業者からの借金の取立てから逃れるために夜逃げしてしまっており、表札も郵便受けも撤去されていたため、郵便配達員が転居先不明を理由として、内容証明郵便はAに返送された。

19. Aは、同年 12 月 20 日に、Bの所在を探し当てて、Bに対して本件手紙の申込みにつき、すぐに内容証明により承諾をしたことを口頭で伝え、用意してきた売買契約書に署名押印をするよう求めた。しかし、Bはこれに対して、乙建物が 500 万円というのはよく考えたら安すぎるので、1,000 万円ならば契約に応じると回答をした。

［設問 3］【事実Ⅰ】及び【事実Ⅲ】（1 から 11 まで及び 17 から 19 まで）を前提として、AのBに対する乙建物の所有権移転登記手続請求は認められるか、Bからの反論も含めて論じなさい。

【事実Ⅳ】

前記【事実Ⅰ】の 1 から 11 に続いて、以下の事実があった（【事実Ⅱ】及び【事実Ⅲ】の 12 から 19 までは存在しなかったものとする。）。

20. Bは、2023 年 7 月 28 日、Aの自宅を訪れAに対して、返金されてきた 5 か月分の賃料（100 万円）を免除してくれるのであれば、解除を認め直ちに甲土地を明け渡し、また、乙建物（1,000 万円相当）を無償で譲渡することで和解する旨の申込みをした（以下「本件和解契約」という。）。

21. Aはこれを検討した結果、次男に居住させるため乙建物は収去しなくてよいと伝え、本件和解契約の申込みを受諾することにした。同年 8 月 5 日に、

ＡＢ間で乙建物につき便宜上100万円での売買契約書が作成され、その後、乙建物につき売買を原因とする所有権移転登記がされ、また、乙建物がＢからＡに引き渡された。

22. Ａは乙建物の引渡しを受けた後、これを自分の次男に住居兼店舗として使用させている。本件和解契約に基づく引渡しから3年が経過した2026年8月に乙建物の床が微妙に傾斜し始め、建物に異常が生じてきた。そのため、Ａが業者に調べてもらったところ、2021年8月の未曾有の大雨による床下浸水のため、乙建物の土台に腐食が生じこれが徐々に進行し、その腐食が柱にまで及んでいるため建物に影響が出てきたものであり、このままでは地震の際に倒壊の危険があることが判明した。

[設問4] 【事実Ⅰ】及び【事実Ⅳ】（1から11まで及び20から22まで）を前提として、ＡはＢに対してどのような法的請求をすることができるか、論じなさい。Ｂは本件和解契約当時に乙建物の上記不具合を知らずまた知り得なかったものとして、また、修補工事は可能であるが、そのためには建替えに匹敵する費用がかかるものとして考えなさい。

1 ［設問 1］について
　①信頼関係の破壊の法理（重要度 B）
　②停止条件付き解除の意思表示（重要度 D）
　③意思表示の「到達」の意義（重要度 A）
　④「不在配達通知書」と到達
　　ⓐ到達が認められるか（重要度 A）
　　ⓑ到達が認められる時期（重要度 A）

2 ［設問 2］について
　①申込み発信後の表意者の死亡
　　ⓐ到達で効力が発生する（重要度 D）
　　ⓑ相手方が知ると申込みは失効（重要度 B）
　②承諾が新たな申込みとなる（重要度 D）
　③建物をめぐる法律関係
　　ⓐ占有改定があるのか（重要度 B）
　　ⓑ危険の移転（重要度 B）

　　ⓒαに対する損害賠償請求（重要度 B）

3 ［設問 3］について
　①契約内容の分析（重要度 C）
　②転居前の住所への到達の認否（重要度 B）
　③承諾は到達により効力発生（重要度 D）
　④相当期間経過後の申込みの効力（重要度 B）

4 ［設問 4］について
　① AB 間の契約の分析（重要度 C）
　②和解と錯誤（重要度 A）
　③和解と担保責任（重要度 B）
　　ⓐ追完請求権（重要度 D）
　　ⓑ代金減額請求権（重要度 D）
　　ⓒ損害賠償請求権（重要度 C）
　　ⓓ契約解除権（重要度 C）

解説及び答案作成の指針

1 ［設問 1］について（配点は 30 点）

【出題趣旨】 ［設問 1］は，賃料支払の催告及び停止条件付き解除の意思表示の賃借人への「到達」の認否を論じてもらう問題である。「到達」の意義を明らかにし，郵便配達員による本件内容証明郵便にかかる不在配達通知書の郵便受けへの投入が到達といえるのか，また，「到達」を認めるとして，いつ到達したと考えられるのかを論じてもらうことになる。

(1) 解除の有効性——信頼関係の破壊

　賃貸借契約の債務不履行解除については，いわゆる**信頼関係破壊の法理**が適用される。①信頼関係を破壊するほどの債務不履行でない限り，催告がされ履行がされなかったとしても解除ができず（一方で，制限法理），②逆に信頼関係の破壊があれば，催告なしに即時解除ができ，場合によっては債務不履行といえない場合でも解除が認められる（他方で，拡張法理）。③また，①の通常ならば信頼関係を破壊する事情があっても，個別事例において信頼関係を破壊しない特段の

事情があれば（必要費償還請求権があるため，賃料を数か月にわたって支払わなかった等），解除が認められない（再度，制限法理でもある）。改正前は旧541条の解釈によっていたが，改正法では，根拠条文また証明責任が問題になるが省略する。

　本問では，Bは催告を受けながら5か月間も賃料を支払っておらず，事業不振で支払えないという同情すべき事由によるとはいえ，③の特段の事情はなく，Aの541条による解除が認められる。したがって，催告＋停止条件付き解除が到達し，催告期間が経過していれば解除は有効となり，その後の振込みは無効である。

> 【答案作成についてのコメント】まず，賃貸借契約における賃貸人からの解除には信頼関係破壊の法理が適用になるが，本問では，5か月もの賃料の遅滞があり（債務不履行の重大性☞①），必要費償還請求権があり賃料と清算されたも同然と考えて賃料を支払っていなかったといった特段の事情が存在しないので（特段の事情の不存在☞③），解除が認められることを確認すればよい。催告があるので，即時解除ができる特別の事情の存在（☞②）を問題にする必要はない。

(2)　催告・解除の意思表示の到達

　(a)　**停止条件付きの解除の有効性**　　明文規定はないが，相手方を不安定な立場に陥れるため，単独行為である解除には条件を付けることはできない。しかし，本問の催告から10日以内に履行がなければ契約解除をする旨の意思表示は，停止条件付きの解除であるが，①特にそれにより相手方（賃借人）を不安定な地位に陥れるものではなく――支払えばよい――，また，催告と解除を別々にする手間を省く実際上の必要があるし，更には解除をほのめかすことで支払への威嚇力が大きくなるという賃貸人側の必要性もあり，このような停止条件付き解除は有効である。

> 【答案作成についてのコメント】停止条件付き解除はできないが，催告期間内の履行がないことを停止条件としてなす解除の意思表示は，相手方を特に不安定な地位に置くものでもなく，また，このような解除が認められるべき実務上の要請があることから有効であることを確認する。加点事由程度の論点である。

　(b)　**到達が認められるか**

　(ア)　**到達主義の採用**　　［設問1］での最大の問題は，催告＋解除の意思表示が賃借人Bに「到達」しているといえるのかという点である。意思表示――催告のような意思の通知にも類推適用される――の効力発生の要件ないし発生時期は「到達」とされているが（97条1項），発信と了知の中間で妥当な解決を図ろうとした**到達主義**の趣旨から，到達の内容は解明されるべきである。この点，既に多

くの判例が積み重ねられている。

　(イ)　**到達をめぐる判例**　会社に対する賃料催告＋賃貸借契約の解除の意思表示の事例につき，「到達とは右会社の代表取締役であった A ないし同人から受領の権限を附与されていた者によって<u>受領され</u>或いは了知されることを要するの<u>謂ではなく</u>，それらの者にとって<u>了知可能の状態におかれたこと</u>を意味するものと解すべく，換言すれば意思表示の書面がそれらの者の<u>いわゆる勢力範囲（支配圏）内におかれること</u>を以て足る」とされている（最判昭 36・4・20 民集 15 巻 4 号 774 頁）。賃貸人の従業員が賃借人たる会社の代表取締役に渡すことを依頼して，たまたま役員室にいた社長の娘に催告書（＋停止条件付き解除の意思表示）を手渡した事例で，会社への「到達」が認められている。

> **【答案作成についてのコメント】**到達の意義を，到達主義の立法趣旨から説き起こして確認しておき，次の本問の事例へのあてはめにつなげる。

　(c)　**「不在配達通知書」の投入と到達**

　　(ア)　**郵便の受領は必須ではない 1 ——同居人による受領拒絶**　「到達」とは意思表示を相手方の了・知・可・能・な・状・況・に置けばよいため，受領が拒絶され配達ができなくても到達は認められる。同居の妻が，本人不在といって郵便物の受領を拒んだ場合に，本人は不在がちであり往々外泊をしたことがあるに過ぎない場合，到達が認められている（大判昭 11・2・14 民集 15 巻 158 頁）。配達（受領）がされていないが，それが相手方の責めに帰すべき事由による場合には配達された（＝到達した）とみなすことを認めているに等しく，改正法 97 条 2 項に明文化された（☞(ウ)**❸**）。

　　(イ)　**郵便の受領は必須ではない 2 ——不在配達通知書の投入（内容の予測可能性＋容易に受領可能性）**　「不在配達通知書」が郵便受けに投入されたが，受取人側が再配達手続をとらず，内容証明郵便が留置期間の経過により返送されたため，遺留分減殺請求（現行の遺留分損害額請求権）がその時効期間内（旧 1042 条）に到達していたのかが問題とされた事例がある。

　　❶　原審判決は到達否定　原審判決は<u>到達を否定した</u>。その理由は，①現実に受領していない以上，本件内容証明郵便に遺留分減殺の意思表示が記載されていることを了知することができたとはいえないこと，②差出人は直接出向いて遺留分減殺の意思表示をするなどの他の方法をとることも可能であること，③相手方が正当な理由なく受領を拒絶したとも認められないことである。

❷ 最高裁は到達肯定　しかし，最高裁は原審判決を破棄し<u>到達を認めた</u>（最判平 10・6・11 民集 52 巻 4 号 1034 頁）。その理由は以下のようである。

①「Y は，不在配達通知書の記載により，A 弁護士から書留郵便（……）が送付されたことを知り」，「本件内容証明郵便の<u>内容が遺留分減殺の意思表示又は少なくともこれを含む遺産分割協議の申入れであることを十分に推知することができた</u>」こと——遺留分について A 弁護士と交渉中であった——，

②「Y は，本件当時，<u>長期間の不在，その他郵便物を受領し得ない客観的状況にあったものではなく</u>，その主張するように仕事で多忙であったとしても，受領の意思があれば，郵便物の受取方法を指定することによって……，<u>さしたる労力，困難を伴うことなく本件内容証明郵便を受領することができた</u>」こと。

ただし，到達時期については確定せず，「<u>遅くとも留置期間が満了した時点でY に到達した</u>」というだけである。

　㈦　**判例及び本問の分析**

❶ 到達は認められる　上記㈤❷判決が②だけでなく①の事情を問題にしていることは注目される。即ち，不在配達通知書が郵便受けに入れられていただけでは足りないのであり，過去の交渉等の経緯からして通知の内容の**推知可能性**まで必要なのである。本問でも，B は地代を数か月滞納しており，賃貸人 A からいよいよ内容証明が来たとなれば，催告・解除の通知であることは「十分に推知」できたのであり，また，②の「郵便物を受領し得ない客観的状況」はなく，到達を認めてよい。

❷ 到達時はいつか　残される問題は，上記㈤❷判決が確定しなかった<u>到達とみなされる時点</u>である。本問では到達をいつとみるかで，解除の効力が生じているかどうか結論が変わってくる。再配達は同日中にも可能であり，不在配達通知書が郵便受けに入れられた時に了知可能性が作られたとみて到達ありと考えてよい。少なくとも翌日（7 月 5 日）には到達を認めるべきである。したがって，初日不算入なので，7 月 4 日の翌日（5 日）から 10 日が起算され，7 月 14 日（5 日を到達日とすると 7 月 15 日）の満了により解除の効力が生じていることになる。

❸ 改正民法の規定　民法改正により 97 条 2 項が新設され，「相手方が正当な理由なく意思表示の通知が到達することを妨げたときは，その通知は，<u>通常到達すべきであった時に到達したものとみなす</u>」と規定されている。B があえ

て再配達手続をとらなかった点につき、この規定の適用を考えることができる。そのため、再配達手続をとるのに必要な期間が経過した時点で、乙建物に到達を認めることができる。(イ)❷の①の要件は明記されていないが、解釈によりこれを要求しても、本件では賃料の支払の催告だとBは容易に推知できた。

2 [設問2]について（配点は25点）

【出題趣旨】 [設問2]は、申込み発信後その到達前に申込者が死亡した場合、申込みの効力はどうなるかを論じてもらう問題である。改正法により問題が解決されたので、その適用だけの問題になった。その上で、売買契約が成立する場合につき、問題文に指摘されているように占有改定の有無、また、危険の移転があるかどうかを検討し、その上で、αへの損害賠償請求もその関連で検討が求められる。

(1) 申込み到達前の表意者の死亡

(a) Bにより申し込まれた契約（和解契約） ［設問1］にみたように、法的にはAB間の賃貸借契約はAにより有効に解除されているといえるが、この点はAB間で「争い」になっている。そして、Bは問題文のように、①解除を認めて乙建物を明け渡すが、②3か月明渡しを猶予してもらう、更に、③乙建物の500万円での売買契約の申込みをしている（債務不履行解除では買取請求権は認められない［借地借家法13条］）。契約としては、①②（＝和解）と③（＝売買）を分けることもできるが、①～③全体として民法上の「和解」（695条）の申込みであると考えることができる。

(b) 申込者の死亡と申込みの効力 申込みは、相手方への到達によりその効力が発生し（97条1項）、申込みの発信後に申込者が死亡してもその効力に影響がないのが原則である（97条3項）。この点、申込みについて特別規定が置かれており、「その相手方が承諾の通知を発するまでにその事実が生じたことを知ったときは、その申込みは、その効力を有しない」ものとされている（526条）。

改正前は、97条1項に対する特則に過ぎず、申込みの効力発生についての規定であり、到達までの申込者の死亡で、到達までに相手方が知った事例についてのみ適用される規定であった。申込みの到達により一旦申込みが効力を生じた以上

は，その後に相手方が申込者の死亡を知っても，申込みの効力は影響がなかった。ところが，改正法は，「相手方が承諾の通知を発するまで」に知った場合にまで適用範囲が拡大され──到達後の死亡にも拡大された──，相手方が申込者の死亡を知った場合には，申込みは「効力を有しない」と規定した。

　このため，Bのなした申込みは，一度到達により効力が生じているが，AがBの死亡を知った時点で失効することになる。

　【答案作成についてのコメント】条文ができたので，Bの本件申込みはBの到達前の死亡により効力を失わず，到達により効力が発生するが，相手方AがBの死亡を知ったことにより失効し，Aの承諾は無効であることを確認すれば足りる。

(2)　AとCとの間の契約の成立

　Bの申込みは，AがBの死亡を知った時点で失効し，Aが申込者たる地位を承継したCになした承諾は無効である。しかし，Aの意思表示は承諾としては無効であるとしても，契約をしようという意思表示であり，新たな契約の申込みと考えることができる。したがって，これに対するCの承諾は有効であり，少なくともAC間で改めてBが申し込んだ通りの内容での契約が締結されている。

　【答案作成についてのコメント】AとCとの間において，Aの承諾により契約は成立しないが，これに対して，Cが改めて承諾することにより，本件手紙の内容通りの契約が成立することを論じるべきである。

(3)　契約内容の確定

　(a)　いかなる契約か　　AとCとの間の契約は，紛争を解決する「和解」契約であるが，その内容は，①甲地の賃貸借契約の解除による終了を認める，②乙建物の500万円での売買，③11月末まで土地建物の明渡しを延ばしてもらい，その間の土地と建物分の賃料を支払うというものである。これらが一体として和解契約の内容になっている。

　問題は，建物の売買の部分であり，12月1日の引渡期日前に，不可抗力により滅失しているが，既に占有改定による引渡しにより危険が移転しており（567条1項），Aは代金の支払を免れないのかということである。占有改定を認めると，Cの売買契約上の引渡義務は履行済みで，その後は賃借人の賃借物返還義務だけになる。

　【答案作成についてのコメント】まず，AとCとの間の契約を確認し，その上で問題提起をする。

(b) **占有改定があるか**　本問で，乙建物につき，CからAへの占有改定が認められるのであろうか。

(ア) **占有改定を肯定すると**

❶ **危険の移転**　建物の売買契約をして，以後，土地建物全体の賃料を支払うという合意であり，建物も賃貸借の対象となりBの占有は間接占有になるので，占有改定による引渡しがされていると考えられる。既に占有改定により，Cの売主としての引渡義務は履行されており，その後の乙建物の使用関係は，賃貸借契約（和解契約の一部としての）——それに必要な限度で甲地も利用できる——の履行関係ということになる。11月末までというのは，売主の引渡期日の合意ではなく，賃貸借契約の期間の定めになる（597条1項）。借地契約は合意解除され，建物とその敷地の賃貸借になるので，このような合意も有効である——建物を敷地利用を認めて賃貸するのも，「建物の賃貸権」（借地借家法1条）である——。そして，占有改定により，危険が買主に移転し（567条1項），Aは代金の支払義務を免れないことになる。

❷ **代償請求権は不要——所有者として損害賠償請求権取得**　AはCに対して500万円の代金の支払義務を負う。他方で，Aは乙建物の所有者なので代償請求権（422条の2）を問題にすることなく，所有者として所有権侵害を理由とするαに対する1000万円の損害賠償請求権を取得することになる。なお，乙建物の賃貸借契約については，建物がなくなったため，616条の2により当然に終了したものと考えられる。

(イ) **占有改定を否定すると**

❶ **売買契約上の引渡義務についての期限の利益の付与**　もし占有改定を否定し，建物の売主としての引渡義務を12月1日まで伸ばして期限の利益を与えたに過ぎないと考えるとどうなるであろうか。そうすると，建物の所有権移転登記がありAが所有者になっているが，400条によりB（相続人C）は売主として善管注意義務により保存をしなければならないことになる。ところが，Cは乙建物でのそば屋の継続を認められ賃料を支払うことになっており，本件和解契約の内容はこの善管注意義務とは抵触する内容になっている。

❷ **乙建物の利用をどう説明するか**　考え方としては，①善管注意義務を定めた400条は任意規定であり，その特約とする，又は，②占有改定を認め賃貸借とする（☞(ア)）かいずれかによる必要がある。①の占有改定を否定する立場

を貫くと，未だ567条1項の引渡しはされていないので，危険は移転していないことになる。Aは代金500万円の支払義務を免れ，Cがaに対する1000万円の損害賠償請求権を取得することになる。しかし，本事例では，占有改定を認めるのが素直な解決のように思われる。

> **【答案作成についてのコメント】**①占有改定の有無については問題文で考えることが求められており，CからAへの占有改定を認めるかどうかで分けて考え，いずれの解決が妥当なのか，aへの損害賠償請求も考慮に入れて検討をすべきである。

3 ［設問3］について（配点は20点）

> **【出題趣旨】** ［設問3］は，「到達」の認否を判断してもらう問題であり，もしAの承諾の通知のBへの到達を否定するとしても，撤回がされていない限りかなりの期間経過後でも申込みは有効のままであり，承諾は可能なのかを論じてもらう問題である。

(1) 契約内容の分析

Bから本件手紙で申し込まれた契約は，①解除を認める一方的譲歩と②売買契約という2つの契約かのようである。しかし，解除が認められれば建物を収去する義務があるのに──債務不履行解除であり建物買取請求権なし（借地借家法13条1項参照）──乙建物を評価額より安いが500万円で買い取ってもらうことは，全体としてAB間における互譲と認められ，和解契約の申込みといえる。

(2) 契約の成立──承諾は到達しているか

AはBの申込みに対して承諾をする内容証明郵便を発信した。ところが，この内容証明郵便は，Bが転居（いわゆる夜逃げ）をしたために配達されず，Aの元に送り返されてきた。

Bは転居しておりもはや乙建物に居住していないので，Aの意思表示を記載して書面がBの勢力範囲（支配圏）内に置かれたとはいえない。そうすると，到達は認められないことになりそうである。居住していて受取りを拒絶したのと，転居とでは，同じく配達ができなかった事例ではあるが，同じ扱いはできない。ただ，通知が来るのを察知して夜逃げした場合には，意図的に到達を妨げた事例と同視する余地はあり，97条2項により到達擬制を認める可能性はある。しかし，本件では，借金の取り立てに苦慮して夜逃げしたものであり，これに該当しないといってよい。

(3) その後の口頭での承諾は有効か──申込みの効力の存続期間

Aは，同年12月20日にBを探し出して口頭で承諾の意思表示をし，用意してきた契約書への署名押印を求めている。契約書の作成は契約の成立要件ではなく（522条2項），申込みが効力を有していれば，口頭での承諾による契約の成立を認めることができそうである。

しかし，相当期間経過しても撤回がない限り申込みは有効と考えるべきではなく，更に取引通念からして承諾が認められるべき相当期間を経過したならば，申込みの撤回なしに申込みは失効すると考えるべきである──商人間ではないので，本事例には商法508条1項は適用されない──。そうすると，その相当期間を経過していると評価できれば，口頭での承諾があったとしてもその効力は認められないことになる。

本問で，Bからの申込みをAが口頭で承諾したのは，Bが申込みをした約5か月後であり，ここまでBを拘束させるのは疑問であるが，他方で，Aが承諾できなかった原因はBの夜逃げにあるので微妙な事例である。未だ承諾が有効と考える余地がある。

4 ［設問4］について（配点は25点）

(1) 契約の分析

AB間で成立した本件和解契約は，①AがBに対して滞納賃料100万円を免除する，②BがAによる解除を認めて甲地を明け渡す，③BがAに対して乙建物（1000万円相当）を無償で譲渡し，Bの収去義務を免せしめるという内容である。

乙建物を無償で譲渡しているが，全体の互譲の一部である。

【答案作成についてのコメント】AB間の本件和解につき，互譲の1つとして乙建物がBからAに譲渡されていることを確認し，乙建物に不具合があり建替えが必要であり，Aの法的保護をどう考えるか問題提起をすべきである。

(2) Aの法的救済について

(a) 錯誤取消し

(ア) **和解では原則として錯誤の主張はできない**　乙建物の譲渡を含めて全体として和解契約だと評価すると，Aは錯誤取消しが問題になる。Aはもし乙建物がそのような状況であると知っていたら，Bによる収去を求めていたはずであり，乙建物の状態を知らなかったため本件和解を締結したのである。乙建物に本件のような不具合がないことが，AB間で当然の前提とされていたのである。

しかし，和解は争いを解決し，紛争を蒸し返さないことを約束する契約であり，錯誤があってもそのリスクを引き受けて紛争を解決しようという合意である。したがって，原則として錯誤の主張は認められない。もはや争わないという合意には，錯誤を争わないという合意が含まれているからである。

(イ) **例外的に錯誤の主張が認められる場合**　しかし，和解の対象として真実と異なるリスクを引き受け錯誤の主張を放棄した部分ではなく，和解の当然の前提としていた部分については，錯誤の要件を充足する限り錯誤取消しの主張を否定する必要はない。大判大6・9・18民録23輯1342頁が，696条は「争の目的と為らざりし事項にして和解の要素を為すものに付き錯誤ありたる場合に適用なきこと明文上疑なく，従て此場合には総則たる民法第95条の規定の適用ある」ものと認めているのは，このような趣旨である。

(ウ) **本件へのあてはめ**

❶ **錯誤取消しが可能**　本件では，乙建物の不具合の有無は争いの対象となっておらずこれを解決することは合意されておらず，不具合がないことは当然の前提となっている。そのため，錯誤の主張は排斥されないが，動機の錯誤（基礎事情の錯誤）である（95条1項2号）。Aは，次男に使用させるという動機をBに示し，またそのことから，使用に耐えるということは黙示的に示しているものと認められる（95条2項）。そうすると，Aは契約から未だ3年しか経過していないので，本件和解契約を取り消すことができる。

❷ **一部取消しに制限すべきである**　しかし，和解契約が全面的に取り

消されると，元の紛争の解決されていない状態に戻ることになる。結論として好ましい解決ではない。そのため，建物の譲渡をめぐる契約部分のみの取消しに限定することが好ましい。Aについては，建物は利益がないので――取壊しまでの使用利益は問題になるが――価格返還は問題にならず，Bについては，代金を受け取っていないが，放棄してもらった滞納賃料100万円分については，全体として対価関係になっており，その返還を義務づけられるということが考えられる。

【答案作成についてのコメント】和解契約では紛争を解決するためにその後に錯誤も争わないことが合意されているが，当然の前提とされ争いの解決の対象としていなかった事項については，錯誤取消しが排斥されないことを確認し，本問はその事例であり，また，動機の表示もあり，Aによる錯誤取消しが可能なことを論じるべきである。

(b)　**担保責任**　　和解も有償契約であることから，559条により担保責任の規定が準用される。①まず，追完請求（559条，562条）については，乙建物の修繕には建替えに匹敵するだけの費用がかかり――2010年築で1000万円の建物なので，新築費用は例えば2000万円――，履行不能（412条の2第1項）といってよい。②代金がないので，代金減額（559条，563条）は性質上認められない。

③損害賠償（559条，564条，415条）については，Bに帰責事由があるとはいえないので認められないのが原則である。しかし，建物の給付に代わる塡補賠償――後発的不能ではなく当初から給付の価値不獲得に対するいわば金銭による代替的履行――については，帰責事由を不要と考えることができる。追完費用と同様の扱いを全面的に認めることになる。④契約解除（559条，564条，542条1項）は，紛争を解決するのが目的であり，乙建物取得だけが目的ではないので，③を認めれば十分であり，認めるべきでない。

【答案作成についてのコメント】559条により和解契約にも担保責任の規定が準用されることを確認し，担保責任のどのような規定が本件和解契約に適用することができるのかを検討すべきである。

1 [設問1] について

(1) 解除の有効性——信頼関係の破壊

　AがBに対して、乙建物の収去、甲地の明渡しを請求できるためには、AB間の賃貸借契約の解除が有効になされていることが必要である。では、本問で、AのBに対する契約解除は有効であろうか。まず、そもそもAに解除権が成立していたのかが問題になる。Bからは信頼関係を破壊しない特段の事情の存在を主張することが考えられる。

　Bは5か月分も賃料の支払を遅滞している。Bに信頼関係を破壊しないと認められる特段の事情はない。したがって、Aには541条本文により契約解除権が成立しており、その行使が認められれば有効な解除となる。

(2) 催告・解除の意思表示の到達

　(a) 停止条件付きの解除　541条の催告には条件は付けられないのが原則である。しかし、期間内に支払わないという停止条件は有効である。債務者が弁済をして解除を避けられ不合理な条件ではないからである。したがって、本問のAによる停止条件付きの解除の意思表示は有効である。

　(b) 到達の意義・有無　では、Aによる停止条件付き解除の意思表示を含んだ催告は、Bに「到達」しているのであろうか。催告が「到達」していれば、10日以内に支払がなければ解除の効力が生じる。「到達」とは相手方を了知可能の状態に置かれれば足りる（97条1項）。

　では、郵便局員が不在配達通知票をBの郵便受けに入れたことは、到達といえるのであろうか。Bは経緯からして催告と停止条件付き解除の通知であることを予見できた。そして、Bは、さしたる労力、困難を伴うことなく本件内容証明郵便を受領できた。それなのにあえて再配達の手続をとっていない。結論として了知可能性があり、到達したものと評価してよい（97条2項）。

　その時期であるが、再配達手続をして再配達を受けるのに必要な期間経過後に到達を認めるべきである。そうすると、これを意図的にしなかったため、7月4日に到達したとみなされると考えるべきである（97条2項）。

(3) 結論　7月4日に催告が到達したものと扱われ、初日不算入で7月5日から10日が過ぎた7月15日の満了により、それまで支払も提供もされなかったことから、解除の効力が生じている。その結果、Aは甲地の明渡しまた乙建物の収去をBに対して請求できる。

2 [設問2] について

(1) 契約は成立しているか

　(a) Bの死亡について　本問では、Cは、Bの申込みにかかる乙建物の売買契約が成立していることを主張し、占有改定により危険が移転しており、乙建物が滅失し

ても代金の支払をAに対して求めることができるものと主張することになる。そのためには、契約が成立していることが必要になるが、申込者Bは、Aの承諾前に死亡しているために、契約の成立をAが争うことが考えられる。

確かに、Bの申込みの意思表示は、Aへの到達によりその効力を生じている（97条1項）。しかし、相手方Aが、承諾する前に申込者Bの死亡を知ったならば、Bの申込みは失効する（526条）。そうすると、AはBの死亡を知っており、その後にAのCに対してなした承諾は無効であり、契約は成立していない。

(b) その後の合意について　　しかし、Aの承諾は無効であるとしても、Cはこれを新たな申込みとして、Cはこれに承諾することが可能である。また、AとCとは、その後に正規に売買契約書を作成しており、そこで、再度AC間で、Bが申し込んだ内容の売買契約が成立していると解される。このAC間の売買契約について、特に無効と認めるべき事情は存在しない。

(2) 乙建物の焼失について

(a) 占有改定について　　AC間での売買契約締結後、乙建物の利用についても賃料を支払うことが約束されている。また、乙建物につき、Aへの所有権移転登記がされている。そのため、所有権は既にAに移転しているものと認められ、占有改定によりCの乙建物の占有は賃借人としての占有になっているものと認められる。

占有改定によってCの売主としての引渡義務は履行され、その後は、賃借人として乙建物を善管注意により保存することを義務づけられているにすぎず、AC間は乙建物についても賃貸借契約関係に移行している。

(b) 代金の支払義務　　占有改定により567条1項の引渡しがされていると考えられる。そのため、所有者危険は既にAに移転しており、その後の不可抗力による乙建物の滅失は買主たるAが危険を負担することになる。よって、AはBに代金500万円を支払わなければならず、CのAに対する、500万円の代金支払請求は認められる。

(c) αへの損害賠償請求権　　乙建物を滅失させたαに対する損害賠償請求について考察するが、乙建物の所有権は既にAに移転し、また、所有権移転登記もされている。したがって、Aは、乙建物の所有者として、αに1,000万円の損害賠償請求ができる。代償請求権（422条の2）を問題にする必要はない。

3 ［設問3］について

(1) 契約の成立

(a) 承諾が到達しているか　　Aは、Bに対する承諾により、Bの提案した内容の契約が成立していることを主張し、その履行請求として所有権移転登記手続を求めることになる。これに対して、Bは承諾の効力を否定し、契約の成立を争うことになる。以下、この点について論じたい。

Aの承諾の通知は、転居先不明で返送されている。配達員がBに提供したが受領を拒まれたのではない。表札も郵便受けも撤去されていたため配達ができなかったの

である。Bはサラ金業者からの取立てを逃れるために夜逃げしており、Aの承諾の意思表示の到達を阻止する意図はない。

　微妙な事例であるが、Aの承諾の意思表示は、Bの了知可能な状況に置かれたとはいえないと解される。よって、AB間で本件手紙の内容どおりの契約が成立したとはいえない。

　(b)　その後のAの口頭での承諾の効力　　ところが、Bからの撤回の意思表示もないまま、AはBを約5か月後に見つけ出して承諾をしている。この承諾は有効であり、AB間に契約が成立しているのであろうか。

　期間を定めない申込みは、撤回しない限りいつまでも有効と考えるべきではない。申込者としては相当期間のみ承諾を受ける趣旨であり、いつまでもその条件での契約を締結する申込みを維持するとは考えていない。いわば黙示的に相当期間経過するまで承諾を受けるつもりであることが表示されている。その期間を超えたら撤回なしに当然に申込みは失効すると考えるべきである。

　本問では、いまだ5か月しか経過しておらず、また、Aが承諾できなかったのはBの夜逃げが原因である。これらの事情を考慮すれば、信義則の観点から考察して、いまだ承諾は可能であり、契約は有効に成立したと考えられる。よって、AのBに対する、売買契約の履行としての、乙建物の所有権移転登記手続請求は認められる。Bは、代金支払との同時履行の抗弁権（533条）を主張できるのみである。

4　［設問4］について
(1)　契約内容の確認
　まず、AB間に成立した契約の内容を確認しておく必要がある。本件和解契約は、乙建物の無償譲渡、滞納賃料100万円の免除、契約の解除を認め争わないこと、甲地を直ちに明け渡すことを内容としている。これらをそれぞれ、贈与、債務免除等の各別の契約と考えるべきではなく、全体として、1つの有償契約たる和解契約と考えるべきであり、売買の規定が準用される（559条）。
(2)　乙建物の不具合に対するAの保護
　(a)　錯誤取消し　　和解（695条）は争いを止める合意であり、争いのある事項につき錯誤の主張をしない合意を含むものと解される。ただし、当然の前提とした事項については錯誤の主張を排斥する合意はされていないと考えてよい。この当然の前提とされた事項についての錯誤は、錯誤の一般の要件を充たす限り取消しが認められる（95条1項）。

　本件和解契約では、乙建物の不具合の有無は争いになっておらず、これがないことは当然の前提である。Aは次男に使用させるつもりであり、このことをBにも告げている。Aは乙建物に本件のような不具合がないから本件和解契約をすることを、黙示的に表示しているといえる。そうすると、Aは本件和解契約を取り消すことができる（95条1項2号、2項）。

　ところが、本件和解契約の取消しを認めると、本件和解前の紛争状態に戻ることに

なる。和解という紛争解決契約の性質上、これは好ましい解決ではない。建物譲渡の部分だけの取消しに制限すべきである（一部取消し）。乙建物の取得の見返りとして放棄された賃料について、その放棄を取り消し、100万円を復活させることができるにすぎないと解すべきである。

(b) **担保責任**　紛争解決の効力を維持しつつ行うAの法的救済について、錯誤取消し以外の方法も検討してみたい。559条により乙建物の不具合には担保責任の規定（562条以下）が準用され、担保責任を主張することが考えられる。

まず、追完請求（559条、562条）は、建替えに匹敵する費用がかかり不能といえる（412条の2第1項）。次に、代金減額（559条、563条）は、代金がないので適用できない。そこで、損害賠償として、Bが保証した内容の建物としての価格の損害賠償請求を認めるべきである（564条、415条1項）。債務不履行による損害賠償責任は、債務者に帰責事由がなければ免責される（415条1項ただし書）。しかし、この履行に代わる損害賠償（建物の価格1,000万円の賠償）については、帰責事由不要と考えるべきである。Bの保護としては、新築建物への建替えに匹敵する費用（1,000万円以上）がかかる修補義務を免責したことで十分である。

それ以外の損害の賠償請求（559条、564条、415条）は、Bに過失がないので認められない（415条1項ただし書）。また、契約解除（559条、564条、542条1項1号）は、(a)で述べたように適切ではなく否定すべきである。

以上

次の文章を読んで、後記の **[設問 1]** から **[設問 4]** までに答えなさい。なお、商法の適用については考えなくてよい。（配点：100 点〔[設問 1]、[設問 2]、[設問 3] 及び [設問 4] の配点は、25：20：25：30〕）

【事実Ⅰ】

1. 絵画の蒐集家Aは、その所有する甲画を売却することを考え、2023 年 4 月、知合いの美術商Bに甲画の販売を委託した。販売委託に際して、50 万円で売却することを依頼して代理権を授与して委任状を交付し、代金の 1 割を報酬として与えることを約束した。

2. そこで、Bは甲画をAから受け取り自分の店舗に陳列するとともに、そのホームページにて甲画を 50 万円で売りに出す旨の広告を出した。その画面には、甲画がA所有でありBが代理人として販売することは記載されていない。

3. 絵画蒐集家CはBのホームページを見て甲画に興味を持ち、Cは直ちにBに電話をして、一度現物を見てみたいと伝えた。Bがその店舗にやってきたCに甲画を見せたところ、Cはこれを気に入り是非とも購入したいと言ってきた。同年 4 月 25 日、ＢＣ間での甲画の 50 万円での売買契約が成立した。ＢはAの代理人であることを示すことなく契約を締結している。

4. ＢＣ間で、代金 50 万円は速やかに指定されたBの銀行口座に振り込むことが約束された。CはBの馴染みの客であり、会社経営者であって信用があり、いつも支払が遅れたことはなかった。そのため、今回もBは代金の支払を受けないままCに甲画を引き渡した。

5. Bは、Aに対してCに甲画が 50 万円で売れたことを伝え、代金が振り込まれたら、挨拶を兼ねて報酬 5 万円を差し引いた残額 45 万円を現金で持参すると伝えた。ところが、Cからは契約締結後 1 週間しても代金の振込みがない。そこで、BはCに電話をかけて確認したが、忙しくて振込みをしている時間がなかったと告げられ、すぐに振り込むと言われた。

6. しかし、Cはその経営している会社の事業がうまくいっておらず、支払う予定であった代金が捻出できない状態にある。そのため、甲画は手元に保持しておりこれを手放したくはないと考えているが、2023年5月を過ぎてもいまだ代金をBの口座に振り込んでいない。

[設問1] 【事実Ⅰ】（1から6まで）を前提として、AがB及びCに対してなしうる法的請求について論じなさい。検討に当たって、Aが、BC間の売買契約の解除により、甲画を取り戻すことについても考慮しなさい。

【事実Ⅱ】

前記【事実Ⅰ】の1と2に続いて、以下の事実があった（前記【事実Ⅰ】の3から6までは存在しなかったものとする。）。

7. 絵画蒐集家Cは、Bのホームページを見て甲画に興味を持ったが、甲画は蒐集家の間ではA所有ということが知られており疑問に思ったため、CはAに電話をしたところ、AからBにその店に置いて販売してもらうことを委託している旨の回答を受けたので、Bと交渉することにした。

8. そこで、Cは、Bにメールを送って、甲画を購入したいので一度現物を見てみたいという連絡をした。2023年4月25日、Bは来店したCに甲画を見せたところ、Cは甲画を非常に気に入り、BC間で甲画の50万円での売買契約が締結された。その際、BはCに対してAの代理人ということは伝えていない。

9. Cは、BからAの口座ではなくBの口座に代金を振り込むよう求められた。同月30日に代金50万円をBの口座に振り込み、これを確認して、Bは甲画をCに配達して、Cはこれを受け取った。ところが、Bは事業資金に事欠く状態にあり、ほぼゼロであった口座に振り込まれた代金については、Bは銀行から全て払戻しを受け、Aに渡さずに行方をくらませてしまった。

10. Cは、売買契約締結後、Bの経営が思わしくないことを知り、Bの同業者からBは事業資金に事欠いておりいつ夜逃げをしてもおかしくないという情報を得た。しかし、Cは、まさか振り込んだ代金をAに渡さずに横領することはないだろうと思って、代金をBの口座に振り込んだのであった。

[設問2] 【事実Ⅰ】の1と2及び【事実Ⅱ】(1、2及び7から10まで)を前提として、AはCに対してどのような法的請求ができるか、論じなさい。

【事実Ⅲ】

前記【事実Ⅰ】及び【事実Ⅱ】(1から10まで)とは別に、以下の事実があった。

11. Aは、2023年5月10日、知合いの美術商Bから、前々から欲しがっていた乙画の所有者Dが乙画を手放すことを考えているという話を聞かされ、高齢のため自分で交渉ができないため、BにDから乙画の500万円での購入を依頼した。

12. Aは、乙画の購入の代理権をBに付与した旨の委任状を作成しこれをBに交付した。この委任状には、500万円での購入の代理権であるという限定は記載されていない。

13. Bは、同月15日、Dに予約を取った上でD宅を訪れ、委任状を見せてAの代理人としてDと乙画の購入について交渉をもった。Dからは、他からも数多く購入の話が来ていることを告げられ、600万円ならば売ってもよいと言われた。そのため、Bは急いで契約をする必要があると考え、Aに確認することなくAを代理して乙画を600万円で購入する契約を締結した。

14. BはDに対して、Aから後日代金の振込みがされるので、振込みを確認してから乙画をAに発送するように求め、Dはこれを了解した。BはこのことをAに伝えたところ、Aは600万円を出してまで乙画を購入するつもりはないと主張し、Dへの代金の入金をしようとしていない。

[設問3] 【事実Ⅲ】(11から14まで)を前提として、DからAまたBに対してなしうる法的主張について、AまたBの反論も踏まえて論じなさい。

【事実Ⅳ】

前記【事実Ⅲ】の11と12に続いて、以下の事実があった(前記【事実Ⅲ】の13と14は存在しなかったものとする。)。

15. Bは、2023年5月15日、Aの委任状を示さずまた代理人としてきたこと

を告げることなく、Dと乙画の購入について交渉し、Dと乙画についての500万円での売買契約を締結した。代金は後日Dの口座に振り込み、振込みがされたことを確認後、BがD宅に乙画の引き取りに行くことが約束された。

16. Bはその経営する骨董品店の事業資金のために多額の借金をしており、債務超過の状態に陥っている。AはDに頼まれて無担保でDに対して500万円を貸しており（以下「本件貸金債権」という。）、既に約束の返済の期日は過ぎているが、その支払を受けていない。

[設問4] 【事実Ⅲ】の11と12及び【事実Ⅳ】（11、12及び15、16）を前提として、DのAに対する500万円の支払請求、また、これに対する、Aによる本件貸金債権を自働債権とする相殺の主張について、これらが認められるか、論じなさい。

○ 言及すべき点及び論点 ○

1 ［設問 1］について
　①顕名がされなかった場合の効果（重要度A）
　②Cによる甲画の所有権の取得
　　ⓐCによる追認（重要度C）
　　ⓑ99条の類推適用（重要度D）
　　ⓒ即時取得（重要度B）
　③Aによる代金債権の取得
　　ⓐAの売買契約の追認による取得（重要度B）
　　ⓑ委任者の権利移転請求権（重要度B）
　④契約解除の可否・要件（重要度C）

2 ［設問 2］について
　①顕名しない場合の例外（重要度B）
　②代理権濫用
　　ⓐ代理権濫用の要件（重要度A）
　　ⓑ相手方は無過失が必要か（重要度B）

3 ［設問 3］について
　①109条の表見代理（重要度B）
　②110条の表見代理（重要度B）
　③無権代理人の責任追及に対する無権代理人による表見代理の援用（重要度A）
　④本人と無権代理人に対する権利の関係（重要度C）

4 ［設問 4］について
　①顕名がない場合の効力（重要度C）
　②代位弁済請求権の位置づけ（重要度B）
　③代位弁済請求権の代位行使（重要度B）
　④三者間相殺——Aによる本件貸金債権を自働債権とする相殺（重要度A）
　⑤顕名がない場合と相手方の追認（重要度B）
　⑥⑤の場合の相殺（重要度D）

解説及び答案作成の指針

1 ［設問 1］について（配点は 25 点）

【出題趣旨】　［設問 1］は，代理権はあるが，代理人により顕名がされなかった場合の法律関係を論じてもらう問題である。即時取得が可能なこと，Aによる代金債権取得の方法として，追認また委任者の受任者に対する権利移転請求権を検討してもらい，更には，BにBC間の売買契約を解除させて甲画を取り戻すことも考えてもらう問題である。

(1)　AからCに対する請求

(a)　AのCに対する所有権に基づく返還請求

　(ア)　誰との間に売買契約が成立するか　　Bは代理権があるものの，Aの代理人であることを顕名しておらず，Cが代理の事実を知り得たといえる特段の事情もないため，<u>BC間にBを売主とする売買契約が成立する</u>（100条本文）。しかし，Bは所有者ではないので，売主としてBからCへの所有権の移転の効果を生じさせることはできない（他人物売買）。では，Aは，所有権に基づいてCに対

して甲画の返還を求めることができるのであろうか。

【答案作成についてのコメント】まず，顕名がされていないので100条本文により，BC 間に売買契約が成立し，他人物売買になることを確認すべきである。

(イ)　**C による所有権取得**　　しかし，A から B への委託に際して販売の代理権を与えている。しかし，B が顕名していないので，代理の効力が発生していない──商法 504 条は検討対象外──。①まず，［設問 4］に述べるように，相手方・・
C・が代理行為であったことを追認して AC 間の売買契約を成立させることが，学説によっては可能である（☞ 4(3)(a)**❷**）。②また，代理権を持つ代理人が本人の名で契約した場合に，越権代理については 110 条の類推適用が認められているので，99 条自体を類推適用して AC 間の契約の成立を認める余地もある。③一番簡単なのは，本件では B が甲画を占有しているため，C による即時取得（192 条）の援用である。C は，甲画の引渡しを受けており，特に過失が認められる状況にもないため，即時取得の主張が認められることになる。

【答案作成についてのコメント】C からは所有権を取得していることを主張するが，その根拠としては，顕名がない点については，C がこれを代理行為として追認する他，一番簡単な解決は即時取得であり，即時取得を論じておけば十分である。①と②は加点事由程度の扱いになる。

(ウ)　**A が B に解除をさせる**　　また，BC 間の売買契約が成立するとしても，A が代金を支払わない C から甲画の取戻しを欲するならば，A は B に対して，BC 間の売買契約を解除して甲画を取り戻すよう指図することが考えられる。B は受任者としてこれに従う義務があり，C との売買契約を解除したならば，A は，B に C から甲画を取り戻して引き渡すよう請求するだけでなく，自ら復帰した所有権に基づいて，C に物権的返還請求権を行使することができる。

【答案作成についてのコメント】この点は見落としやすいが，このような委任契約の履行請求として，B に C との売買契約を解除させて，A が自ら所有権に基づいて返還請求することも考えられることを論ずるべきである。ただ加点事由程度にとどめるかは微妙である。

(b)　**A の C に対する代金支払請求**

(ア)　**追認しても代金債権を取得しえない**　　顕名はないので，BC 間に売買契約が成立し，代金債権は売主である B に帰属する。したがって，A は C に対して代金債権を取得しない。他人物売買を所有者が追認しても，債権関係たる売買契約を自己との間に成立させ代金債権を取得することはできない（最判平 23・10・18 民集 65 巻 7 号 2899 頁［ぶなしめじ**事件判決**]）。なお，顕名がないことの

補完としての追認（☞ 4(3)(a)）は，C のみができ，A による追認は考えられない。

　　(イ)　**委任契約上の権利による解決**　　しかし，受任者の委任契約上の義務として，①B が代金を受け取った場合にこれを引き渡さなければならず（646 条 1 項［ただし，B は報酬分 5 万円を相殺できる］），また，②代金が未払いの段階では代金債権を A に移転させる義務を負う（646 条 2 項［相殺については☞(2)(b)］）。②の履行により，A は C に対する代金債権を取得することになる。また，代金債権の動産売買先取特権（321 条）も随伴性により代金債権とともに A が取得することになる。

> 【答案作成についてのコメント】A が BC 間の売買契約を追認しても代金債権を取得できないこと，しかし，646 条 2 項により代金債権の移転を受けられることを確認すべきである。

(2)　A から B への請求

　　(a)　**B への委任事務処理の履行請求**　　まず，A は B に対して，C から代金を回収して自分に引き渡すよう求めることができる（委任事務処理の履行請求）。B が C からの回収を怠ったならば，委任契約の解除（541 条）ができるが，委任契約を解除しても，BC 間の売買契約には影響はなく代金債権が B に帰属したままである。B の代金債権を取得するためには，A は 646 条 2 項の権利移転請求権を行使しなければならない（☞(b)）。

> 【答案作成についてのコメント】委任事務処理として，B は代金を取り立ててこれを委任者 A に交付する義務を負い，A はその履行を求めることができることを確認する。

　　(b)　**B に対する権利移転請求権**　　また，(1)にも言及したように，A は B に対して，C に対する代金債権の移転を求めることができる。金銭債権同士の対立ではないので（505 条 1 項参照），B は 5 万円の報酬債権を自働債権として相殺をして，5 万円分を差し引いて 45 万円のみの移転を主張することはできない。

　　A が 646 条 2 項の権利行使をして代金債権が A に移転しても，B は依然として委任事務処理を義務づけられ，A の代金債権をその代理人として回収する権限を有し義務を負うことになる。C が代金を支払わない場合，A は契約当事者ではないので契約解除はできない。かといって，B に解除権があるかも疑問である。

> 【答案作成についてのコメント】A は B に対してその自己の名で取得した代金債権の自己への移転を請求できることも，結論だけでよいが確認しておく。恐らくこの点を落とす答案が多いものと思われる。

2 ［設問2］について（配点は20点）

> **【出題趣旨】** ［設問2］は，BはAの代理人であることを顕名していないが，相手方Cは本人A
> に確認をしてBが代理人であることを知っている場合の法律関係，また，代理人が代金を横
> 領する意図で代理行為をしており，いわゆる代理権濫用の問題を論じてもらう問題である。

(1) 代理の効力──顕名はないが相手方が悪意

(a) **代理の効果が発生**　顕名は代理のための絶対的要件ではなく，相手方の
保護のための要件に過ぎない。そのため，相手方が代理の事実を知っていれば顕
名がなくても代理の効力を生じさせてよい。民法も相手方が悪意又は有過失の場
合に99条の効力が生じることを認めている（100条但書）。したがって，本問で
は有効にAC間の売買契約が成立し，Cに対して代金債権を取得するのはAとな
る。

> **【答案作成についてのコメント】** 顕名がなくても，100条但書により代理の効力が生じることを確認す
> る。配点は大きくないが，これを落とすのは代理の基本についての理解をめぐって印象を悪くする。

(b) **代金は支払済み**　Bは，本件委任契約の解釈として，委任事務処理の履
行として代金回収の代理権が与えられていると考えられ，Bは代金の受領権限を
有する。そうすると，CはBに代金を支払っているので，AはCに対して代金の
支払を請求できない。AC間の売買契約は有効なので，Aが甲画の返還をCに請
求することもできない。

> **【答案作成についてのコメント】** しかし，Bは代金受領権限を有すること，そして，CはBに代金を
> 支払っていることから，履行は有効であり，AはCに代金の支払も請求できないことを確認すべき
> である。

(2) 代理権濫用

(a) **問題点**

(ア) **代理権濫用が問題になる**　Bは売買契約を締結する代理権また代金を
受領する代理権を有しており，Cはいずれもの有効性を主張するのに対して，A
はいわゆる代理権濫用を主張して，売買契約また代金支払の無効を主張すること
になる。AはBの**代理権濫用**を主張し，Cに対して甲画の返還を請求することに
なる。また，契約後に悪意又は重過失が認められるようになれば，契約の成立は
否定できないが，代金の受領について，代理権濫用を改めて問題にすることがで
きる。

(イ) **顕名がない事例と代理権濫用**　確かに BC 間に売買契約が成立する事例ならば，B の代理権濫用を問題にする余地はない。しかし，100 条但書が適用される場合には，たとえ B が代金横領の意図で自分の物として処分する意図であったとしても，AC 間に代理の効力が帰属するので，代理権濫用を考えることが許される。

(b) **改正前の議論**　代理権濫用は有権代理であるにもかかわらず，代理行為の効力を否定することについては，特別規定が置かれる改正前には，法的説明に苦慮していた。即ち，①その条文上の根拠づけ，また，②どのような場合に本人保護を認めるかが議論されていた。

ⓐ最判昭 42・4・20 民集 21 巻 3 号 697 頁は——既に代表権についての最判昭 38・9・5 民集 17 巻 8 号 909 頁が先に出されていた——，「代理人が自己または第三者の利益をはかるため権限内の行為をしたときは，相手方が代理人の右意図を知りまたは知ることをうべかりし場合に限り，<u>民法 93 条但書の規定を類推して，本人はその行為につき責に任じない</u>」という処理をしている。ⓑ他方で，信義則による学説もあり，任意代理は，本人がそのように受任者に依頼した帰責事由があるため，第三者に損失を転嫁できるには，第三者の重過失が必要であると考えていた。

(c) **改正法**

(ア) **明文規定を置く——無過失を要件と明記**　改正法は，有権代理なのに効力を否定することに理論的な問題があったため，「代理人が自己又は第三者の利益を図る目的で代理権の範囲内の行為をした場合において，相手方がその目的を知り，又は知ることができたときは，その行為は，<u>代理権を有しない者がした行為とみなす</u>」という明文規定を置いて，問題を解決した（107 条）。C が B の代金横領の意図につき悪意又は有過失であれば，B の代理行為は無権代理と<u>みなされる</u>ため，AC 間に売買契約成立の効力は生じないことになる。

(イ) **無重過失への制限解釈の可能性**　しかし，法定代理もあるので無過失という最低限の基準を設定したに過ぎず，任意代理については事情により，無重過失と制限することは可能であると思われる。実際に，107 条の過失を，任意代理につき無重過失と制限解釈をする学説がある。

①条文通りに無過失を要件とすれば，契約締結後に C は B の横領の可能性を認識したため，B への代金支払を回避するべきであり，107 条が適用され無権代理

になり，Aは代金支払の無効を主張できることになる。②他方で，制限解釈をして，無重過失を要件とするならば，Cには過失はあるかも知れないが，悪意に等しいほどの重過失まであったと言えるのかは微妙である。

　(d)　**本問へのあてはめ**　［設問2］では，Cが売買契約締結時には事情を知らず過失もなく，売買契約は有効であった。その後，CはBの状況を知ったがそのままBの口座に振り込んでいる。重過失の認定は微妙であるが，重過失と認められれば，代金の支払の効力は認められず，AはCに代金の支払を求めることができることになる。もしCが代金を支払わなければ，Aは売買契約を解除して，甲画を取り戻すことができる。

> 【答案作成についてのコメント】代理権濫用という典型論点を論ずることになるが，明文規定ができたのでそれを適用すればよい。ただし，無過失要件については，任意代理に関しては制限解釈をして無重過失と考える余地があるので，この点を論じていれば採点は高得点になる。

3　［設問3］について（配点は25点）

> 【出題趣旨】　［設問3］は，Bは顕名をしてAD間の売買契約を締結しているが，500万円での購入代理権しかないため，600万円での乙画の購入は無権代理（越権代理）になる。この場合に，109条，110条の表見代理，そして，AのBに対する無権代理人の責任追及に対して，Bから表見代理を援用して責任を免れることができるのかという，典型論点だけの問題である。

(1)　DのAに対する請求——代金支払請求

　DからAに対して代金600万円の支払を請求できるためには，Aの追認を得るか（113条1項反対解釈），又は，表見代理の成立が必要になる。Aは追認をしておらず，表見代理を論じることになる。ここでは2つの表見代理の可能性がある。

　(a)　**109条の表見代理——権限の制限のない委任状の交付**　まず，AはBに乙画購入の代理権を500万円での購入に限定しておきながら，その旨を委任状に記載せず，外観からは価格については制限がないかのような表示をしている。比喩的にいうと，価格部分についての白紙委任状と同様の議論をあてはめることが可能になる。白紙委任状は「白紙」なので何も表示が「ない」のではなく，白紙の部分について一切の包括的な権限を付与した表示との信頼が成立する。本問では，価格について限定のない乙画購入の代理権授与の表示をしたと評価され，109条を適用することができる。Dが善意無過失であれば，DはAに対して代金

600万円の支払を請求でき，支払がなければ売買契約を解除して（541条），Aに対して損害賠償を請求することができる（545条4項）。

　(b)　**110条の表見代理**　　また，500万円で乙画を購入する代理権を有するBがこれを超えて600万円で乙画をAの代理人として購入しており，越権代理行為であり，110条の適用が可能になる。110条の「信ずべき正当な理由がある」とは善意無過失と考えられている。本事例では本人の署名のある委任状の所持が代理人らしい権利外観となり，それが容易に偽造であるとわかる杜撰なものであるなどの特段事情のない限り無過失が推定される。

　本人の帰責事由を判例は要求しないが，たとえ要求しても，本問では，あえて委任状に権限の制限を明示しなかった点を帰責事由として認められる。

(2)　**DのBに対する請求──無権代理人の責任追及**

　(a)　**117条の責任**

　　(ア)　**責任のための要件**　　BはAを代理して600万円でDから乙画を購入する代理権はないので，無権代理である（113条1項）。そのため，DがBに対して無権代理人の責任（117条1項）の追及をすることができる。そのためには，Dの善意無過失が原則として必要となるが，本問ではBが無権代理について悪意なので，Dには過失があってもよい（117条2項2号但書）。

　　(イ)　**責任の内容**

　　❶　**履行利益の賠償請求**　　責任の内容は，履行又は損害賠償義務となる。履行請求まで認められていることから，損害賠償の内容については履行利益の賠償請求が可能である。損害賠償請求のためには，DはBに乙画を引き渡す必要はない。結局，収益分を賠償請求できることになる。

　　❷　**履行請求**　　履行請求については，DはBに対して代金600万円の支

払を請求できることになるが，乙画を保持して代金だけ取得できるのは不合理である。結局は履行の選択は，Bとの売買契約の選択を認めるものと考えるべきである。そうすると，Bは代金の支払請求に対して，乙画の引渡しとの同時履行の抗弁権（533条）を主張できることになる。

【答案作成についてのコメント】117条の要件を充たしていることを確認し，その際に，Dに過失があっても117条2項2号但書によりBは責任を免れないことを書くべきである。効果として，損害賠償請求と履行請求とを選択できること，損害賠償請求は履行利益も含まれること，履行請求の場合には乙画を引き渡す必要があり，Bに同時履行の抗弁権が認められることを書くべきである（これは加点事由程度）。

(b) 表見代理の成立は免責事由になるか

　(ｱ)　**問題点**　　DのBに対する117条1項の責任追及に対して，Bからは表見代理の成立が援用される。表見代理の成立によりAD間に有効な売買契約が成立しており，117条1項の無権代理人の責任についての規定は，その適用が排除されると，Bからは主張されることになる。

　(ｲ)　**通説・判例は無権代理人の免責を否定**　　しかし，判例（最判昭62・7・7民集41巻5号1133頁）また学説とも，無権代理人による表見代理の援用を認めない。①まず，表見代理の要件を充たしても，本人の追認がされた場合とは異なり無権代理であることに変わりはない。②また，表見代理の成否は訴訟をしないと分からない微妙な事例が多く，そのような表見代理をめぐる争いを避けたいという相手方の要請がある。③更には，表見代理は外観法理であり，相手方を保護する制度に過ぎず無権代理人を免責するための制度ではない。そして，外観法理を援用するか原則通り無効を容認するかは自由である（利益といえども強制しえない）。ただし，「表見代理の成立が認められ，代理行為の法律効果が本人に及ぶことが裁判上確定された場合には，無権代理人の責任を認める余地がない」と傍論的に述べられている（上記最判昭62・7・7）。

　(ｳ)　**改正法は明記した**　　この点，改正法は表見代理が無権代理人の免責事由にはならないことを示すために，117条1項を微妙に変更した。「代理権を証明したとき，又は本人の追認を得たときを除き……責任を負う」と規定し（表見代理は2項の免責事由にも規定されていない），これ以外には免責を認めないことを明記したのである。したがって，そこに列挙されていない表見代理の要件を充たすということは，免責事由ではないことになる。ただし，上記判例のいう，表見代理を追及してこれが裁判上確定された場合には，列挙はされていないが免責

されるという判旨は，改正法でも先例価値が認められる。

　この結果，DはBに対して117条1項の責任を追及できることになる。

> **【答案作成についてのコメント】**無権代理人から，表見代理の成立を主張して相手方による自己の責任追及を退けることはできないことを論ずるべきである。判例の挙げた実質的な理由を示し，そして，改正117条1項が免責される例外事由を列挙しており，表見代理の成立は掲げられていないことを書くべきである。改正で解決された論点なので，条文まで説明していれば，そうでない答案よりも高い採点になる。

4　［設問4］について（配点は30点）

> **【出題趣旨】**［設問4］は，物品購入の代理で顕名がされなかった事例につき，相手方たる売主Dの，B及びAに対してなしうる法的主張を考えてもらう問題である。BのAに対する代位弁済請求権を，Dが代位行使することを検討し，これに対して，AからDに対する本件貸金債権により相殺ができるのかを検討してもらうことになる。また，顕名がない点について，相手方Dからの追認の可否の検討も求められる。

(1)　顕名がないと代理の効果は生じない──DのBに対する請求

　(a)　**代理効は生じない**　　Aは，BにDからの乙画の購入の代理権を与えているが，本問では，Bは顕名をしないでDから乙画を代理権の範囲内の金額で買い取っている。代理人が顕名をしなかった場合の法律関係については，何度も述べたように100条が規律をしており，代理人を当事者とする契約が締結されものとみなされる（100条本文）。ただし，相手方が代理人として契約をしていることを知っている又は知り得たならば，代理の効果を生じるものとされている（100条但書）。

　(b)　**本問へのあてはめ**　　本問では，DはBに対して代金の支払を請求でき，BはDが代理であることを知っていた又は知り得たことを証明しない限り，請求を拒めない。その後，BはDに代金を支払ったならば，Aに求償でき（650条1項），他方で，受け取った乙画をAに引き渡さなければならず（646条1項），両者は同時履行の関係に立つものと考えられる（533条）。

> **【答案作成についてのコメント】**顕名がないため，BD間の売買契約が成立することを，以下の議論の前提として確認をすべき。なお，問題文冒頭にあるように商法については考えなくてよい。

(2)　DのAに対する請求とAによる相殺1

　(a)　**BのAに対する代位弁済請求権の代位行使**　　顕名がなくBD間に売買契約が成立し，Bは委任事務処理によりDに対して500万円の代金債務を負担して

いる。そのため，Bは，Aに対して，自分のDに対する500万円の債務を代位弁済して自分の債務を免責するよう請求することができる（650条2項）。そして，Bは無資力状態であるため，DはBのAに対するこの代位弁済請求権を代位行使することができる（423条1項）。この場合，そもそもDに支払うことを求める債権であること，また，423条の3により，DはAに対して自分に500万円を支払うよう請求することができる。

> **【答案作成についてのコメント】**まず，①D→Bの500万円の代金債権，②B→AのDに対する500万円の代金の代位弁済請求権が成立し，Bが無資力であるため，Dが②を代位行使して，Aに自分に500万円の代金の支払を請求できることを確認すべきである。

　(b)　**Aによる相殺の主張**　　Dの請求に対して，Aからは，AもDに対して500万円の債権を有しているため，相殺を主張することが考えられる。ところが，AD間には債権債務の対立はなく，相殺適状（505条1項）がない。

　しかし，D→B，B→A，A→Dと循環する支払関係があり，これを三者間相殺で一気に清算することは合理的である。しかも，BのAに対する債権は，Bへの支払請求権ではなく，Dへの代位弁済請求権である。義務の履行として，支払いあう関係がAD間には成立しているのである。ADいずれからも相殺ができて然るべきであり，505条1項の相殺適状を拡大し，505条1項の類推適用が認められるべきである。Aの代位弁済義務は，代位弁済の対象であるBの代金債権が先履行義務なので，Aは乙画の引渡しとの同時履行の抗弁権を主張できず，Dからの相殺は可能である。

> **【答案作成についてのコメント】**AからDに対する相殺については，505条1項の相殺適状はないが，相互に義務として支払いあう関係が認められるため，相殺を認めてよいことを論ずるべきである。現場思考的論点であり，結果の妥当性，理論的根拠づけ，仕上げとしての条文上の説明が，どの程度説明できているかによって採点が大きく変わることになる。答案の採点に大きな差が出やすい論点である。

(3)　DのAに対する請求とAによる相殺2

　(a)　**DはBの行為を代理行為として追認することができるか**　　Bによる顕名がなかったため，100条本文によりBD間の売買契約が成立するが，Aは代理権を与えたのでありAD間の売買契約を成立させて不都合はなく，DもAとの契約を欲するならばその選択を認める必要があり，それにより誰か害される者がいるわけではない。本問でいうと，Dが，後日になって実はBはAの代理人であったことを知り，Dに<u>無資力のBではなくAとの売買契約の選択</u>を認める必要性があ

り，それを認めて誰か害される者がいるわけではなく許容性もある。あとは理論的な根拠づけが残されるだけである。この点，ほとんど議論はないが，学説は分かれる（判例はない）。

❶　**追認否定説**　　無権代理の場合には，代理権の欠缺を本人の追認により補って有権代理とすることができるが，顕名がない場合は代理権がないから代理の効果が生じないのとは異なり，相手方の追認による権限の補完ということは考えられない。そのため，99 条 1 項の要件を充たしていないということを形式的に貫き，相手方 D が代理行為として追認することを認めない学説が多い。

❷　**追認肯定説**　　しかし，上記のように，A に代理効を生じさせて何ら不都合はなく，また，顕名は相手方保護のための要件に過ぎず，相手方からその保護を放棄して，代理の効果を認めて何ら不都合はない。99 条 1 項の代理権と顕名という要件欠缺については，①代理権欠缺は本人による追認が可能であり，これと異なり，②顕名の欠缺については，相手方から本人への効果帰属を承認することを認める学説もある。

> **【答案作成についてのコメント】**顕名がないが，顕名は相手方保護のための要件なので，相手方が本人への効果を事後的に承認することにより 99 条 1 項の効果を生じさせることができるのかを論ずるべきである。これはあまり議論されていない論点なので，多くの者が落としたものと思われる（加点事由にとどめるべきかもしれない）。

(b)　**A による相殺の主張**　　上記❷の D が代理行為として承認（追認）することを認める学説によるならば，D が追認をして AD 間の売買契約を成立することになる。その結果，AD 間に相殺適状が成立し，AD いずれからも相殺ができることになる。

ただし，D の A に対する代金債権に同時履行の抗弁権が付いていれば，抗弁権の付いた債権を自働債権にできないので，相殺はできない。他方，A は抗弁権を放棄して相殺することになるので，相殺をすることに支障はない。ところが，［設問 4］では代金の支払が先履行義務なので，D の A に対する代金債権には，A に同時履行の抗弁権は認められず，D による相殺も可能である。

> **【答案作成についてのコメント】**(a)の問題において D による事後的な承認による顕名の欠缺を補完できるとすると，D の追認により AD 間の売買契約が成立し，AD 間に相殺適状が成立することを確認すれば足りる。同時履行の抗弁権の問題については，代金が先払なので，D からの相殺に支障がないことも言及すべきである。

1 ［設問1］について

(1) AからCへの請求

(a) **所有権に基づく甲画の返還請求**　Aは、所有権に基づいて、Cに対してその占有している甲画の返還を求めることになる（物権的返還請求権）。

(ア) **Cの抗弁1——代理行為の主張**　これに対して、Cは有効に甲画を取得したと主張することになる。Bには甲画の販売代理権はあるが、顕名がないので、AC間に売買契約は成立していない（99条1項）。顕名がないため、BC間の売買契約が締結されたものと扱われる（100条本文）。しかし、Bは代理権を有するが、所有者ではない。

(イ) **Cの抗弁2——即時取得**　この点、Cからは、即時取得（192条）が主張される。Bは、甲画を占有しており、Cは顕名がないのでBが所有者であると信じており、特に疑いを挟むべき事情は存在しない。したがって、Cは事実上無過失と推定され、即時取得の成立が認められる。

(ウ) **Bによる契約の解除**　ところが、Cはいまだ代金を支払っていない。そのため、Bは売買契約を解除することができ（541条）、AはBに解除するよう指示できる。Bはこの指図に従い、BC間の売買契約を解除しなければならない。解除がされれば、Aは復帰した所有権に基づいて、Cに甲画の返還を請求できる。

(b) **代金支払請求**

(ア) **追認による代金債権の取得**　上記のように、BC間に売買契約が成立し、他人物売買になるが、債権契約として有効であり、また、BからCへの所有権移転という物権的効果は生じないが、即時取得によりCは所有権を原始取得できる。他人物売買の場合に、所有者は追認することができるが、これは物権的な効果を補完するだけである。代金債権はBに帰属したままである。

(イ) **権利移転請求権の行使**　他方で、AB間には委任契約があるため、BがCに対して取得した代金債権につき、AはBに対して自分に移転させるよう請求し、これを取得できる（646条2項）。代金債権の動産売買先取特権（321条）も随伴性により移転する。この結果、Aは代金債権の債権者になり、自ら債権回収もできるが、そのままBにAに移転した債権につき代理人として回収をまかせることもできる。

(2) AからBへの請求

AはBに対して、646条2項によりCに対する代金債権の移転を求めることができる。Aは取得した代金債権を行使して、Cへの代金支払請求ができるが、Cが代金を支払わない場合、Aは売主ではないので契約の解除ができない。

また、Cから代金を回収して自己への引渡しを求めることもできる。そして、Cが代金を支払わない場合には、AはBに解除をするよう指図できる。Aは、Bに解除させた後に、甲画を取り戻し、自分に渡すよう請求できる。これらを怠り、Aに損害が生じたならば、AはBに対して債務不履行による損害賠償を請求できる（415条1

項)。

2　［設問2］について
(1)　AC間の売買契約の成立の否定——甲画の返還請求
　Aは、Bによる顕名がないので、AC間の売買契約の成立を否定して、Cに対して所有権に基づいて甲画の返還を求めることが考えられる。

　(a)　**代理行為について**　　しかし、［設問2］もBは顕名をしていないが、CはAに確認して代理人であることを知っていた。そのため、100条ただし書により、代理行為としての効力が認められ、AC間の売買契約が成立する。したがって、Cは、100条ただし書を援用して、Aによる甲画の返還請求を拒むことができる。

　(b)　**代理権濫用**　　代理行為として認められたとしても、Aからは代理権濫用（107条）が主張される。Bは代金を受け取ってこれをAに渡さず横領をする意図で契約をしたからである。この点、107条によりCがBの代理権濫用につき悪意又は有過失ならば、無権代理とみなされる（107条）。しかし、任意代理については、相手方の要件は無重過失と考えるべきである（制限解釈）。本問では、契約締結時にはCは善意であり、重過失も認められず、売買契約の効力が否定されることはない。

　したがって、AはCに対して甲画の返還を請求することはできない。

(2)　弁済の無効——代金の支払請求
　(a)　**Bの代金受領代理権**　　Cは、契約締結後に、Bの経営が危機的状況にあること、資金に窮して受け取った代金をAに渡さない可能性もあったのに、Aの委任を受けていることを知りつつ、そのままBの口座に代金を振り込んでいる。Cは代金債務を履行したといえるためには、受領権限ある者に支払わなければならないが、Bは受領代理権がある。

　(b)　**受領代理権の濫用**　　そのため、CはBに支払ったことにより代金債務の消滅を主張するが、Aはこれに対して、Bの受領代理権について改めて代理権濫用を主張することになる。上記のように、107条の解釈として、過失があっても重過失でなければよいが、本問ではこの点は微妙である。

　Cが重過失と評価されるならば、Aは改めて代金の支払を求めることができ、支払わなければ契約を解除して（541条）、甲画を取り戻すことができる。

3　［設問3］について
(1)　Aに対する請求——表見代理の可能性
　(a)　**無権代理である**　　Aは、Bに500万円での購入の代理権しか付与していないのに、BはAを代理して600万円で乙画をDから購入しているため、無権代理である。Aは追認を拒否しているので、無権代理に確定し、AC間には売買契約は成立せず、DはAに代金の支払を請求できないのが原則である。

　これに対して、Dからは表見代理の成立を主張して、Aに対する代金の支払を求めることが考えられる。

(b)　表見代理について

　　(ア)　109条の表見代理　　Aが作成しBに交付した委任状には、乙画買付けの代理権授与は記載されているが、いくらでの買付けなのかは制限がされていない。そのため、買取価格については、白紙委任状に類似することになる。即ち、買付け金額の制限がない旨の表示と考えられる。よって、Dが善意無過失であれば、109条の表見代理が成立する。委任状があり、Aに確認しなくても、過失とは認められない。

　　(イ)　110条の表見代理　　Bには基本代理権がある。本問の600万円での買付け代理行為は越権代理行為に該当する（110条）。相手方Dの善意無過失が必要になるが、上記のように、BはA作成の委任状を所持しており、特段の事情がない限りDは無過失と認められる。

(2)　Bに対する請求——無権代理人の責任追及

　(a)　表見代理の主張　　DはAに対して、表見代理を主張して代金の支払を請求するのではなく、Bに対して無権代理人の責任（117条）を追及することが考えられる。これに対して、Bからは、上記のように表見代理が成立することを免責事由として主張することが考えられる。しかし、Bからは表見代理の援用はできない。その理由は以下のようである。

　表見代理の要件を充たしても、無権代理であることに変わりはない。表見代理をめぐる争いを避けたいという相手方の要請がある。表見代理は相手方を保護する制度にすぎず無権代理人を免責するための制度ではない。利益といえども強制はされないので、Dが表見代理を援用するかどうかは自由である。更に言えば、117条1項は免責事由を限定し、表見代理の成立はそこには含まれていない。

　(b)　117条の責任の内容　　DはBに117条1項の責任を追及することが可能である。

　履行請求ができることとのバランスからして、損害賠償請求は履行利益の賠償まで認められる。また、履行請求として代金の支払請求ができるが、DがBに対して代金の支払だけ請求でき、乙画は誰にも渡さなくてよいというのは不合理である。要するに、履行を選択する場合には、BD間の売買契約の成立を選択できるということであり、Bは、代金の支払請求に対して、乙画の引渡しとの同時履行の抗弁権（533条）を援用することができる。

4　［設問4］について

(1)　顕名がないと代理の効果は生じない——DのBに対する請求

　［設問4］では、BはAの代理人であることを顕名しておらず、Dが代理行為であることを知り得た特段の事情もなく、BD間に乙画の売買契約が成立する（100条本文）。この結果、DのAに対する代金債権は成立しておらず、DはBにしか代金の支払請求はできない。

(2)　DのAに対する請求とAによる相殺1

　(a)　代位弁済請求権の代位行使　　ところが、BはAに対して650条2項により

Dへの代金の支払を請求できる。Bは無資力なので、Dはこれを代位行使して、Aに対して自己への代金支払を請求できる（423条の3）。

　(b)　**Aからの相殺の主張**　AはDに対して500万円の貸金債権を有している。他方で、上記のように、AはBに対してDへの代位弁済義務を負っている。この結果、AD間で弁済が交差することになる。そのため、DのAに対する直接の債権はないが、相殺適状に準じて、505条1項の類推適用を認めることができる。

　Dによる相殺については、Aに同時履行の抗弁権は認められず代金の支払が先履行であり、これを認めてよい。Aからの相殺が認められるのは当然である。

(3)　**DのAに対する請求とAによる相殺2**

　(a)　**Dによる代理効の承認**　顕名がなくても相手方から代理の効果を認めることができないであろうか。顕名という要件は相手方Dの保護のための要件にすぎないため、相手方Dから代理の効果を追認することを認めるべきである。誰を害するわけではなく、AはBに代理権を付与しており、特に不利益はない。

　(b)　**承認後の法律関係**　Dによる代理の効力の承認がなされれば、AD間の売買契約が成立し、DのAに対する代金債権が成立する。この結果、AD間に相殺適状が成立する（505条1項）。よって、Aからの相殺は可能である。Dからの相殺についても、Aが乙画引渡しとの同時履行の抗弁権を有せず先払なので、相殺を認めることに支障はない。

以上

次の文章を読んで、後記の［**設問1**］から［**設問3**］までに答えなさい。（配点：100点〔［設問1］、［設問2］及び［設問3］の配点は、30：35：35〕）

【事実Ⅰ】

1. Aは東京近郊のα市で不動産建築業を営んでおり、建売住宅の建築用地を探していた。2023年5月、Aは放置されている農地（以下「甲地」という。）を見つけ、その所有者Bに購入の交渉をもちかけた。Bは、甲地を2年前に父親が死亡して相続したもので、父親の死亡により農業をする者がいなくなり放置されているが、3年後には会社を定年退職して農業を行う予定であり、売るつもりはないと述べた。

2. しかし、甲地は急行停車駅に比較的近い良好物件であるため、Aは諦めきれずなんとか甲地を取得できないかと考え、中学時代の同級生でα市の市会議員をしているCに相談した。Cから自分が代わりに交渉することを提案されたので、AはBとの交渉をCにまかせることにした。

3. Cは、Bに対して甲地の近くの雑木林に大規模な産業廃棄物の処理施設の建設計画があり、既にα市から建設許可が出されていると述べて、そうすれば農作物への影響を生じる可能性があることを説明した。しかし、そのような事実はなく、Cの説明は全くのでたらめであった。

4. Bは、Cの説明を真実であると信じて、1週間後の5月25日に、Cに対して甲地のAへの売却を了解する旨を電話で連絡した。Aは、Cから電話によりBから売却の同意を得られたことの報告を受け、自分の事務所で契約締結をするため必要な書類を用意するようにという伝達をCに依頼し、契約締結期日を6月5日と決めた。

5. Bは、契約締結期日の6月5日には会社の仕事で出張が入ってしまったため、大学生の息子Dが自分の代わりに行くことをAに連絡し、Dに自分に代わってAと甲地の売買契約の締結をしてくるように命じて、必要書類及び実印を交付した。既に代金額などはAB間で合意されており、DはAに代わっ

て契約書に代理人として署名押印することだけを依頼されたにすぎない。

6. 6月5日に、DはAの事務所に赴き、Bの代理人である旨を伝えて、Bを代理してAB間の甲地の売買契約を締結した。DはBが【事実Ⅰ】の2から3のような状況で売却を決定したことを知らなかった。<u>AもCが【事実Ⅰ】の2から3のように売却を勧誘していたことを知らなかった</u>。同日、AからBの銀行口座に代金2億円の振込みがなされ、また、甲地のBからAへの所有権移転登記がなされ、引渡しもされた。

7. 売買契約から1か月ほど経過した2023年7月10日に、Bは、市役所に勤める知人と話をしていてCの説明が虚偽のものであることを知った。Bは、Cに騙されたことに気がつき、甲地をなんとかAから取り戻したいと考えている。

[設問1] 【事実Ⅰ】（1から7まで）を前提として、BはAに対して、甲地の所有移転登記の抹消登記手続及び明渡しを求めることを考えているが、これらが認められるかどうか、Aからの反論を踏まえて論じなさい。

【事実Ⅱ】

前記【事実Ⅰ】の1から6までに続いて、以下の事実があった（前記【事実Ⅰ】の7は存在しなかったものとする。）。

8. Aは、甲地を購入後直ちに甲地を数個の土地に分筆登記をし、同年8月に、その1つの街道沿いの土地（以下「甲-1地」という。）をレストランを経営しようとしているEに売却し、Eへの所有権移転登記をした。Eは、【事実Ⅰ】の2から3のような経緯によりBが甲地をAに売却した事実を知らずまた知り得なかった。

9. Aは残りの甲地の部分（以下「甲-2地」という。）について区画に整地して生活用道路を整備完了し、次いで住宅の建築にとりかかろうとしたが、不況によりその資金が調達できず、建物の建築工事ができないまま甲-2地は塩漬けにされている。

10. 他方、売買契約から1年ほど経過した2024年5月に、Bは、市役所に勤める知人と話をしていてCの説明が虚偽であることを知った。Bは、Cに騙

されたことに気がつき、甲地をなんとかAから取り戻し、2年後に迫った定年退職後には甲地で農業を行いたいと考えている。

[設問2] 【事実Ⅰ】の1から6及び【事実Ⅱ】（1から6まで及び8から10まで）を前提として、BのAに対してなしうる法的主張、そしてこれに対するAからの主張について、原状回復をめぐる法律関係を含めて論じなさい。本問については、【事実Ⅰ】の6の下線部を、他方、「Aは、CよりBに虚偽の事実を述べて勧誘したことを聞かされたものの、どうしても甲地を手に入れたかったために、そのままBと売買契約を締結した」と変更して考えなさい。

【事実Ⅲ】

前記【事実Ⅰ】の1に続いて、以下の事実があった（前記【事実1】の2から7まで、及び、前記【事実Ⅱ】の8から10までは存在しなかったものとする。）。

11. 2023年5月、Bは知人の経営する会社γの多額の債務について連帯保証人になっており、主たる債務者γの経営者が債務を残したまま夜逃げをしてしまい、債権者δが甲地を差し押さえる可能性が出てきていた。そのため、Bは、知人のFと通謀し、BからFへの甲地の売買契約を締結したことにして所有権移転登記をすることを合意した。

12. 同年5月28日に、Bは事情を知らない息子Dに、丙司法書士事務所に赴かせ、Bの代理人として、FとBF間の甲との売買契約を締結させた。Dは、Bから決められた内容どおりに契約を締結してくるように言われ、上記11のような事情があることを知らずに、言われたとおりに契約を締結してきた。

13. 同年8月、Bは債権者δに200万円を支払って残りの保証人としての責任を免除してもらった。そのため、BはFに交渉して甲地の所有権移転登記手続を行うよう頼み込んだが、Fはこれに応じない。それどころか、同年9月には、FはGから2,000万円の借金をして甲地に抵当権を設定しその旨の登記をしてしまった（以下Gの債権を「本件貸金債権」という。）。Gは上記11の事情を知らなかった。

14. Gは、抵当権設定登記がされたのを知ったBから抵当権設定登記の抹消

登記手続を求められ、初めて上記 11 の事情を知った。G は B の抹消登記手続の請求に応じない。2024 年 9 月に、G の本件貸金債権の弁済期が到来し、F はその経営する会社が倒産したため、支払をすることなく海外に逃亡してしまい音信不通となった。

15. B は抵当権の実行がされないようにするために、事情を話し知人の H と通謀して甲地を建設機械置場として H に賃貸し、H は自分の会社の土地に置場がいくらでもあるにもかかわらず、甲地にクレーン車等の建設機械を置いている。実際に賃料を支払っているかは不明である。

16. G は、B との紛争があり、また、H により甲地が占有されているため、抵当権の実行もしないまま 2029 年 9 月に至った。このままでは埒が明かないので、G は、2029 年 10 月に、甲地の抵当権を実行することを考えている。これに対して、B は、G に対して抵当権設定登記の抹消登記を求めようと考えている。

[設問 3] 【事実 I】1 及び【事実Ⅲ】（1 及び 11 から 16 まで）を前提として、2029 年 11 月に、B が G に対して、抵当権設定登記の抹消登記手続を求める訴訟を提起したとして、これが認められるかどうか論じなさい。また、G の H に対する法的主張についても論じなさい。

Ⅰ ［設問 1］について
　①勧誘者による詐欺と 96 条 2 項（重要度 A）
　②本人に対する詐欺と 101 条 1 項（重要度 A）
　③錯誤取消し（重要度 C）
　④詐欺取消しと同時履行の抗弁権（重要度 B）

2 ［設問 2］について
　(1) 詐欺取消し・錯誤取消し
　　①不作為による詐欺（重要度 A）
　　②［設問 1］①～③と同様
　(2) 取消しの効果 1
　　①所有権の復帰（重要度 B）
　　②物権的請求権（重要度 C）
　　③代金返還・利息支払義務（重要度 C）
　　④使用利益の返還請求権（重要度 D）

　⑤費用償還請求権（重要度 B）
　⑥同時履行の抗弁権（重要度 B）
　(3) 取消しの効果 2
　　①原状回復請求権（重要度 B）
　　②価格償還請求（重要度 B）
　　③ 708 条の適用（重要度 B）
　　④ A からの相殺の可否（重要度 B）

3 ［設問 3］について
　(1) 通謀虚偽表示
　　① BF 間の通謀虚偽表示（重要度 B）
　　②代理人 D は通謀をしていない（重要度 A）
　　③ 94 条 2 項による G の保護（重要度 B）
　(2) 抵当権設定登記の抹消登記請求
　　①被担保債権の消滅時効（重要度 B）
　　②援用権者（重要度 A）
　　③ B による援用の可否（重要度 A）

解説及び答案作成の指針

1　［設問 1］について（配点は 30 点）

【出題趣旨】　［設問 1］は，契約の勧誘者による詐欺，また，詐欺を代理人ではなく本人が受けた場合に本人に詐欺取消権が認められるのか，また，取消後の原状回復についての同時履行の抗弁権などを検討してもらう問題である。明渡請求と所有権移転登記の抹消登記請求に限定したのは，原状回復の内容は［設問 2］で論じてもらうためである。

(1)　勧誘者たる C の詐欺について

(a)　参考としての代理人による詐欺の議論

(ア)　**第三者の詐欺が問題になる**　本問では，C が B に対して詐欺を行っており，C は契約当事者ではないので「第三者」による詐欺の事例となる。そうすると，96 条 2 項が適用され，相手方 A が，C の詐欺を知っているか又は知り得た場合でない限り，B は詐欺取消しができないのであろうか。しかし，C は A が交渉のために使用した者であり，A が全くその行為についてのリスクを負担する必

要のない第三者ではなく，この点で，代理人の詐欺として議論されている事例と同様である。

　㈑　**代理人による詐欺についての議論**　　改正前の 101 条 1 項は代理人の意思表示についての規定であり，代理人の詐欺（意思表示ではない）によって相手方が意思表示をした事例は念頭には置かれていなかった。また，代理人による詐欺に，「第三者」による詐欺として 96 条 2 項を適用するのは不合理なことは誰の目にも明らかである。この点，96 条 2 項の適用を否定するための説明については，判例と学説とが対立していた。

　❶　**101 条 1 項を適用した判例**　　古い大審院の判決しかないが，判例は 101 条 1 項を適用して，代理人の詐欺を本人の詐欺と同視している（大判明 39・3・31 民録 12 輯 492 頁，大判昭 7・3・5 新聞 3387 号 14 頁）。「101 条に所謂詐欺強迫は，代理人が相手方より之を受けたる場合のみならず，<u>代理人が相手方に対して之を行いたる場合をも包含する</u>」というのである（上記大判昭 7・3・5）。

　❷　**96 条 2 項制限解釈説**　　しかし，学説は，101 条 1 項は「意思表示」を問題にしていることから，代理人が詐欺により「意思表示」をした場合にその適用を限定し，96 条 2 項の「第三者」の制限解釈によればよいと考えている。代理人を 96 条 2 項の「第三者」に含めずその適用が排除されれば，96 条 1 項の原則通り詐欺取消しが可能になる。96 条 2 項の制限解釈であれば，代理人にその適用は限定されないという利点が認められる。

　㈒　**改正法による解決**　　この点，代理行為の瑕疵についての旧 101 条 1 項を，改正法は 1 項と 2 項とに分けた。① 1 項は，<u>代理人が相手方に対してなした意思表示</u>，② 2 項は，<u>相手方が代理人に対してした意思表示</u>についてと，それぞれ規律する事例類型を分けている。代理人による詐欺に 96 条 2 項を適用しない説明として，条文根拠を旧 101 条 1 項に求めていた判例を抹殺することがこの変更では意図されている（「中間試案の補足説明」35 〜 36 頁）。

　① 101 条 1 項を<u>代理人の意思表示</u>の規定とし，ここには詐欺も含め代理人が詐欺を受けた場合を含めるが，②同 2 項を相手方の意思表示の規定とし，そこではあえて詐欺を除外し，代理人が相手方に詐欺を行った場合は 101 条の 1 項，2 項いずれも適用がないことを示そうとしたのである。代理人による詐欺については，96 条 2 項の「第三者」に代理人を含めないという上記❷の制限解釈によることになる。

(b)　**契約の勧誘者による詐欺——あてはめ**　　代理人の詐欺の事例についての結論は，改正前後で変わりがないが，96条2項の「第三者」の制限解釈によることの意義は，代理人の適用除外だけに止まらない点にある。

　96条2項の「第三者」に当事者以外の者をすべて含むと考える必要はない。代理人に限らず，交渉や勧誘という事実行為を他人に行わせた場合には——意思表示を伝えるだけの使者が詐欺をしたのも同様——，本人がそのような者を使うことに伴うリスクとして，その者が詐欺を行うリスクを負担すべきである。そうすると，本問でも，Cは代理人ではなく勧誘ないし交渉をまかされただけの者であるが，Cの行った詐欺は96条2項の「第三者」の詐欺ではなく，96条2項は適用されないことになる。

> **【答案作成についてのコメント】**勧誘を依頼されたCによる詐欺につき，96条2項を適用すべきかについて問題提起すべきである。代理人による詐欺につき，改正法が，101条を1項と2項とに分けて101条による解決を阻止し，96条2項の「第三者」の制限解釈によろうとしたことを指摘し，本問では代理人ではないが，その趣旨があてはまることを論ずるべきである。そして，96条2項の制限解釈によるならば，代理人に限らず勧誘をまかされた本件のCも「第三者」から除外することができることを論じるべきである。

⑵　**本人に対する詐欺について——代理人には詐欺がされていない**

　(a)　**問題点**

　　㋐　**意思表示の瑕疵は代理人を基準に判断する**　　101条1項により，本人が強迫や詐欺を受けなくても，代理人が強迫や詐欺を受けて「意思表示」をしたならば，契約当事者となる本人に96条1項の取消権が認められる。101条1項は，法律行為を行っているのは代理人であり，代理人を基準として法律行為の規律を考える代理人行為説に親和的な規定である。そうすると，本問では，契約締結行為をしている代理人Dは，詐欺を受けていない。詐欺を受けているのは本人Bに過ぎない。

　　㋑　**代理人が本人の指示通りの契約締結をするだけの場合**　　しかし，101条1項は，代理人が契約内容の決定権限を有し，契約内容を決めたことが前提になっている。だから意思決定の瑕疵などを，代理人を基準として判断するのである。ところが，本人が契約内容を決めて，その指図通りの契約締結をするだけの本件のような事例では（いわば表示機関的な代理），契約締結行為は代理人が行うが，契約内容の意思決定は本人によるものである。意思決定の瑕疵が問題になるのは，代理人ではなく本人である。

本問では，Bの詐欺取消権を認めるべきであるが，①代理人行為説との関係での理論的根拠づけ，また，②101条との関係で条文上の根拠づけが論じられるべきである。

(b) 理論的根拠づけ

(ア) 使者に過ぎないか　まず，DはBの使者（表示機関）に過ぎないという構成が考えられる。しかし，内容について裁量権のないコンビニやスーパーの店員なども，使者ではなく代理人である。本問のDは，契約締結を代理人として行っていると考えるのが，常識的理解であると思われる。

(イ) 代理人の行為だけで決定すべきではない　内容決定の権限がなくても代理権であるとすると，全て代理人の決めたものであり代理人を基準にして瑕疵を判断すべきだという代理人行為説は，この場合には制限が必要になる。場合によっては本人が契約内容を決め，代理人はその通りの契約をするだけの場合が考えられる。その場合には，契約内容を決定したのは本人であり，本人の意思決定の瑕疵も法律行為の効力に影響を及ぼすことを認めるべきである。いわゆる**共同行為説**ないし**総合判断説**が提唱されており，この立場によるならば，本人の意思決定によった部分については，瑕疵は本人を基準に判断してよいことになる。

(c) 条文上の根拠づけ　問題は101条1項との関係である。101条1項は，代理人が決定をした事例また事項についてのみ適用されると考えるべきである（制限解釈）。本人の事情を考慮するという点では，101条3項が既に認めているところであり，その類推適用という説明によるべきである。こう考えれば，代理人が詐欺を受けておらず，本人が詐欺を受け本人の指図に従って代理人が法律行為（意思表示）をした事例においても，本人は96条1項に基づいて詐欺取消しが可能になる。この結果，Bは詐欺を理由として本件売買契約を取り消すことができる。

【**答案作成についてのコメント**】101条1項との関係で，代理人ではなく本人が詐欺を受け，本人の指図に基づいて代理人が契約をした場合に本人が取消しをすることができることを，理論的観点から条文上の根拠づけとともに論じるべきである。

(3) BのAに対する法的主張——あてはめをかねて

(a) 詐欺取消し　以上のように，Bは詐欺取消しをして，Aから甲地の明渡し及び所有権移転登記の抹消登記を求めることができる。

(ア) 同時履行の抗弁権　取消しが認められる場合に備えたAからの主張と

しては，代金の返還との同時履行の抗弁権（533 条類推適用）が考えられる。

①　**問題となる義務が 2 つある**　　A の原状回復義務としては，甲地の明渡義務と所有権移転登記の抹消登記義務の 2 つが考えられる。代金返還義務と同時履行の関係に立つ義務が問題になるが，売買契約の履行段階においてはいずれとも同時履行の関係に立つものと考えられている（最判昭 34・6・25 判時 192 号 16 頁）。A は，両義務について同時履行の抗弁権を主張できることになる。

②　**295 条 2 項の趣旨の類推適用をすべきか**　　同時履行の抗弁権も留置権も公平の観点に基づく制度であることから，留置権についての 295 条 2 項を類推適用して，詐欺又は強迫を行った当事者については同時履行の抗弁権を否定する学説がある。判例は詐欺取消しの事例で同時履行の抗弁権を認めているが，それは第三者による詐欺の事例である（最判昭 47・9・7 民集 26 巻 7 号 1327 頁）。本問では，詐欺を行ったのは A 自身ではなく，その使用した交渉者たる C であり，同時履行の抗弁権を認めてよい。

　(イ)　**708 条本文の適用**　　なお，708 条本文を適用して，詐欺を働いた契約当事者については，本問でいうと A については代金返還請求権の行使を認めないということも考えられる。この結論を肯定すれば，代金返還を強制できないので，当然，同時履行の抗弁権も否定されることになる。しかし，何度もいうように，本問では A 自身が詐欺を行っておらず，708 条本文を適用するのは無理である。

【答案作成についてのコメント】B が A に対して，甲地の明渡し及び所有権移転登記の抹消登記を請求できるとしても，同時履行の抗弁権が認められるか，また，更には 708 条本文が適用になるのかが検討されるべきである（後者は落としても痛くない加点事由）。

　(b)　**錯誤取消し**　　B が契約内容をすべて決めているので，B を基準にできるとしても（☞(2)参照），B の錯誤は動機の錯誤（基礎事情誤認型錯誤）である。動機が黙示又は明示に表示されているならば，錯誤取消しが可能であるが（95 条 1 項 2 号，2 項），A は C の詐欺を知らず，B の黙示の動機表示が認められるとしても，その表示をした相手方は A ではなく C である。A は，C に交渉を依頼したため，交渉に際する B の動機表示を受ける権限があるというべきであろうか。ないし，動機表示を C にすれば，A に対する「到達」（了知可能性）が作出させたと考えてよいであろうか。錯誤取消しはできるかどうか微妙である。ただし，詐欺取消しができるので重要な論点ではない。

2 ［設問2］について（配点は35点）

【出題趣旨】　［設問2］では，Aは，Cの詐欺を知ったのにそのまま契約をしたため，A自身に不作為による詐欺が認められ，売主Bによる取消しが可能なのは疑いない。甲–1地については，詐欺について善意無過失のEに既に売却されており，Bはこの部分を取り戻すことができない。そのため，価格返還また詐欺による不法行為と相当因果関係にある損害として不法行為を理由とした損害賠償請求が可能になる。甲–2地については，既にAにより費用がかけられ造成がされている。土地の客観的な価値は上がったといえるが，Bはそこで農業をするつもりであるため費用償還請求ができるのかが問題になる。原状回復について，使用利益，利息，費用償還など，解除と同様の問題があることを論じてもらうことになる。同時履行の抗弁権が問題になることは［設問1］と同じである。

(1) 損害賠償請求権

(a) **不作為による詐欺**　AはCの詐欺による勧誘を知りつつBとの契約を締結している。Cによる詐欺の事実を知った以上は，Aは，Bに対してCの説明が虚偽であることを説明して誤解を正した上で交渉を続けるべき義務が認められる。これを信義則上の義務といってよいが，その義務違反によりBに契約を締結させた行為は不法行為（不作為不法行為）を超えて債務不履行になるのであろうか。

(b) **債務不履行になるか**　最判平23・4・22民集65巻3号1405頁は，信用協同組合が早晩監督官庁から破綻認定を受ける現実的な危険性があり，代表理事らはこのことを十分に認識し得たにもかかわらず，そのことを説明せずに出資を勧誘した説明義務違反の事例である。

(ア) **原審判決**　原審判決は，「契約上の信義則は契約締結前の段階まで遡って支配するに至るとみるべきであるから，本件説明義務違反は，不法行為を構成するのみならず，本件各出資契約上の付随義務違反として債務不履行をも構成する」として，10年（167条1項）の時効を適用し，不法行為による時効の完成を否定した。

(イ) **最高裁判決**　最高裁は，原審判決を破棄し，「契約の一方当事者が，当該契約の締結に先立ち，信義則上の説明義務に違反して，当該契約を締結するか否かに関する判断に影響を及ぼすべき情報を相手方に提供しなかった場合には，

……<u>不法行為による賠償責任を負うことがあるのは格別，当該契約上の債務の不履行による賠償責任を負うことはない</u>」と述べ，不法行為による 3 年の時効の完成を認めて請求を棄却している。

　本問での A の C の説明の間違いを正すべき義務は，信義則上の義務ということができるが，この最高裁判例の論理でいけば，その義務違反により成立するのは不法行為責任（709 条）ということになる。

【答案作成についてのコメント】 A について，C の虚偽の説明を知った以上，B に対してそれが誤りであることを知らせる信義則上の義務があること，その違反については，債務不履行責任ではなく不法行為責任が成立することを論じるべきである。

(2) 原状回復をめぐる法律関係

　(a) 取消原因　　①先にみたように，C の詐欺は第三者の詐欺としての制限は受けず，また，A についても不作為による詐欺が認められる。そのため，B は，詐欺を理由とした取消しができる（96 条 1 項）。②また，B の錯誤については，動機の錯誤であるが，C への表示しかないが，［設問 1］とは異なり A は悪意であるので，錯誤取消しを認めることも考えられる（95 条 1 項）。

【答案作成についてのコメント】 詐欺取消しが可能なこと，また，錯誤取消しも考えられることを，原状回復請求の前置きとして確認をしておく必要がある。

　(b) 原状回復請求権について 1――甲–2 地について　　詐欺も錯誤も取消しの効果は，121 条，121 条の 2 の適用を受ける。

　㋐ B による甲–2 地の所有権に基づく物権的返還請求権　　B は A に対して，取消しにより復帰した所有権に基づいて，甲–2 地の明渡しまた所有権移転登記の抹消登記手続を請求し，更に 545 条 3 項のような規定はないが，契約がなければ B に帰属していた果実や使用利益を金銭に評価して返還することを請求できる（545 条 3 項類推適用）。

　㋑ これに対する A からの主張　　これに対して，A からは以下のような主張がされることが考えられる。

　　❶ A の代金返還請求権との同時履行の抗弁権　　まず，A からは，代金の返還請求がなされ（121 条の 2 第 1 項），代金の返還との同時履行の抗弁権（533 条類推適用）の主張がされる。そのため，［設問 1］と同様に，A による同時履行の抗弁権の主張が，295 条 2 項の趣旨よりして否定されるのかは問題になる。［設問 2］では，A 自身に不作為の詐欺が認められるからである。ただ「不作為」の

詐欺なので，Aにも同時履行の抗弁権を認める解決も考えられ，肯定・否定のいずれの結論が妥当なのかは微妙である。

❷　**Aは代金受領時からの利息を請求できるか**　　AのBに対する代金返還請求権については，原状回復請求権であることから，解除同様に受領時から利息を付けて返還を請求することが考えられる。この点，121条の2には，解除の545条2項のような規定を置かなかったのは，詐欺や強迫の被害者にも適用すべきなのか，制限行為能力者は現存利益の返還だけであり，利息の支払も義務づけられないが（121条の2第3項），同様にすべきなのか解釈にまかせようとしたのである。少なくとも被害者Bは利息の返還義務を免れ，412条3項による遅延損害金の支払義務にとどめるべきである。

❸　**Aは有益費の償還請求ができるか**　　他方で，返還までの固定資産税などの負担は，Bに償還請求ができる（196条1項）。本問で問題なのは，建物を建築するために甲-2地を造成したという点である（196条2項）。相当の工事費用をかけて土地の価値を高めたということができるが，Bは農業をする予定であり，農業のためには宅地にしてもらったのはいい迷惑である。再度土地を畑に戻す必要があり，そのための費用がかかる。しかし，Bが農業を止めた後に相続人が宅地として販売する際には価値上昇が意味を持つ可能性が高い。公平の観点から，相当な金額のみの費用償還請求ができると考えるべきである。

> **【答案作成についてのコメント】**甲-2地については，BはAに対して，明渡しと所有権移転登記の抹消登記請求ができることは当然のこと，返還までの利用利益の返還が問題になること，他方で，Aからは，一方で代金の返還に受領時からの利息を付けての支払請求，造成費用の償還請求がされることを問題提起して論じるべきである。

(c)　原状回復請求権について2──甲-1地部分について

(ア)　価格の損害賠償請求権　　甲-1地は，Aが善意無過失のEに売却したため，Bはこれを取り戻すことができない（96条3項）。①そこで，Aの不作為による詐欺による不法行為と，相当因果関係にある損害として──詐欺で取得した不動産を転売することは普通のこと──，Bは甲-1地の所有権侵害を理由として損害賠償請求ができ（709条），甲-1地の価格を賠償請求することができる。不法行為を理由とする損害賠償請求であるため，催告を要することなく，直ちに遅延損害金の請求ができるが，その起算点はAがEに甲-1地を売却した時点ということになる。

(イ)　**価格返還義務**　　また，Aは甲–1地を返還不能としているため，原状回復義務としてその価格の返還を義務づけられると考えられる。121条の2には，現物返還ができない場合についての規定はないが（この点は545条も同じ），現物の返還により原状回復ができない場合には，価格の返還により原状回復を図るべきだからである。この請求権については，412条3項が適用され，請求があって初めて履行遅滞に陥り遅延損害金を請求できることになる。

　(ウ)　**Aからの相殺の主張**　　Aの代金返還請求有権に対して，Bは上記請求権により相殺が可能である。他方，Aからの相殺については，Aは詐欺を行った者であり509条1号の「悪意」を認めることができ，(ア)を受働債権とする相殺は禁止される（509条1号）。では，(イ)の価格返還請求権に対しては相殺ができ，これにより(ア)の損害賠償請求権も消すことができるのであろうか。しかし，それは適切ではなく，(イ)についても相殺禁止の効力が及ぶと考えるべきである。

【答案作成についてのコメント】甲–1地については，返還不能であり，不法行為による損害賠償請求と詐欺取消しによる価格返還請求とが考えられること，そして，代金返還請求との相殺につき，Aからの相殺は詐欺を行った者なので損害賠償請求権については禁止されるべきなのかなどを論じ，その効果が価格返還請求権にも及ぶのかを論ずるべきである（加点事由）。

3　[設問3] について（配点は35点）

【出題趣旨】　[設問3] は，本人が相手方と通謀して虚偽表示を約束したが，代理人は通謀虚偽表示であることを知らずに契約を締結した場合の契約の効力，次に，94条2項が適用されるとして，第三者Gの抵当権の被担保債権が消滅時効にかかった場合に，Bに援用権またその行使を認めるか，更には，Gの抵当権に基づく不法占有者Hに対する妨害排除請求について論じてもらう問題である。

(1)　101条1項が適用されるのか

　(a)　**101条1項により通謀虚偽表示は否定されるべきか**　　BからFへの甲地の売買契約が，Bの代理人DとFとにより締結されているが，甲地の強制執行を免れるために，BF間では通謀虚偽表示が合意されている。ところが，代理人Dは通謀虚偽表示をしていないのである。

　101条1項により，虚偽表示や心裡留保などの事情も代理人を基準に判断するため，代理人が契約を締結する場合には虚偽表示がなされたかどうかは代理人を基準にして判断することになる。では，Dにより締結されたBF間の甲地の売買契約は，通謀虚偽表示ではなく有効になり，その後のFによる甲地についてのG

のための抵当権の設定は有効になるのであろうか。

(b) **101 条 3 項の趣旨が類推されるべき**

(ア) **94 条 1 項により無効**　この点、[設問 1]で述べたように、101 条 3 項の特則があり、その趣旨を類推適用すべきである。101 条 3 項は、本人が代理人に指図した場合には、本人が悪意であれば代理人が善意でも悪意として扱うという規定であり、確かに虚偽表示は対象としていない。しかし、その本人が契約内容を決定し代理人にその通りの契約締結を指図した場合には、101 条 3 項の趣旨より、BF の虚偽表示の成立が認められるべきである。BF 間の甲地の売買契約は無効となる（94 条 1 項）。

(イ) **708 条との関係**　この場合に、B は強制執行を免脱することを目的としており犯罪になる可能性があり（刑法 96 条の 2［強制執行妨害罪］）、708 条本文が適用になるのではないかという疑問がある。しかし、判例では、708 条本文を適用すると反射的に所有権の帰属が認められてしまい（最大判昭 45・10・21 民集 24 巻 11 号 1560 頁）、債権者が保護されない。犯罪として規制し債権者を保護したのに、逆に債権者が保護されず、給付受領者が不法な利得を享受できてしまうというのは不都合である。本問でも 708 条本文の適用を否定すべきである。

【答案作成についてのコメント】101 条 3 項の趣旨の類推により、本人同士の通謀による通謀虚偽表示が認められ、その内容通りの契約締結が代理人に命ぜられた場合、売買契約は無効になることを確認すべきであり、708 条本文の適用まで言及できればなおよい（加点事由）。

(2) **B の G に対する抵当権設定登記の抹消登記請求——94 条 2 項が適用される**

BF 間の甲地の売買契約が無効（94 条 1 項）であったとしても、虚偽表示の無効は善意の第三者には対抗できないので（94 条 2 項）、F から甲地につき善意で抵当権の設定を受けた G には、B は BF 間の売買契約の無効を対抗できない。

94 条 2 項の「第三者」については善意しか要求されていないが、重過失は悪意と同視されるとしても、広く過失がある場合まで排除すべきかについては議論があり、判例は無過失までは要求しない（大判昭 12・8・10 新聞 4185 号 36 頁）。登記の要否も議論があるが、たとえ必要説に立ったとしても、G は抵当権設定登記を受けているので問題を生じない。

【答案作成についてのコメント】BF 間の売買契約が虚偽表示で無効とされても、抵当権者 G には対抗できず、G は有効に抵当権を取得すること、また、無過失までは 94 条 2 項では要求されないこと（必要説ならば要求されること）を論じる。

(3) 被担保債権の消滅時効の援用——Bによる抵当権設定登記の抹消登記請求

　Gが94条2項により保護されるとしても，Bからは，Gの本件貸金債権が弁済期から5年を経過しているので消滅時効が完成しているとして，抵当権の設定登記の抹消登記請求をすることが考えられる（166条1項1号）。これに対し，Gからは，①Bの援用権の否定，また，②援用権の行使が信義則に反することなどが主張されるものと考えられる。

　(a)　援用権者について

　　(ア)　正当な利益が基準になる　　166条1項は，所定の時効期間を経過すると債権が「消滅する」と規定しているが，判例・学説はいわゆる停止条件説に立脚し，時効完成により「援用権」が成立し，その行使により初めて債権が消滅するものと考えている。そのため，誰が援用権者かが議論され，改正前の判例は「直接の利益」を有する者を援用権者としてきたが，改正法は145条括弧書で，消滅時効につき権利消滅につき「正当な利益を有する者」と明記した。ただし，表現の変更だけであり，従前の判例を変更する趣旨ではない——取得時効については未だ確立した判例があるとまではいえないため，とりあえず消滅時効について規定し，取得時効については解釈にまかせた——。

　　(イ)　Bの援用権　　Bは，GにはBF間の売買契約の無効を対抗できずGの抵当権を否定できないものの，甲地の所有者である。そのため，自己所有物に他人の債務のための抵当権が設定してある物上保証人や第三取得者に準じた者といえる。物上保証人や第三取得者については，時効援用権が認められており——弱い譲渡担保の物上保証人（最判昭42・10・27民集21巻8号2110頁），抵当権の物上保証人（最判昭43・9・26民集22巻9号2002頁），抵当権不動産の第三取得者（最判昭48・12・14民集27巻11号1586頁），仮登記担保不動産の第三取得者（最判昭60・11・26民集39巻7号1701頁）——，Bは本件貸金債権の消滅時効につき正当な利益が認められ，援用権者となる。

> 【答案作成についてのコメント】Bが本件貸金債権の時効消滅を援用し，抵当権の付従性による消滅を主張できないか，援用権者に含まれるかを議論すべきである。145条括弧書が追加されたので，条文としてはこれを引用することが必要である。

　(b)　Bによる援用の可否

　　(ア)　Bの援用は信義則上認めるべきではない　　Bには援用権が認められても，本件で援用を認めるべきなのかは問題である。というのは，債務者Fは海外

に逃亡して連絡が取れず，債権者（抵当権者）Gは本件貸金債権につき，債務者に対する債務承認といった時効の更新措置をとれなかったのである。更に抵当権を実行したくても，Hが妨害工作を働いていて実行ができないのである。そのために，抵当権を実行できる状態になりつつも5年が経過してしまったのである。この場合に，Bに本件貸金債権の時効の援用を認め，Gの抵当権の消滅を認めるのは正義に反する。そのため，BがGの本件貸金債権の消滅時効を援用することは信義則に反して許されないと考えられる。

　　(イ)　Bの援用を否定する条文上の説明　　その説明であるが，145条括弧書が「正当な利益」を援用権者の要件としたため，177条において登記欠缺を主張する「正当な利益」を有しない者を，177条の「第三者」から除外するように，援用権者であることを否定することが考えられる。本件では，Bは時効を援用する「正当な利益」を有しないとして，援用権をそもそも否定すべきである。

> 【答案作成についてのコメント】最後に，Bが被担保債権の時効消滅を援用し，抵当権の付従性による消滅を主張することは，自ら抵当権の実行を妨害し時効を完成させているため，信義則に反することを論ずるべきである。

(4)　抵当権に基づく明渡請求──GのHへの主張

　　(a)　Hは不法占有者か　　こうして，BがGによる本件貸金債権の消滅時効の援用ができず，甲地の抵当権の実行ができるとすると，Gとしては，Bから甲地を借りたことを理由に甲地を占有しているHに対して，甲地の妨害を止めてこれを明け渡すよう請求することが考えられる。

　　まず，Hが不法占有者なのかが問題になる。というのは，Gとの関係ではBF間の売買契約の無効は対抗できず，Fが甲地の所有者になるからである。しかし，94条2項はGの抵当権取得を根拠づける以上の効果はなく，Bは甲地の所有者のままであり，Hに有効に賃貸することができると考えるべきである。また，94条2項の法的構成によっては，BからGへの抵当権設定という物権的効力が認められるのである──Gとの関係でもBが所有者──。

> 【答案作成についてのコメント】94条2項の効果として，Gが所有権を取得する効果が認められるが，それ以上の効果はなくBは所有者としての使用権限を保持し，Hへの賃貸は有効であり，Hは不法占有者とはいえないことを論ずるべきである（加点事由程度の論点）。

　　(b)　代位権の行使（不法占有者）　　確かに抵当不動産の所有者は抵当権者に対して担保目的物の適切維持管理義務を負い，これを設定者が怠る場合には，抵

当権者は債権者代位権に基づいて設定者の妨害排除請求権を代位行使することができる（最大判平11・11・24民集53巻8号1899頁）——改正法でも先例価値が認められる——。ところが，Hは，Bからの賃借人であり適法占有者であり，BはHに対して明渡しを求めることはできず，Gがこれを代位行使するということも考えられないことになる。

【答案作成についてのコメント】Bは所有者だとしても，抵当権を否定できず抵当不動産の適切維持管理義務を負うことを確認し，しかし，Hは有効な賃貸借契約の賃借人であり不法占有者ではないので，代位行使されるBの権利が認められないことを問題提起して，抵当権自体の侵害を問題にして次の議論に移るべきである。

(c) 抵当権に基づく妨害排除請求

(ア) **不法占有者に対する妨害排除請求**　　上記(b)の判決は，傍論として「所有者以外の第三者が抵当不動産を不法占有することにより，抵当不動産の交換価値の実現が妨げられ，抵当権者の優先弁済請求権の行使が困難となるような状態があるときは，抵当権者は，占有者に対し，抵当権に基づく妨害排除請求として，上記状態の排除を求めることができる」ことを認める。ところが，「不法占有することによって」という要件が，本件ではネックになる。HはBから有効に賃借しているからである。

(イ) **有効賃借人に対する妨害排除請求**

❶ **妨害排除請求の可能性あり**　　有効な賃貸借契約がされている場合につき，(b)とは別の判例がある。「抵当権設定登記後に抵当不動産の所有者から占有権原の設定を受けてこれを占有する者についても，①その占有権原の設定に抵当権の実行としての競売手続きを妨害する目的が認められ，②その占有により抵当不動産の交換価値の実現が妨げられて抵当権者の優先弁済請求権の行使が困難となるような状態があるときは，抵当権者は，当該占有者に対し，抵当権に基づく妨害排除請求として，上記状態の排除を求めることができる」という（**最判平17・3・10民集59巻2号356頁**）。本問では，BHの妨害の意図は明確であり，この要件を充たしている。

❷ **適切維持管理義務を負うのはB**　　抵当不動産の適切維持管理義務は，設定契約の効果ではなく抵当権の効果であり，Bは所有者として抵当不動産の適切維持管理義務を免れない。❶の根拠は，「抵当不動産の所有者は，抵当不動産を使用又は収益するに当たり，抵当不動産を適切に維持管理することが予定され

ており，抵当権の実行としての競売手続きを妨害するような占有権原を設定することは許されない」ことである。したがって，本問でもこの論理があてはまることになる。

❸ **G は自己への明渡請求が可能**　請求内容としては，占有権原のない抵当権者が自己への明渡しを請求できるのかが問題になる。

❶の判例は，「抵当不動産の所有者において抵当権に対する侵害が生じないように抵当不動産を適切に維持管理することが期待できない場合には，抵当権者は，占有者に対し，直接自己への抵当不動産の明渡しを求めることができる」という。本問では，B はあくまでも甲地が自己の所有であることを主張しており，今後も妨害を続けることが予想され，この要件を充たしている。したがって，G は H に対して，B に返還するのではなく，自分への明渡しを求めることができる。

【**答案作成についてのコメント**】最後に，Gの抵当権侵害を理由に，抵当権に基づく妨害排除請求を論ずるべきである。その際，Hは不法占有者ではないので，不法占有者を理由とする妨害排除請求は認められないこと，しかし，Bが適切維持管理義務に違反してなした抵当権者に対抗できない賃貸借であること，Bによる適切な管理が期待できない場合には，抵当権者Gは自己への明渡しを請求できないことなどを論じるべきである。

1 ［設問1］について

⑴ Bによる本件売買契約の取消し

Bは、Dを代理人として甲地の売買契約をAと締結させており、無効、取消原因がない限り、甲地を取り戻すことはできない。そこで、Bから主張されることが考えられる無効、取消原因につき、以下検討してみたい。

⒜ Cによる詐欺について

㋐ 第三者の詐欺か まず、Bは、Cが詐欺を働いたことを理由に、詐欺取消し（96条1項）を主張することが考えられる。これに対して、Aからは、第三者の詐欺（96条2項）を主張することが考えられる。

この点、確かにCは契約当事者ではない。しかし、AはCに交渉をまかせることに伴うリスクを引き受けるべきである。そのため、Cは96条2項の「第三者」には含まれず（制限解釈）、96条1項が適用されると考えるべきである。

㋑ 本人に対する詐欺 本問では、本人Bが詐欺を受けているが、代理人Dは詐欺を受けていない。101条1項では詐欺の有無は代理人を基準にするので、そうするとDは詐欺を受けておらず、Bは詐欺取消しができないのであろうか。101条1項が代理人を基準とするのは、代理人が意思決定をすることを前提としているためである。本問のように、本人が意思決定をして、代理人がその内容どおりの契約を締結するにすぎない場合には、本人が意思決定をした部分については、本人を基準にすべきである（101条3項の趣旨の類推）。

以上より、Bは詐欺取消しをして、甲地の所有権移転登記の抹消登記手続また明渡しをAに対して求めることができる。

⒝ Bの錯誤 Bには甲地の近くに産業廃棄物処理場が建設されると思ったから、甲地を売る決意をしたのであり、動機（基礎事情）の錯誤がある。交渉過程で、動機が基礎事情とされていることはBによりCに黙示的に表示されている。確かにCは代理人ではないが、Cへの表示は、Aに「到達」したものと扱ってよい。よって、95条1項、2項の要件を充たしており、Bは錯誤取消しも可能である。

⑵ BのCに対する明渡し及び所有権移転登記の抹消登記手続請求について

Bは取消しにより復帰した所有権に基づいて、表記の請求ができる。他方で、Aも支払った代金の返還を請求できる（121条の2第1項）。AはBの請求に対して、同時履行の抗弁権（533条類推適用）を主張することができる。詐欺取消しではあるが、Aは自ら詐欺をしたものではなく、同時履行の抗弁権を否定すべき事情はない。

2 ［設問2］について

⑴ 不作為による詐欺

［設問2］では、AはCの詐欺に気がついたにもかかわらず、そのままBの錯誤を利用して契約を締結している。Aは、Cの詐欺を知った以上は、信義則上、Bに真実

を説明する義務を負うと考えられる。このような作為義務を負うのに、これをしておらず、これは不作為による詐欺に該当する。

この結果、Bは AB間の甲地の売買につき詐欺取消しができる（96条1項）。また、先にみたように錯誤取消しも可能である。しかし、甲-1地は、既にAが販売済みであり返還不能となっており、価格返還を求めることができる（121条の2第1項）。また、不作為による詐欺は不法行為であり（債務不履行にはならない）、それと相当因果関係にある損害として、その価格を賠償請求することもできる。

(2) Bの原状回復請求権

(a) 原状回復請求権について1——甲-2地について

(ア) **Bによる甲-2地の所有権に基づく物権的返還請求権**　取消しの結果、BはAに対して、取消しにより復帰した所有権に基づいて、甲-2地の明渡しまた所有権移転登記の抹消登記手続を請求できる。また、解除のように規定はされていないが、果実や使用利益の返還請求が可能である（545条3項類推適用）。

(イ) **これに対するAからの主張**　まず、Aからは、代金の返還請求がなされる（121条の2第1項）。そして、代金の返還との同時履行の抗弁権（533条類推適用）の主張がされる。この点、履行の巻き戻しであり原則として認められるが、［設問2］では、A自身に不作為の詐欺が認められるため否定すべきである（295条2項の趣旨類推）。

また、Aは詐欺を働いた者であり、受領時からの利息をBに請求できないと考えるべきである。他方で、Aは返還までの固定資産税などの負担を償還請求できる。この他、AはBに対して、造成工事費用を有益費として償還請求できるであろうか。Bは農業をする予定であるが、Bの相続人には将来利益になる可能性はある。そのため、造成費用の有益費の償還請求は信義則上相当額に限って認められるべきである。

(b) 原状回復請求権について2——甲-1地部分について　甲-1地は返還不能なので、原状回復請求として価格の返還を請求できる（121条の2第1項）。BはAの代金返還請求に対して、価格返還請求権また(1)の損害賠償請求権による相殺を主張できる。他方で、Aからの相殺は問題である。詐欺による損害賠償請求権に対しては、「悪意」による不法行為であり、Aは相殺をもって対抗できない（509条1号）。また、Bが価格返還請求権を選択したとしても、509条1号の禁止の効力がこれにも及ぶと考え、相殺を認めるべきではない。

3　［設問3］について

(1) 101条1項が適用されるのか

Bは、甲地の所有権に基づいて、Gの抵当権設定登記の抹消登記を請求することになる。これに対して、Gは、BからFに売買がなされ、買主Fから抵当権の設定を受けたので、有効に抵当権を取得した旨を主張することになる。

ところが、この点につき、BはBF間の売買契約は通謀虚偽表示で無効（94条1項）であると主張し、これに対して、Gは、代理人Dは通謀虚偽表示をしていないと争

うことになる。

確かに 101 条 1 項により、虚偽表示や心裡留保などの事情も代理人を基準に判断される。しかし、先に説明したように、それは代理人が契約内容の意思決定をするからである。本問では、B が決定したとおりの内容の契約の締結を、B が代理人 D に行わせているにすぎない。101 条 3 項の趣旨より、BF 間の通謀虚偽表示の成立が認められるべきである。

そうすると、BF 間の甲地の売買契約は無効である（94 条 1 項）。708 条本文を適用し、反射的に F に所有権が帰属すると考えるべき特段の事情はない。

(2) B の G に対する抵当権設定登記の抹消登記手続請求

以上のように、BF 間の甲地の売買契約が無効（94 条 1 項）であるが、虚偽表示の無効は善意の第三者には対抗できない（94 条 2 項）。G は善意であり、無過失は問題にならず、甲地につき有効に抵当権を取得する。この結果、B は G に対して、抵当権設定登記の抹消登記手続を請求することはできない。

(3) 被担保債権の消滅時効の援用——BH による抵当権設定登記の抹消登記手続請求

(a) **援用権者について**　G の抵当権の被担保債権である本件貸金債権は、5 年の時効が完成している（166 条 1 項 1 号）。援用権者は、債権の消滅時効につき「正当な利益」を有する者である（145 条括弧書）。B は、G の抵当権の負担を受けている甲地の所有者である。いわば自己所有物に他人の債務のための抵当権が設定してある物上保証人や第三者得者に準じた者である。よって、本件貸金債権の時効を援用し、甲地の抵当権を消滅させる「正当な利益」を有しており、援用権者と解される。

(b) **B による援用の可否**　ところが、B は G の抵当権の実行を妨害工作している。そのため、G が抵当権を実行できず、本件貸金債権の時効が完成したのであり、B の援用は信義則に反する。よって、「正当な利益」は否定されるべきであり、B は本件貸金債権の時効を援用できないと解すべきである。

(4) 抵当権に基づく明渡請求——G の H への主張

(a) **H は不法占有者か**　こうして、G は本件貸金債権また抵当権を有しているため、抵当権を実行する必要がある。ところが、H が甲地を占有しており、これは妨害目的と認められ、G としては H を排除したい。

B は甲地の所有者であり、H は所有者からの適法な賃借人である。そのため、H は不法占有者ではない。

(b) **代位権の行使（不法占有者）**　抵当不動産の所有者は抵当権者に対して担保目的物の適切維持管理義務を負う。そのため、不法占有者がいれば妨害排除をしなければならない。これを所有者が怠る場合には、抵当権者は債権者代位権により妨害排除請求権を代位行使できる（423 条 1 項）。しかし、本問では、上記のように H は不法占有者ではない。

(c) **抵当権に基づく妨害排除請求**

(ア) **不法占有者に対する妨害排除請求**　抵当権者は不法占有者に対して抵当権に基づく妨害排除請求権が認められる。しかし、H は何度もいうように不法占有者で

はない。

　(イ)　**有効賃借人に対する妨害排除請求**　　有効な賃貸借契約がされている場合でも、それが妨害目的でなされた場合には抵当権侵害になる可能性がある。判例によれば、この場合の抵当権侵害が認められるための要件は、①抵当権の実行としての競売手続を妨害する目的が認められ、②その占有により抵当不動産の交換価値の実現が妨げられ、③抵当権者の優先弁済請求権の行使が困難となるような状態があることである。目的不動産を損傷する等、その価値を下げることは必要ではない。

　抵当不動産の所有者が妨害目的で賃貸借をすることは、抵当不動産の適切維持管理義務違反である。この義務は、設定契約の効果ではなく抵当権の効果であり、Bもこの義務を負担する。よって、Gは、Hに対して妨害行為の停止を求めることができる。

　GはHに対して甲地の明渡しを求めることができるが、抵当権には占有権原がなく、所有者Bへの明渡しを請求できるにすぎないのが原則である。ただし、本問ではBによる適切な維持管理が期待できない。そのため、例外として、GはHに対して直接自己への抵当不動産の明渡しを求めることができると解すべきである。

以上

次の文章を読んで、後記の **[設問1]** から **[設問3]** までに答えなさい。（配点：100点〔[設問1]、[設問2]及び[設問3]の配点は、40：30：30〕）

【事実Ⅰ】

1. Aは親から相続した田畑や山林を多数所有しており、山林の一部を開発してαゴルフ場を経営している。Aの同居の息子Bは、ゴルフ場に併設されているAの所有するβ料亭の経営をまかされ、経営に必要な代理権を与えられている。

2. Bは、2023年5月、β料亭に宴会場を増設してカラオケ設備等を設置しようと考え、その資金を獲得するために、Aにその所有する山林の一部を売却することの許可を求めた。Aはその所有の甲山林の売却をBに許して、必要書類と実印を交付した。

3. Bは、山林を老人ホーム建設の用地として買い取りたいと申出を受けたことのあるC社に対して、甲山林を売りたい旨を伝えた。連絡を受けたC社からは、甲山林だけでなく隣接する乙山林をあわせて1億円で買い取りたいという申出があった。その際、甲山林だけでは予定している有料老人ホームの建設には足りないと説明を受けた。

4. Bは、甲乙2つの山林が1億円で売れるとは思ってもいなかった。Bは、Aが日頃から山林なんか持っていてもいいことはないと嘆いていたため、Aを驚かそうと思い、Aの同意を得ることなく、同年5月25日、甲山林だけでなく乙山林もあわせてAの代理人として1億円でC社に売却する契約を締結し、甲山林と乙山林のAC間の売買契約書を作成した。

5. Bは、C社より代金の支払を受け、甲乙両山林についての所有権移転登記手続を行った後、6月5日になり、Aに甲乙両山林が1億円で売れたことを話した。Aはこれを聞いて驚き、Bに「乙山林は売るつもりはない。」とBを怒鳴りつけた。

6. C社は、Bから乙山林の売買については代理権がなかったこと、またAが

追認を拒んでいることを伝えられ当惑している。C社は、甲乙2つの土地の取得を前提とした有料老人ホームの開設を予定しており、ともかくAの翻意を期待して交渉を続けるつもりである。

[設問1(1)] 【事実Ⅰ】（1から6まで）を前提として、その後、C社は、Aの追認拒絶の意思が堅いことを知り、計画を変更して甲山林のみで規模を縮小して有料老人ホームを開設しようと考え、Bに対して、乙山林の代金の返還また計画変更による損害の賠償を求めたとする。これに対してBから出される反論も踏まえて、C社のBに対する請求が認められるかどうか、論じなさい。C社の担当者は、AがBに乙山林についても売却の代理権を与えているものと信じていたが、過失がある事例と過失のない事例とについて考えなさい。

[設問1(2)] 【事実Ⅰ】（1から6まで）を前提として、C社は、甲乙両山林がなければ予定している有料老人ホームの建設はできないことから、甲乙両山林をAに返還して代金全額の返還を受けようと考えているとして、それを根拠づける法的主張を論じなさい。その際、甲乙両山林の売買契約を2つの契約と構成するか、2つの山林を対象とする1つの契約と構成するかで解決が変わってくるのかも検討しなさい。本問については、C社の担当者は、AがBに乙山林についても売却の代理権を与えているものと信じることに、Aに確認をしなかった過失があるものとして考えなさい。

【事実Ⅱ】

前記【事実Ⅰ】の1から6までに続いて、以下の事実があった。

7. 2023年6月20日、Aはゴルフ場に行くために自動車を運転していたところ、交差点で、反対車線の右折しようとするトラックに気がつくのが遅れ、これと接触して制御を失い電柱に激突し車が大破してしまい、Aは病院に緊急搬送された。
8. Aは意識不明の重体の状態が続き、病院の懸命の手当もむなしく、同月25日に死亡した。Aの相続人は、妻Dと子Bの2人がいるだけである。C

社は、改めてＢＤと乙山林の取得について交渉をする予定である。Ｄは乙山
林をこのまま売却して、代金を保持することを考えている。

[**設問2**]　【事実Ⅰ】及び【事実Ⅱ】（1から8まで）を前提として、Ｃ社のＤ
及びＢに対してなしうる法的主張について論じなさい。本問については、Ｃ
社の担当者は、ＡがＢに乙山林についても売却の代理権を与えているものと
信じることに、Ａに確認をしなかった過失があるものとして考えなさい。

【事実Ⅲ】

前記【事実Ⅰ】（1から6まで）に続いて、以下の事実があった（前記【事
実Ⅱ】の7と8は存在しなかったものとする。）。

9.　その後、ＢはＡと不仲になり、β料亭の経営からも外されてしまった。Ｂ
は働き先が見つからず、毎日夜な夜な飲み屋で酒を飲み酔っ払って車で帰宅
する日々が続き、2023年6月30日、飲酒運転により事故を起こし即死して
しまった。Ｂは未婚であり子供もおらず、両親である父親Ａと母親Ｄとが相
続人である。

10.　Ａは自分が厳しく言いすぎたためにＢが事故で死亡したのではないかと
自責の念にかられ、ゴルフ場の経営も赤字が続いていたこともあり次第にう
つ病になり、同年8月10日、自宅の離れで首つり自殺をした。Ａの相続人
は妻のＤだけである。

[**設問3**]　【事実Ⅰ】及び【事実Ⅲ】（1から6まで及び9、10）を前提として、
Ｃ社のＤに対してなしうる法的主張について論じなさい。本問については、
Ｄは乙山林を手放すつもりはなく、また、Ｃ社の担当者は、ＡがＢに乙山林
についても売却の代理権を与えているものと信じることに、Ａに確認をしな
かった過失があるものとして考えなさい。

○ 言及すべき点及び論点 ○

1 [設問1(1)] について
　①117条1項の責任
　　ⓐ表見代理の抗弁の認否（重要度A）
　　ⓑ相手方に過失があってもよいか（重要度C）
　　ⓒ過失相殺（重要度C）
　②117条1項の責任と709条（重要度C）
　③悪意の無権代理人と過失のある相手方（重要度D）

2 [設問1(2)] について
　(1)　契約を2つと考えると
　　①甲山林の売買につき錯誤取消し（重要度A）
　　②複合契約論の認否（重要度A）
　(2)　契約を1つと考えると
　　①全部無効になるか（重要度B）

3 [設問2] について
　①本人を無権代理人が相続したらどうなるか（重要度A）
　　ⓐ当然有効となる法的説明（重要度B）
　　ⓑ相手方に過失があったら（重要度B）
　②本人を無権代理人が共同相続したら（重要度A）
　③Aが既に追認拒絶をしている点の評価（重要度B）

4 [設問3] について
　①本人による無権代理人の相続（重要度B）
　②無権代理人相続後に本人を相続した場合（重要度A）
　③Aが既に追認拒絶をしている点の評価（重要度B）

解説及び答案作成の指針

1　[設問1(1)] について（[設問1] の配点は40点）

【出題趣旨】　[設問1(1)] は，無権代理人の責任を議論してもらう問題である。C社による無権代理人Bに対する責任追及に対して，Bが表見代理を免責として主張しうるのか，C社に過失があっても責任追及ができるのかを検討してもらうことになる。

(1)　問題点の確認

　甲山林の売買契約は有権代理であるが，乙山林の売買契約は無権代理である。そのため，C社は，甲山林は取得できるが，本人Aが乙山林については追認を拒絶している。確かに追認拒絶は正式にAからC社に伝えられていないが，C社がBより聞いて追認拒絶の事実を知っているため，追認拒絶の効力が生じている（113条2項但書）。その結果，乙山林の売買は，無権代理として無効に確定することになる。

　問題文ではC社側の過失の有無を分けて考えることが求められており，表見代

理が過失がある場合には認められないが，過失がない場合には認められる。

　C社側は，表見代理を争うことを避け，乙山林の取得を断念した。その場合，［設問1］(2)のように甲山林の売買契約もあわせて反故にすることも考えられるが，［設問1］(1)では，甲山林だけで有料老人ホームの開業を計画し，生じた損害（それが何かは問題になる）の賠償を請求することを検討することが求められている。その法的根拠，Bからの反論を検討することが必要になる。

> 【答案作成についてのコメント】まずは冒頭において，C社は，Aが追認拒絶をしているため，表見代理の紛争を避けて，乙山林の取得を諦め，甲山林だけの取得とすることを選択でき，その場合にBへの損害賠償請求が問題になることを確認すべきである。

(2)　C社の法的主張

　C社からは，709条の不法行為による損害賠償請求も考えられるが，履行利益の賠償まで認められるのかは微妙である。他方で，117条1項によれば，履行自体は期待できないので選択しても無意味であるが，履行を選択できることから，損害賠償を選択すれば履行利益の賠償まで請求できることになる。ただし，本件での履行利益は，有料老人ホームの規模が縮小されたために得られない利益の塡補になろうが，長期にわたって運用される有料老人ホームにつき，収益期間などをどう算定すべきなのか不明であり，民事訴訟法248条により判断してもらうしかない。

　なお，117条1項の責任が不法行為の性質を有するものであるため——履行を選択して履行不能による塡補賠償は債務不履行になることとのバランスは問題になるが——，消滅時効は724条により，また，不法行為時からの遅延損害金の賠償請求が考えられる。しかし，判例は，総則の一般の時効規定を適用している（最判昭32・12・5新聞83＝84号16頁）。3年（724条1号）ではなく，5年（166条1項1号）の時効によることになる。

> 【答案作成についてのコメント】C社側の有過失の点はひとまず措いて，C社がBに対して損害賠償請求をする法的構成について，その内容もあわせて問題提起をすべきである。時効期間に言及すれば若干の加点がもらえるかもしれない。

(3)　Bから出される反論

(a)　表見代理の成立の抗弁

　C社からBに対する117条1項の責任追及に対しては，Bから，① 110条の表見代理が成立するので，「追認」があった場合に準じて——「追認」の拡大ないし類推適用——無権代理人の責任を否定する，また，

②表見代理が成立して C 社は乙山林を取得できるため，無権代理人の責任が成立するとしても「損害」がない，といった主張が出されることが考えられる。

　　(ア)　選択を認めるのが通説・判例　　判例・通説は，表見代理の要件が充足されていても，無権代理人は 117 条の責任を免れないと考えている（最判昭 62・7・7 民集 41 巻 5 号 1133 頁［表見代理と無権代理人の責任の「両者は，互いに<u>独立した制度である</u>」と述べる]）。

　　ⓐその理由は，「利益といえども強制しえない」という民法の書かれざる原則（根本原理である私的自治の原則の派生原理）の適用により，<u>相手方 C 社が表見代理の保護を選択するか否かはその自由にまかせるべきこと</u>，ⓑ<u>表見代理の場合も無権代理であって追認により事後的に有権代理になる場合と異なる</u>，ⓒ<u>表見代理は相手方を保護するための制度であって，無権代理人を免責するための制度ではなく</u>，相手方が表見代理を選択したら無権代理人が免責されるのは<u>事実上のないし反射的な利益に過ぎない</u>こと，ⓓ実際上の要請として，表見代理が認められるかどうかは訴訟をしてみなければ分からず，このようなリスクを回避する実際上の必要性があることである。

【答案作成についてのコメント】117 条 1 項の責任に対して，無権代理人が表見代理の成立を主張してその責任を免れることができないことの実質的理由をまず確認すべきである。典型論点なので，これらの理由は多くの答案でほぼ書かれ，採点に差はつかないと思われる。

　　(イ)　改正法による明文化　　この点，改正法は表見代理が無権代理人の免責事由にはならないことを明記した。117 条 1 項が微妙に変更されている点は，このことを明らかにするためである。「代理権を証明をしたとき，又は本人の追認を得たときを除き……責任を負う」と規定し（表見代理は 2 項の免責事由にも規定されていない），これ以外には免責を認めないことを明記したのである。したがって，そこに列挙されていない表見代理の要件を充たすということは，免責事由ではないことになる。ただし，上記判例のいうように，表見代理を追及してこれが裁判上確定された場合には，有権代理と同じ扱いを受ける（本問に関係なし）。

【答案作成についてのコメント】次に，改正法では，117 条 1 項にこの点を意識した改正がなされており，条文上の根拠づけも付け加わったことを指摘すべきである。この点は落とす答案が出ることが考えられ，ここで採点には差が出ると思われる。

(b)　有過失の主張
　　(ア)　改正前の重過失への制限解釈（否定）　　Ｂからは，C 社は過失があるの

で，117条1項の責任追及ができないという主張がされることが考えられる。この点，改正前は，相手方につき善意無過失が要件とされていた。そのため，善意無重過失と制限解釈すべきであるという主張もされたが，判例により退けられている（最判昭62・7・7民集41巻5号1133頁）。この点は，117条1項2号が定められたため，代理人が善意の場合にのみ問題になるに過ぎない。本問では，117条2項2号本文の制限解釈を問題にする必要はなく，次述の但書を直截に適用すればよい。

　(イ)　**過失があっても無権代理人が悪意であれば免責されない（改正法）**
更には，改正法により，117条2項は，善意無過失という要件に制限がなされ，無権代理人が代理権の不存在について悪意である場合には，相手方に過失があってもよいことが明記された（117条2項2号但書）。即ち，代理人の悪意を証明できれば，相手方は過失があっても無権代理人の責任を追及できるのである。本問では，Bは悪意であり，C社は善意であるため過失があっても，Bの117条1項の責任を追及できることになる。

　【答案作成についてのコメント】C社が善意ではあるが過失がある点について問題とし，117条2項2号但書により無権代理人Bが悪意であるため免責が否定されることを論ずればよい。(ア)の点については改正法では，代理人悪意の場合には言及の必要はなく，加点事由にもならない（本事例では）。

　(c)　**過失相殺の主張**　C社側に過失があっても責任追及ができることになったため，損害賠償請求ができるとしても，722条2項により過失相殺の主張が更に出されることが考えられる。悪意でも詐欺のような場合には，騙された被害者に過失があろうと過失相殺は適切ではない。また，履行を選択した場合には，損害賠償請求とは異なり過失相殺はできないこととのバランスの考慮も必要である。本問では，作為による詐欺のような悪質性はないが，過失相殺は否定されてかまわないと思われる。

　【答案作成についてのコメント】C社に過失があった場合についても損害賠償請求ができることから，過失相殺が認められるべきかどうかも言及することが好ましい。

2　[設問1(2)]について（[設問1]の配点は40点）

　【出題趣旨】[設問1(2)]は，甲乙両地の売買契約で乙地だけが無権代理の事例であるが，全部取得できなければ購入の目的であった計画の老人ホーム建設ができない。そのため，C社としては甲山林の売買も反故にしたいが，契約を2つと構成する場合と，1つと構成する場

> 合とにつき，C 社のなしうる法的主張について検討してもらう問題である。

(1) 問題点

(a) 乙山林の売買契約は無権代理無効　　乙山林については，本人 A が追認拒絶をし，これを C 社が知ったため無権代理無効に確定しており（113 条 2 項但書），C 社は甲山林だけでは契約をした目的を達し得ない。2 つの山林がそろわなければ，計画している有料老人ホームの建設ができないのである。そのため，C 社としては，甲山林の売買もなかったことにしたいのであるが，その主張をどう法的に根拠づけるのかが問題である。

(b) 複数の目的物を対象とする売買契約の個数　　スーパーで商品を複数購入しても 1 つの売買契約であり，目的物が複数あるに過ぎない。しかも，本問では 2 つの土地を取得して初めて達しうるという不可分的目的によって契約をしているのである。登記の都合上，契約書を別々に作成しても契約は 1 つと考えることが可能である。しかし，いずれか必ずしも確言できないため，2 つの構成について検討してもらおうとしたのが本問の趣旨である。構成は異なっても，同一の結論が実現できることが必要である。

【答案作成についてのコメント】まず，簡単に問題提起をすべきである。

(2) 契約を 1 つとした解決──一部無効の法理

(a) 全部無効が原則か　　2 つの目的物からなる 1 つの売買契約であるとすると，その 1 つの目的物につき無権代理無効の原因がある場合に，その部分の一部無効なのか，それとも契約全部が無効になるのかということが問題になる。いわゆる**一部無効**の問題である。契約の一部に無効原因がある場合についての立法は分かれる。

ドイツ民法 139 条は，法律行為全部が無効になるという全部無効の原則を採用し，例外としてその無効な部分がなくても法律行為をしたと思われる場合はこの限りでないとする（その部分限りの一部無効になる）。

(b) 一部無効を原則とするのが妥当──全部無効になるための要件　　これに対して，スイス債務法 139 条は，その瑕疵が契約の一部にのみかかわる場合には，無効の部分がなかったならば契約は締結されなかったと推定されない限り（そのような特別事情がない限り），その部分のみ無効となると規定する。

日本では，かつて(a)と同様の解決を提案する学説もあったが，現在は，上記を立法として是として，これと同様の解決を考えるのが通説である（できる限りなされた契約の効力を維持しようという「**契約尊重の原則**」に適合する）。しかし，本問にあてはめると，全部そろわないと契約をした目的を達し得ない特別事情があり，そのことをC社はBに表示している。そのため，例外的に全部無効が認められる事例と考えられる。

> 【**答案作成についてのコメント**】1つの契約と認定できる場合に，一部無効に限定すべきかどうかについて問題提起をし，一部無効が「契約尊重の原則」の観点からは好ましく，全部無効と認められるための要件につき相手方の事情との調整についても考えながら論じるべきである。

(3)　契約を2つとした処理——複合契約の法理

(a)　錯誤取消し

　まず，甲山林の売買契約について，あわせて取得を考えている乙山林も取得できると思っているから購入したという動機の錯誤（基礎事情の錯誤）があり（95条1項2号），錯誤取消しを主張することが考えられる。この動機は，C社により代理人Bに対して表示されており（95条2項），また錯誤の重大性の要件も充たしている（95条1項柱書）。また，その原因は，Bの無権代理にあり，Aが負担すべきリスクであるため，結果の妥当性からいっても，C社からの錯誤取消しは認められるべきである。

> 【**答案作成についてのコメント**】まず，1つの売買契約との構成について，甲山林を，乙山林と一緒だから取得するという動機の表示があり，乙山林について無権代理とは知らなかったこと，Bの無権代理行為はAの負担すべき危険であることなどから，C社による甲山林部分について錯誤取消しを認めることを論じるべきである。

(b)　参考までの契約解除における複合契約論

(ア)　解除の効力の他の契約への拡大

　❶　**複合契約論について**　　いわゆる**複合契約論**については，契約解除においてこれを認めた判例がある（最判平8・11・12民集51巻3号1609頁）。リゾートマンションの売買契約と併設される予定のスポーツ施設の会員契約とにつき，スポーツ施設が完成せずに放置され，後者だけ債務不履行になっている事例で，契約全部の解除が認められている。この判例は，「それらの目的とするところが相互に密接に関連付けられていて，社会通念上，甲契約又は乙契約のいずれかが履行されるだけでは契約を締結した目的が全体としては達成されないと認められる場合には，甲契約上の債務の不履行を理由に，その債権者が法定解除権の

行使として甲契約とあわせて乙契約をも解除することができる」という一般論を述べる。契約が複数でも不可分的に1つの「目的」が考えられている場合――これも単なる主観では足りない――，不履行のない部分も含めて契約全部を解除できるというのである。

　　❷　**従たる契約論**　　なお，従たる契約論では，複数の契約に前提ないし行為基礎となる関係がある場合，例えば宝石の原石の購入とそのカットの依頼は，売買契約が無効ならばカットの依頼も無効になる。しかし，本問は従たる契約を問題にはできる事例ではない。

　　(イ)　**契約解除以外への拡大は可能か**　　あくまでも上記❶の判旨は「契約の目的」を問題にできる解除についてのものであり，解除に限定されるものと考えるべきか，それとも無効，取消しにも拡大できる法理と考えるべきであろうか。解除以外への適用を肯定すれば――甲乙両山林を取得しないと契約した目的を達成しえないという点は共通する――，2つの契約であるが，無権代理により甲山林の売買契約部分も無効になり，また115条によりC社は甲山林及び乙山林の両契約ともに取消しができることになる。

　　ただし，複合契約論が適用されるためには，取引の安全への考慮から，不可分的な1つの目的を有することについて，C社の主観に止まらずA側が知り得たことが必要と考えるべきである。結局，契約を1つとしても2つとしても，全部無効とできるための要件は変わることなく，契約の個数論は大きな意味は有しないことになる。

> 【答案作成についてのコメント】解除について複合契約の議論があり，それが無権代理無効や無権代理取消しにも拡大できるかを議論すべきである。個数を1つとするか2つとするかで，法的処理が変わらないように扱うことが好ましい。その点の検討をしてもらうのが本問の意図である。

3　[設問2] について　（配点は30点）

> 【出題趣旨】　[設問2] は，**無権代理と相続**という典型論点を扱う問題であり，本人が死亡し無権代理人が相続した事例であるが，共同相続の事例という応用問題である。C社側に過失ある事例にしたのは，表見代理を議論しなくてよくするためである。

(1)　無権代理と相続についての判例の基本姿勢

　　無権代理により契約がなされた後に，本人が無権代理人を相続したとき，又は

無権代理人が本人を相続したときの相手方との法律関係をめぐっては，いわゆる**無権代理と相続**の問題として議論がなされている。

　判例には，資格融合説に依拠する判決もあるが，近時の判例の傾向としてはいわゆる信義則説によっていると評価できる（学説には資格併存を貫徹する主張も有力）。追認拒絶をすることが信義則に反するか否かという基準から判断し，信義則に反する場合には追認拒絶を主張できず追認があったと同じ効果を認める解決である。この基準によると，本人が無権代理人を相続するか，無権代理人が本人を相続するかで，以下のように結論が大きく異なってくる。

　(a)　**無権代理人による本人の単独相続**　　無権代理人が本人を相続した事例では，無権代理人は追認拒絶をすることはできない（その結果，無権代理行為が当然に有効になる）。無権代理人が本人を相続した場合に当然に有効になる理由について，傍論であるが，「無権代理人が本人を相続した場合においては，<u>自らした無権代理行為につき本人の資格において追認を拒絶する余地を認めるのは信義則に反するから</u>，右無権代理行為は相続と共に<u>当然に有効となる</u>と解するのが相当」だからと説明されている（最判昭37・4・20民集16巻4号955頁）。ただし，既に本人が追認拒絶をしていた場合には，無効に確定しもはや本人さえ追認して有効にすることはできないので，無権代理人が相続しても当然に有効になることはない。

　(b)　**本人が無権代理人を相続した場合**

　　(ア)　**追認拒絶可能**　　他方で，本人が無権代理人を相続した場合については，上記最判昭37・4・20は，「相続人たる本人が被相続人の無権代理行為の<u>追認を拒絶しても，何等信義に反するところはない</u>から，被相続人の無権代理行為は一般に本人の相続により当然有効となるものではない」（逆の事例は信義則上追認拒絶ができないことから「当然に有効となる」ということが前提）とし，追認拒絶を認めている。

　　(イ)　**117条1項の「履行」責任はどうなるか**　　無権代理人から相続した117条1項の責任は否定されることはないというのが判例である（最判昭48・7・3民集27巻7号751頁）。ただし，その事例は保証契約であり，保証債務の「履行」義務を認めても，同額を損害賠償義務と構成しても差がないので，「履行」義務を肯定して不都合はなかった。ところが，財産処分が無権代理で行われた場合には，履行責任を免れず追認拒絶を認めたのが無にされてよいのかという問題

が残る。この点につき判例は未だなく，学説には，履行責任を免責し損害賠償責任に限定する主張が有力である。

【答案作成についてのコメント】無権代理人による本人相続の事例では信義則上追認拒絶ができないことを確認し，では共同相続ではどうなるかを問題提起すべきである。

(2) 無権代理人による本人の共同相続——本問の検討

(a) **無権代理人の相続分につき当然に有効になるか** ［設問2］では，無権代理人Bが本人Aを相続しているが，単独相続ではなくDとの共同相続（相続分は2分の1ずつ［900条1号］）の事例である。乙山林はBDの2分の1ずつの持分による共有関係になるが，Bの取得した持分との関係の限度で無権代理行為が当然に有効になり，乙山林はCDの共有になるのであろうか。契約が可分であれば，Bの持分を取得する限度で一部有効になるという処理も考えられる。

(ア) **追認権は不可分的に帰属し一部のみ有効にならない** この場合につき，判例はBの相続分につき当然に有効になることを否定する（最判平5・1・21民集47巻1号265頁）。「無権代理行為を<u>追認する権利は，その性質上相続人全員に不可分的に帰属する</u>ところ，……共同相続人全員が共同してこれを行使しない限り，無権代理行為が有効となるものではない」ため，「他の共同相続人全員が無権代理行為の追認をしている場合に無権代理人が追認を拒絶することは信義則上許されないとしても，<u>他の共同相続人全員の追認がない限り，無権代理行為は，無権代理人の相続分に相当する部分においても，当然に有効となるものではない</u>」と判示したのである。

(イ) **理由は契約についての権利は不可分であること** 要するに，本人Aの追認権や追認拒絶権がBとDに共同相続されるが分割されずに（427条参照），1つの権利として準共有され全員による行使が必要だというのである。契約当事者たる地位は全員に不可分的に帰属し，契約の発生・変更・証明に関する権利も同様に1つの権利として不可分的に帰属するからである。同じ形成権の共同相続でも，契約にかかわらない時効（取得時効）援用権の共同相続の事例では，「<u>自己の相続分の限度においてのみ取得時効を援用することができる</u>」と傍論として述べられている（最判平13・7・10判時1766号42頁）。

【答案作成についてのコメント】Bの相続分（持分）について当然には有効にならないことを，その理由とともに説明すべきである。本人Aが死亡前にC社に対して追認しない旨の意思表示をしていた場合には，判例によれば無効に確定するので，上記の問題は生じないことも言及しておいてよい。

(b)　本問へのあてはめ

　㋐　Dが単独で追認できる　　本問では，もう1人の相続人Dが追認を考えており，判例の傍論に従えば，Bは無権代理人であり追認拒絶ができないので，Dの追認さえあれば乙山林の無権代理行為は有効になる。

　㋑　Aが追認拒絶をしていた点について　　ところが，1つ問題点がある。本人が既に追認拒絶をしていて無権代理行為が無効に確定している場合は，本人は追認拒絶を撤回して追認はできなくなるので，無権代理人が相続しても当然には有効にはならないということである。

　本問では，Aが生前既に追認拒絶をしていた（113条2項但書）。しかし，追認拒絶の撤回ができないのは，追認拒絶をしてもいつでも撤回ができるというのでは相手方の地位が不安定になるためである。だとすれば，相手方保護のためであるので，C社の同意を得れば，DはAのなした追認拒絶を撤回し有効に追認することができると考えられる。C社は同意するものと思われ，Dの追認によりAとC社との売買契約の無権代理が追完されることになる。

【答案作成についてのコメント】Dが追認さえすれば，Bは信義則上追認拒絶ができないためその追認は不要で無権代理行為が有効になること，また，既にAが生前追認拒絶をしているが，C社の同意を得ればそれを撤回し，追認することが可能であることを書くべきである。

4　[設問3] について（配点は30点）

【出題趣旨】[設問3] は，[設問2] と同様に無権代理と相続の問題であり，無権代理人を相続した者が，その後に本人を相続した事例について考えてもらう問題である。批判の多い判例があるので，判例を確認した上で議論をすることが必要である。

(1)　ADによる無権代理人Bの共同相続

　[設問3] では，まず無権代理人Bが死亡し，本人AがDとともにこれを共同相続している。Aは既に追認拒絶をしているが，先に見たように，C社の了解を得れば追認はできる。そのため，AはC社の同意を得て追認すれば，AとC社との間の乙山林の売買契約は有効になる。Dは無権代理人Bの地位を相続しただけであり，乙山林の所有者ではないので，Aだけの追認でよい。しかし，Aは追認をする前に死亡している。

(2) その後のDによるAの相続

(a) 判例は無権代理人による本人相続と同視する

(ア) 判例によればDは追認拒絶ができない その後，本人Aが死亡して，本人Aと無権代理人Bの法的地位が結局はD1人に帰一している。その順序であるが，Dは先ず無権代理人の地位を先に相続（しかし2分の1）してから，次に本人の地位を相続した形になっている。そのため，判例はこの順番を重視して，「無権代理人を本人とともに相続した者がその後更に本人を相続した場合においては，当該相続人は本人の資格で無権代理行為の追認を拒絶する余地はなく，本人が自ら法律行為をしたと同様の法律上の地位ないし効果を生ずる」とした（最判昭63・3・1判時1312号92頁）。「自らが無権代理行為をしていないからといって，これを別異に解すべき根拠はな」いという（原審判決は下線部の点を重視して追認拒絶を認めた）。

(イ) Aにより追認拒絶がされている点について 上記判例を［設問3］にあてはめると，DはAから乙山林を相続により取得するが，乙山林の売買契約につき信義則上効果帰属を否定できないことになる。ところが，Aが追認拒絶をし無効に確定しているため，当然には追認があったと同視することはできない。しかし，追認拒絶の一方的撤回（その上での追認）ができないのは，3(2)(b)(イ)に述べたように，相手方保護のためであり，相手方の同意があれば追認は可能と考えてよい。だとすれば，C社が容認すれば，Dが無権代理行為を追認したとみなされる効果を認めることができる。

(b) 判例の疑問点と判例とは異なる解決

(ア) 判例の疑問点 しかし，判例には疑問が提起されている。まず，判例の論理でいくと，本人を相続してから無権代理人を相続した場合には，本人が無権代理人を相続したのと同視され追認拒絶ができ，最終的にDに両者の地位が帰一していてもどちらを先に相続したかという偶然により結論が異なってくるという不都合がある。

また，共同相続により取得していた無権代理人たる地位は2分の1であり，その後の本人の死亡により本人の地位と同時に残り2分の1の無権代理人たる地位を相続したに過ぎないので，無権代理人が本人を相続したといえるのは2分の1に限ってである。"本人の地位を無権代理人が相続した"といえるのは2分の1だけである。そうすると，［設問2］と同様になるのではないかという疑問を生じる。即ち，残りの2分の1は改めて本人の地位を相続したのであり，本人としては追認拒絶ができ，全員の追認があったとはみなせないはずである。

　(イ)　**判例とは異なる解決方法**　　信義則説でも，Dは自ら無権代理行為をしていないので，判例と異なり，信義則上追認拒絶ができるとしても，Bの117条1項の責任を相続しているため，C社はDに対して乙山林の履行を選択することが考えられる。これを認めれば，結局は判例と結論に差はなくなる。

　この点，判例はないが，相続人については，履行責任を否定し損害賠償責任のみを認める考えがある（既述☞［設問2］(1)(b)(イ)）。この考えによれば，Dは乙山林の返還を求めることができるが，損害賠償義務は免れないことになる。

【答案作成についてのコメント】判例を批判して追認拒絶を認める答案を書く場合には，無権代理人の責任の相続，履行責任を制限しても，損害賠償義務は免れないことには必ず言及をすべきである。

1 [設問1(1)] について

(1) Bの117条1項の責任追及

　BがAを代理してなした、AC間の売買契約は、乙地については無権代理であり、Aは追認を拒絶し、このことはC社に伝わっている（113条2項ただし書）。そのため、C社は、乙地の取得を諦め、有料老人ホーム開設の計画を縮小し、これにより生じる損害をBに賠償請求しようとしている（117条1項）。これは認められるか、C社の担当者に過失がある場合とない場合との違いを意識して、以下考察する。

(2) C社が無過失の場合──Bからの抗弁1（表見代理の抗弁）

　C社側が無過失の場合には表見代理（110条）が成立する。しかし、Bが表見代理を援用して免責を主張することは許されない。以下、その理由を述べる。

　表見代理は無権代理人を免責する制度ではなく、相手方の保護制度である。外観法理につき利益といえども強制すべきではなく、相手方が保護を受けるかどうかの選択を認めるべきである。表見代理はあくまでも無権代理であり、追認による事後的に有権代理になる事例とは異なる。117条1項は、責任が否定される場合を、代理権がある場合と本人の追認がされた場合とに限定している（反対解釈）。いずれも、有権代理になる事例である。

(3) C社が有過失の場合──Bからの抗弁2（有過失の抗弁）

　C社に過失がある場合には、Bからは、117条1項の責任を追及できないと主張がされる。この点、117条2項2号ただし書が設けられており、無権代理人が悪意ならば過失があってもよい。よって、Bには117条1項の責任が認められ、無権代理人Bが悪意なので、C社に過失があっても過失相殺も否定すべきである。BはAのためによかれと思って行っているが、悪意であることに変わりはない。

2 [設問1(2)] について

　BがAを代理して行ったAC間の売買契約は、甲地については有権代理であるが、乙地については無権代理である。そのため、C社は、甲地だけでは計画している有料老人ホームを開設できないため、有権代理である甲地の売買契約の部分の効力を否定することを考えている。これは可能であろうか。まず、甲乙を1つの契約で売買した場合について考える。本問では、C社には過失があり、表見代理により乙地を取得することはできない。

(1) 契約を1つとした処理

　AC間の売買契約が1つで2つの土地を対象としているとすると、契約の一部に無効原因がある場合ということになる。C社は、契約の一部にでも無効原因があれば、契約の全部の無効を主張できるのであろうか。

　一部無効については、なるべく無効原因がある部分だけの無効に制限すべきである（契約尊重の原則）。しかし、本問では、甲地と乙地の2つの取得が1つの契約目的達

成のために、不可分の関係になっている。そのため、例外的に、一部の無効原因により契約の全部が無効になることが認められるべきである。

　取引安全保護との調整からして、このような密接不可分の目的で契約をすることを、相手方に表示していたことが必要であると考えるべきである。本問では、この点は、C社からBに説明がされていた。よって、乙地の無権代理無効を、有権代理の甲山林を含めて売買契約全部に拡大すべきである。

(2) 契約を2つとした処理

　では、甲地の売買と乙地の売買を、同一時に締結するが、それぞれ別の契約として締結をした場合にはどう考えるべきであろうか。しかし、契約は2つでもC社は不可分的に1つの目的の達成を考えている。そのことは、C社からBに説明がされている。

　契約が複数あるが、それらを締結して不可分的な1つの目的を達成しようとしている場合に、その1つにつき債務不履行があり、その目的が達成できない場合には、他の契約も解除ができるというのが判例である（複合契約論）。これは解除について述べられた原理であるが、同様の法理を無権代理無効にも拡大することが認められるべきである。

　本問では、乙山林の売買契約の無権代理により、甲山林の売買契約も無効になると考えるべきである。また、乙地は無権代理無効、甲地については、乙地を合わせて取得できることが動機であり、C社からBに説明により表示されており、C社には重過失もないことから錯誤取消しができると（95条1項、2項）、複合契約論によらない解決も考えられる。

3　[設問2] について

(1) 問題点の確認

　本問ではC社に過失があるので、無権代理である乙地の売買について表見代理を認めることができない。ところが、本人Aが死亡し、無権代理人BがDと共同相続をしており、いわゆる「無権代理と相続」という問題の応用事例になる。

　無権代理人が本人を相続した場合であれば、無権代理行為を行いまた117条の履行義務を負う無権代理人が追認拒絶をすることは信義則に反する。追認拒絶ができない結果、追認があったと同視され、相続と同時に無権代理行為が当然に有効になる。ところが、本問では、無権代理人Bだけでなく、共同相続人Dも本人を相続している事例であり、どう考えるべきであろうか。

(2) 無権代理人による本人の共同相続

　(a)　契約の追認権は不可分的な権利　　本問では、無権代理人Bの2分の1の法定相続分だけ追認拒絶ができず有効（一部有効）になるのかであろうか。Bは、Dとともに、乙地を共同相続により共有しており、2分の1の持分を有している。Bの2分の1の持分の限度で、当然に無権代理行為が有効になり、Bの持分をC社が取得するのであろうか。

　しかし、Ｃ社は乙地が共有になるのでは自由な使用ができず、このような結果はＣ社の欲していたところではない。問題となる権利は、無権代理による契約の追認権・追認拒絶権であり、これは１つの契約上の不可分的な１つの権利である。これらの権利は分割帰属せず、全員でなければ行使ができず、無権代理人の持分についてのみ追認と同様の効果を生じさせることはできない。

　(b)　**Ｄが追認したら**　ただ、Ｄが追認すれば、Ｂが追認していなくても、信義則上Ｂは追認を拒絶できないため、ＢＤ全員の追認があった場合と同視され、乙地の無権代理行為は当然に有効になると解すべきである。ただ問題になるのは、本人Ａは生前に追認拒絶をしていたことである。これにより無権代理無効に確定し、本人さえも追認拒絶を撤回して改めて追認することはできないのであり、その後に無権代理人が本人を相続した場合も同様ではないかという疑問がある。

　しかし、追認拒絶の撤回を認めないのは、相手方の保護のためである。そこで、Ｄが追認しただけでは当然には有効にはならないが、完全に無効に確定したわけではなく、相手方であるＣ社が、ＤによるＡの追認拒絶の撤回を承認することにより、無権代理行為が有効になると考えてよい。

4　［設問3］について

　判例は、無権代理人を本人とともに相続した者が、その後に本人を相続した場合には、無権代理人が本人を相続した事例と同視する。即ち、相続人が無権代理行為をしていないことは考慮せず、無権代理人と同視している。

　しかし、判例の解決は妥当ではない。というのは、この論理でいくと、先に本人を相続し、次に無権代理人を相続したならば、本人による無権代理人相続と扱われ、追認拒絶ができることになり、順序がどうなるかという偶然で結果が異なってくるのは合理的ではないからである。また、やはり自ら無権代理行為を行っていないという差は重視すべきである。

　そこで、Ｄは、自ら無権代理行為をしておらず、本人同様に相続による乙地の取得を保障すべきである。即ち、Ｄは信義則上追認拒絶を否定されることはない。ただし、Ｄも117条１項の責任を免れないが、履行責任は負わず損害賠償責任に限定されるべきである。このように、Ｃ社による乙地の取得は、Ｄが追認をしない限り認められないことになる。その場合に、Ｃ社はＤに対して117条１項に基づいて損害賠償を請求することは認められることになる。

以上

　次の文章を読んで、後記の［設問1］から［設問4］までに答えなさい。（配点：100点〔［設問1］、［設問2］、［設問3］及び［設問4］の配点は、30：20：25：25〕）

【事実Ⅰ】

1.　Aは月極駐車場として運用しているその所有の甲地を、自己の経営する会社の事業資金獲得のために売却することを考え、同業者であり地元で顔の広いBに相談をした。Aは、Bから興味を持ちそうな事業者に声をかけてみると告げられ、Bに買手を探すことを依頼した。

2.　その1週間後に、BからC社が甲地の購入を考えていると伝えられた。AとBは年代も近く地域のランニング同好会に所属し駅伝チームを組んでレースに出るなど親しくしている仲であるため、Aは、Bから報酬はいらないから自分が代わりに契約をしてあげると言われ、BにC社との売買契約の締結を依頼した。その際、言われるままに「甲地譲渡の件」と題した委任状を作成し、実印、必要書類とともに交付した。

3.　C社が甲地を購入したいというのは嘘であり、2023年5月20日、BはC社から5,000万円を借りるに際して、Aから同意を得ていると説明し、Aから交付を受けた委任状を示して、甲地（評価額は約1億円）をC社の本件5,000万円の貸金債権（以下「本件貸金債権」という。）の担保として譲渡する契約を、Aを代理してC社と締結した。

4.　本件契約を締結したC社の代表者は、実印や必要書類の交付を受けているため、BがAを代理する権限があるものと信じていた（過失はないものとする）。5月22日、C社によりBへの5,000万円の貸付けが実行され（返済期日は2024年6月末）、AからC社への、甲地についての譲渡担保を原因とする所有権移転登記がなされた。譲渡担保契約書では、C社による実行の通知がされるまでは、Aによる甲地の使用が認められている。

5.　その後、Aは上記3の事実を知り憤慨し、C社に対して所有権移転登記の

抹消登記手続を求めたが、C社はこれに応じようとしない。同年7月21日、C社は本件貸金債権をD社に譲渡し、Bに内容証明郵便にて譲渡通知書を送り、これは翌日にBに配達された。甲地のC社からD社への所有権移転登記はなされていない。

6. D社の担当者は、本件貸金債権の譲渡を受けるに際して、Aによって本件貸金債権の担保としてC社に甲地が譲渡担保に供されていること、譲渡担保の設定についてAがBに代理権を与えていなかったためにAC社間で争いになっていることを知っていた。甲地はAがその後も自己の土地と主張し、月極駐車場として管理をしている。

[**設問1**] 【事実Ⅰ】（1から6まで）を前提として、本件貸金債権の2024年6月末の弁済期が到来したがBがその支払をなさない場合に、D社は誰にどのような法的請求をすることができるか、相手方から出される反論を踏まえて論じなさい。

【事実Ⅱ】
前記【事実Ⅰ】の3と4を次のように変更する（前記【事実Ⅰ】の1、2及び5、6はそのままとする。）。

7. C社が甲地を購入したいというのは嘘であり、2023年5月20日、BはC社から5,000万円を借りるに際して、Aと同性・同年代の乙にAを名乗らせて、乙とともにC社に赴き、Aから交付を受けた実印、必要書類を乙に使用させて甲地（評価額は約1億円）を本件5,000万円の貸金債権（以下「本件貸金債権」という。）の担保として譲渡する契約をAを装って締結させた（返済期日は2024年6月末）。

8. 本件契約を締結したC社の代表者は、実印や必要書類等から乙をAと信じて（過失はないものとする。）本件譲渡担保契約を締結し、5月22日、Bへの5,000万円の貸付けを実行し、AからC社への、甲地についての譲渡担保を原因とする所有権移転登記がなされた。譲渡担保契約書では、C社による実行の通知がされるまでは、Aによる甲地の使用が認められている。

[設問2] 【事実Ⅰ】の1と2及び5と6、【事実Ⅱ】（1、2及び7、8並びに5、6）を前提として、D社は誰にどのような法的請求をすることができるか、相手方から出される反論を踏まえて論じなさい。

【事実Ⅲ】

前記【事実Ⅰ】の1から6に続いて、以下の事実があった（前記【事実Ⅱ】の7と8は存在しなかったものとする。）。

9. 2023年8月25日、D社はC社から甲地につき、譲渡担保を原因として所有権移転登記を受けた。D社は、Aが甲地の所有権を主張していることを知っており、2024年6月末の返済期日になったが譲渡担保権の実行をするのを当面は見送ることにし、これを売却することなく本件貸金債権を少しずつ回収しようと考えた。

10. そのため、D社は、Bから毎年債務の一部の支払を受けまた債務を必ず支払うことの確約書を提出させている。そのまま弁済期から20年が経過し、債権の一部を毎年弁済しているが利息が毎年発生するため債権額は依然として3,000万円程度残っている。

11. 2043年9月、Aは、甲地を依然として月極駐車場として運用しており、このままでは埒があかないので、D社に対して所有権移転登記を求めることを考えている。D社は、Bから毎年少しずつ債務の支払を受けているため、譲渡担保権をまだ実行するつもりはない。

[設問3] 【事実Ⅰ】及び【事実Ⅲ】（1から6まで及び9から11まで）を前提として、AのD社に対する所有権移転登記手続請求が認められるか、D社からの反論また反訴請求も含めて論じなさい。

【事実Ⅳ】

前記【事実Ⅰ】の1から6に続いて、以下の事実があった（前記【事実Ⅱ】及び【事実Ⅲ】の7から11までは存在しなかったものとする。）。

12. 2023年8月25日、D社はC社から甲地につき、譲渡担保を原因として所有権移転登記を受けた。2024年5月末に本件貸金債権5,000万円（利息は考

えなくてよい。）の弁済期が到来したが、Bによる弁済がないため、D社は同年6月20日に、AとBに譲渡担保権の実行通知をして、Aに対して甲地（評価額は変わらず約1億円のまま）の明渡しを求めた。

13. しかし、Aは甲地の明渡しに応ずることはなく、D社も、甲地についてAとC社との間で争いになっていることを知っていたため、Aと交渉を続け温和に解決しようと試みた。Aは甲地を月極駐車場として管理し続けている。

14. その後、AとD社との明渡交渉は進展せず、依然としてAは甲地を自分の土地であると主張をしているが、D社に対して所有権移転登記又は抹消登記を求める訴訟などは提起しないまま、実行通知から5年が経過した。D社もさすがにこのままでいけないと考え、2029年7月に入り、Aに対して甲地の明渡しを求める訴訟を提起することを検討している。

[設問4] 【事実Ⅰ】及び【事実Ⅳ】（1から6まで及び12から14まで）を前提として、D社によるAに対する甲地の明渡しを求める訴訟において、Aから反訴を含めてどのような法的主張がされるか、それぞれの主張の当否を論じなさい。

○ 言及すべき点及び論点 ○

1 ［設問1］について
(1) 110条の表見代理
①基本代理権との関連性（重要度D）
②本人の帰責性（重要度D）
③C社の善意無過失（重要度D）
④D社の悪意，C社の表見代理の援用（重要度B）
(2) 譲渡担保について
①譲渡担保の法的構成（重要度B）
②譲渡担保の随伴性（重要度B）
③譲渡担保の実行をめぐる法律関係
　ⓐ私的実行としての引渡請求権・自己への確定的な所有権を帰属させる権利（重要度B）
　ⓑ清算義務＋留置権（重要度B）
　ⓒ受戻権（重要度B）

2 ［設問2］について
①第三者に本人を装わせた場合の顕名の認否（重要度B）

②110条の類推適用（重要度B）
③正当理由判断（重要度C）

3 ［設問3］について
(1) 譲渡担保と消滅時効
①譲渡担保権は所有権として時効にかからないか（重要度B）
②396条の類推適用の可否（重要度B）
(2) Aによる取得時効
①自主占有の認否（重要度C）
②他主占有への変更（重要度C）
③善意無過失の10年の取得時効か（重要度C）

4 ［設問4］について
(1) 清算金支払請求権（重要度C）
(2) 受戻権（重要度C）
(3) 清算金と留置権（重要度C）
(4) 清算金支払請求権の消滅時効（重要度B）

解説及び答案作成の指針

1 ［設問1］について（配点は30点）

【出題趣旨】　［設問1］では，D社はAに対して明渡し，C社に対して所有権移転登記を求めることになる。そのためには，AC間の譲渡担保契約が有効でなければならないが，Bの無権代理行為に表見代理が成立し，転得者たるD社が悪意でも影響はないこと（D社によるC社の表見代理の援用も），また，債権譲渡によって譲渡担保権も移転していることを議論し，最後に，譲渡担保権の実行をめぐる法律関係について検討してもらう問題である。

(1) C社による譲渡担保権の取得── 110条の表見代理

(a) はじめに── 110条の適用可能性

(ア) Bに基本代理権がある＋第三者D社による表見代理の援用

❶　表見代理の成立可能性　BはAの代理人として，BのC社に対する5000万円の債務のために，A所有の甲地を債権者C社に譲渡担保に供する契約，

即ち A を物上保証人とする譲渡担保契約を締結したが，その代理権は B にはなかった（無権代理）。この場合，B には甲地の売買契約の代理権がありこれを基本代理権として，C 社には 110 条の表見代理が認められる可能性がある。そのためには，C 社に代理権ありと信じる正当理由が必要になるが，これは善意無過失と読み替えられており，本問では，C 社は善意無過失なのでこの要件を充たしている。

❷ **第三者 D 社による表見代理の援用**　　C 社が A に対して表見代理を主張することができることは疑いない。では，C 社が表見代理を主張していなくても，第三者である D 社が AC 間の表見代理を援用することができるのであろうか。D 社は C 社から譲渡担保権を譲り受けたものであり，C 社の表見代理を援用する正当な利益がある。D 社は，C 社が表見代理により譲渡担保権を取得したことを，自分が C 社から譲渡担保権を取得する前提として主張できてよい。D 社が，独自に表見代理で保護されるかどうかを検討する必要はない——代理権を信頼して取引をした「相手方」（第三者一般ではない）を保護する制度なので，相対的構成は適用されない——。

❸ **D 社に独立した援用権は認められない**　　なお，表見代理と無権代理人の責任追及の選択は，契約当事者たる C 社しかできず，C 社が無効を主張していないのに，D 社が無効を選択することはできないと考えるべきである——時効と異なり D 社に独自の援用権を認めるのではないので，C が無権代理を認めているのに，D 社が表見代理を援用することはできない——。

(イ)　**A の詐欺取消しの反論——取消しの遡及効による代理権の消滅**　　A は，AB 間の委任契約——代理権授与を含む——を詐欺を理由として取り消して，既になされた無権代理行為について，B に基本代理権がなかったと主張することが考えられる（96 条 1 項，121 条）。これにより，遡及的に 110 条の要件は充足しないことになるのであろうか。しかし，委任契約の取消しによる無効の遡及効は既になされた代理行為には及ばず，取消しの時から将来に向かってのみ代理権消滅の効果が発生すると考える学説が有力である——この点につき判例はない——。本問においては，96 条 3 項を援用することもできる。

【答案作成についてのコメント】委任契約の詐欺取消しと代理関係については，おそらく多くの者が見落としたと思われる。加点事由にはなるので，言及しておくことに越したことはない。

(b)　**基本代理権との関連性についての A の反論**　　判例は 110 条の適用につき，

無権代理たる代理行為と「代理権との間に<u>何等の関係存せざる</u>」場合でも、その適用が認められると明言する（大判昭5・2・12民集9巻143頁。最判昭40・11・30裁判集民事81号221頁も同様）。Bが行った代理行為は、数量的な越権ではなく、売買契約の代理権で他人のために物上保証人として譲渡担保に供するという契約をしているが、<u>甲地の譲渡であり</u>、甲地についての必要書類等を渡すことにより起きうるリスクの範囲内であり、関連性はある。

【答案作成についてのコメント】110条をめぐる議論は一通り触れておくべきである。代理権との関連性については、本問では関連性が認められるので問題はない。

(c)　**本人の帰責事由についてのAの反論**　110条の適用のために本人の帰責事由が必要なのかについては、判例は、①権限を有するものと信じるに足りる事情が必要であるというが、②それが本人の作為不作為に基づくことは必要ではないと判示している（大判大5・4・29新聞1132号31頁）。代理人らしい外観が必要であるが、それが本人の帰責事由により作出・放置されたことは必要ではないことになる。本件では、委任状等の代理人らしい外観があり、それを本人が交付・作出しており、帰責事由が認められる。

【答案作成についてのコメント】この点も言及だけはしておくと加点事由になる。

(2)　D社のなしうる法的請求──譲渡担保権の取得と実行

(a)　**譲渡担保権の随伴性**　上記のように、AC間の譲渡担保契約について表見代理が成立し、C社が有効に譲渡担保権を取得している。抵当権等の担保物権については、条文に規定はないが、債権が譲渡されれば担保物権も債権の譲受人（新債権者）に移転する──随伴性という──。<u>債権なしに譲渡人が担保権だけ保持することは不可能である</u>。では、譲渡担保権についてはどう考えるべきであろうか。

【答案作成についてのコメント】所有権移転形式によるが担保目的であることから、被担保債権が譲渡された場合に譲渡担保権がどうなるのか問題提起をすべきである。

(b)　**譲渡担保の法的構成との関係**　譲渡担保についての担保権的構成では、設定者に所有権が残り、債権者には譲渡担保権という担保物権が成立するだけであり、担保の随伴性により譲渡担保権は債権とともに債権の譲受人に移転することになる。公示は所有権移転登記によるしかない。この点、判例は、所有権的構成でありながら、<u>担保目的の範囲内でしか所有権の移転はないと考える立場</u>であ

り，実質的には担保権的構成に等しい（☞次述(ｱ)）。この立場ではどう考えられるべきであろうか。

　　(ｱ)　**判例の立場ではどうなるか**　　判例は，「譲渡担保は，債権担保のために目的物件の<u>所有権を移転する</u>ものであるが，右所有権移転の効力は<u>債権担保の目的を達するのに必要な範囲内においてのみ認められる</u>」（最判昭 57・9・28 判時 1062 号 81 頁。同旨を述べる判例は無数にある）と説明し，譲渡担保において所有権の移転を認めつつ（形式上は所有権的構成），その移転が担保の限度に止まること（実質的には担保的構成）を認めている。

　これを本問にあてはめると，表見代理が成立し AC 間の譲渡担保契約が有効であれば，債権担保の限度で所有権は A から C 社に移転し，所有権の残余部分は A に残り，債権が消滅すれば所有権が復帰するという物権的期待権も A に帰属することになる――D 社にも完全な所有権取得の物権的期待権が成立――。被担保債権が C 社から D 社に譲渡されたならば，債権担保のための所有権なので，譲渡担保権は債権とともに D 社に移転する（随伴性）。

　(ｲ)　**譲渡担保権の実行後の法律関係**

　　❶　**確定的な所有権取得・明渡請求可能**　　D 社は，被担保債権とともに譲渡担保権を取得することになり，これを実行して完全な所有権を取得できる。実行後は，D 社は完全な所有者になり，A に対して甲地の明渡しを請求することが可能になる。

　　❷　**清算金支払請求権**　　D 社が譲渡担保権を実行した場合，目的物の価格が被担保債権を上回る限り，D 社は清算金を A に支払うことを義務づけられる。その場合，A は清算金の支払があるまで甲地を留置できる（295 条 1 項）。

　　❸　**受戻権**　　また，A は，清算金の支払があるか又は目的不動産が第三者に譲渡されるまでは，5000 万円を支払って甲地を取り戻すことができるが（受戻権），受戻権は物上保証人たる設定者――と表見代理により扱われる―― A に帰属することになる。

【**答案作成についてのコメント**】譲渡担保の実行をめぐる法律関係について，本問へあてはめつつ❶から❸の点について確認をすべきである。❸は加点事由であり落としても心配ない。

2 [設問2] について（配点は20点）

【出題趣旨】 [設問2] は，表見代理事例の応用問題である。代理人が本人を第三者に装わせて契約をさせた場合に顕名といえるのか，顕名はないが代理に準じて表見代理の110条の類推適用が認められるのかを論じてもらう問題である。

(1) 問題点の確認

　[設問2] では，①問題になっているのは，登記の公信力ではない。登記は正確に所有者Aを所有者として公示している——甲地はA所有であり，替え玉が所有者Aとして譲渡している——。②他方で，代理権や自己の名で他人の物を処分する処分授権への信頼でもない。③所有者はAということを知っているが，そのAが実際の行為者その者かという<u>行為者の同一性への信頼</u>が問題となっている点が，[設問2] の特殊性である。これについて規定した条文はない。

【答案作成についてのコメント】代理権への信頼が問題となる場面ではなく，取引安全保護をするための適切な規定がない法の欠缺事例であることを問題提起すべきである。

(2) 本人と称した場合（本人なりすまし事例）

(a) 代理人が本人を装った場合

　(ア) **顕名とは認められない**　　代理人が本人になりすまして契約をした場合，これを有効な顕名と認めるならば，代理権があれば代理の効果が生じることになる。しかし，確かに本人を契約当事者として示してはいるが，本人に代わって契約をしているという「顕名」はしていない。代理の効果を認めるとすると，99条の類推適用とでもいうことになる。非顕名主義であれば（商法504条），代理権さえあればよいが，顕名主義を採用しているために，類推適用とせざるを得ない。

　(イ) **110条の類推適用が可能**　　判例は，代理人が本人になりすまして権限外の契約をした場合にも，110条の類推適用を肯定している。即ち，「代理人が<u>本人の名において</u>権限外の行為をした場合において，相手方がその行為を<u>本人自身の行為</u>と信じたときは，代理人の<u>代理権を信じた</u>ものではないが，<u>その信頼が取引上保護に値する</u>点においては，代理人の代理権限を信頼した場合と異なるところはないから，本人自身の行為であると信じたことについて正当な理由がある場合にかぎり，<u>民法110条の規定を類推適用</u>して，本人がその責に任ずる」ものとする（最判昭44・12・19民集23巻12号2539頁）。

　(ウ) **善意無過失の内容が異なる**　　代理権への信頼ではなく本人自身だとい

うことへの信頼なので，実印や必要書類を保持しながら代理権の存在を疑う特段の事情を問題にするのではなく，本人かどうかを疑う特段の事情があるかどうかが問題とされることになる。本人の年齢・性別から，例えば本人が70歳ならば本人と称している者が30歳前後の者であれば，本人かどうかを疑うべきである。また，本人確認の身分証明書の写真との照合確認も必要である。

【答案作成についてのコメント】［設問2］で問題となっているのは，本人の同一性への信頼であること，顕名はないが，110条の類推適用が問題であること，そのため，善意無過失の評価が微妙に異なることなどを，本問の他人に本人を装わせた事例の前提として確認すべきである。

(b) **他の者に本人になりすまさせた場合（本問の事例）**

(ア) **110条の類推適用が可能**　ところが，本問は代理人が本人を装ったのではなく，代理人が替え玉を用いてその者に本人を装わせたという手の凝った事例である——本人と代理人の性別や年齢が違うとこのようなことが起こりうる——。最高裁判決はないが，このような事例を扱った下級審判決がある（京都地判平8・3・18金判1003号35頁）。同判決は110条の類推適用を肯定しており，その理由として，「代理人が本人自身であると称した場合と，代理人が他の者と共謀し当該他の者に本人自身であると称させた場合とで，善意無過失の相手方の保護に差異を設けることに合理的な理由がない」と説明する。

(イ) **D社による117条1項の類推適用の主張は認められない**　これを本問にあてはめると，D社は，C社が110条の類推適用により有効に譲渡担保権を取得していることを主張できることになる。なお，C社が無権代理による無効を認めていないのに，契約当事者ではないD社が無権代理無効であることを認め，譲渡担保権の取得を否定し，Bまた本人を装った乙に対して117条1項の類推適用による責任追及をすることは認められない。

【答案作成についてのコメント】代理人が自ら本人と称したのではなく，第三者に本人と装わせた場合にも，110条の類推適用を更に拡大することを論ずる。D社が117条1項によるBの責任追及を選択できないことに言及すれば，加点になる。

(c) **譲渡担保の法律関係**　譲渡担保をめぐる法律関係は，［設問2］も［設問1］と特に異なる点はないといってよい。したがって，［設問1］について述べたところがそのままあてはまる。

【答案作成についてのコメント】答案として特に新たに書くことはない。

3 [設問3] について（配点は25点）

【出題趣旨】 [設問3] は，被担保債権については時効の更新により時効が完成していない場合に，166条2項により譲渡担保権の消滅時効を認めるのか，抵当権における議論を応用して考えてもらう問題である。また，Aが甲地を取得時効することによる，反射としての譲渡担保権の消滅という構成も検討してもらうことも意図されている。

(1) 問題点の確認——被担保債権は時効にかかっていない

C社が善意無過失であるため110条の類推適用によりC社そしてD社は譲渡担保権を取得しており，C社から譲り受けた本件貸金債権の弁済期が到来しているが，D社は譲渡担保権を実行していない。また，AはC社への譲渡担保設定以後も甲地を占有（間接占有）し続けている。ところが，D社がC社から譲り受けた本件貸金債権は，毎年，債務者Bにより債務承認を受け少しずつ支払がなされているため時効の更新（152条1項）が認められ，消滅時効にはかかっていない。そのため，Aは本件貸金債権の消滅時効を援用することはできない。

そこで，Aからの主張として考えられるのは，①譲渡担保権の消滅時効（166条2項），及び，②Aによる甲地の取得時効（162条1項又は2項）である。まず，前者を検討する。

【答案作成についてのコメント】まず，本件貸金債権の消滅時効は完成していないことを確認して，譲渡担保権が抵当権に準じて166条2項により消滅時効にかかるのかの問題提起をすべきである。

(2) 譲渡担保権の消滅時効

(a) 所有権は消滅時効にかからない 問題は，譲渡担保権の消滅時効である。債権以外の財産権は，所有権を除き20年の消滅時効にかかる（166条2項）——ただし，抵当権については後述のような例外あり——。譲渡担保権も所有権という形式をとった「担保」であるが，「所有権」という形式を採用しているために，消滅時効に関しては166条2項により消滅時効にかからないというべきであろうか。この点，判例はない。

(b) 譲渡担保について——消滅時効にかからないのはむしろ設定者に留保された所有権 判例の実質担保を肯定する立場を前提とする限り，むしろ消滅時効にかからないのは設定者の留保所有権であり，譲渡担保権（担保のための所有権）は，抵当権同様に消滅時効にかかることを認めるべきである（166条2項）。そうすると，譲渡担保権は，実行できる時から20年の経過により消滅時効が完成していることになる。しかし，抵当権については，被担保債権とは独立して時効に

かかることを認めない 396 条があり，その譲渡担保権への類推適用を検討する必要がある。

(c)　396 条の類推適用の認否（肯定すべき）

　(ア)　396 条の制度趣旨の確認　　抵当権については，396 条により，「抵当権は，債務者及び抵当権設定者に対しては，その担保する債権と同時でなければ，時効によって消滅しない」という制限がある。被担保債権が存続しているのに，担保権だけが先に消滅するのは不合理なので——保証については 457 条 1 項が同趣旨——，債務者と設定者（物上保証人）については 166 条 2 項の適用が制限されているのである。結局，396 条の反対解釈により，第三取得者についてのみ抵当権の消滅時効（166 条 2 項）が認められることになる。

　(イ)　譲渡担保権への類推適用　　判例は，形式的には譲渡担保により所有権が移転することを認めつつ，それを担保の限度にとどめ，所有権とはいうものの担保権の設定と同様の理解をしている。判例は，譲渡担保権とか，譲渡担保権の設定・設定者といった表現を当然のように使用している。そうすると，譲渡担保権も実質「担保権」であるため，被担保債権が残っているのに担保だけを先に消滅時効にかかることを認めるのは適切とは言い難い。したがって，譲渡担保権にも 396 条を類推適用すべきである。

(d)　A を 396 条の「設定者」と同視すべきか

　(ア)　A には 396 条の適用を否定すべきである　　まだ問題がすべて解決されたわけではない。本問では，表見代理が成立し C 社との関係では A は物上保証人たる設定者と扱われるので，A は 396 条により 166 条 2 項の援用は許されないのであろうか。

　しかし，A は物上保証人（＝設定者）ではあるが，それは本人の意思に反し表見代理の成立によるものであり，自らの意思で抵当権を設定したものではない。確かに表見代理により，物上保証人としての責任を負うが，それはそのような不

利益を負担する限度においてであり，396条での設定者として扱うべきではない。そのため，本問のAに関する限り，396条による制限を否定し，166条2項の原則通り，20年での譲渡担保権の消滅時効を認めるべきである。

　　(イ)　**D社の譲渡担保権実行の前の援用であることが必要**　　この結果，Aは譲渡担保権の時効による消滅を援用して，D社に対して真正な登記名義の回復のため自己への所有権移転登記請求ができることになる。ただし，停止条件説では援用により初めて権利が消滅するので，Aの援用よりも先に，D社が譲渡担保権を実行して，甲地の完全な所有権を取得してしまえば，Aはもはや譲渡担保権の消滅時効を援用することは許されないことになる。

　【**答案作成についてのコメント**】更に396条を譲渡担保に類推適用するとしても，本問のAについてはその適用を排除すべきかどうかを検討し，また，Aに166条2項を適用するとしても，D社による譲渡担保権の実行前に援用することが必要であることにも言及すべきである。加点事由として考慮されるものと思われる。

(3)　取得時効による反射としての抵当権消滅の主張

　(a)　**Aの占有は自主占有か**　　なお，①譲渡担保契約という権原の性質から，Aの占有は他主占有となるので――占有改定がなされている（占有権原がないので疑問はあるが）――，Aが甲地を10年間占有してもAが所有権を時効取得することはない。②ところが，本問ではAが無権代理を理由に，甲地は自己の土地であるとC社に対して主張をしているので，185条により「自己に占有をさせた者に対して所有の意思があることを表示し」ていると認定して，自主占有になっていると考えることができる。そこで，次にAによる取得時効も検討する必要がある。

　【**答案作成についてのコメント**】Aの占有は，譲渡担保契約について表見代理の成立により権原の性質上他主占有になること，しかし，Aの所有権主張により自主占有への変更が認められる可能性があること，そのためAの取得時効が問題となることを問題提起すべきである。

　(b)　**取得時効の適用の可否**

　　(ア)　**162条2項の取得時効**　　つぎに，Aによる甲地の取得時効が可能であるとしても，善意無過失として162条2項を適用しAの10年での取得時効の完成を認めるべきであろうか。この点，Aの占有は表見代理により譲渡担保が有効になることにより他主占有になり，その後AがCに所有権を主張することにより自主占有を開始したことになる。そうすると，その時点で善意無過失であれば

162条2項の10年の取得時効が可能になる。しかし，表見代理が成立する可能性をAとしても認容せざるを得ないのであり，少なくとも過失は認められると考えるべきである。

　　(イ)　**162条1項の取得時効**　　そうすると，10年の取得時効は認められないが，Aは甲地につき20年の取得時効が可能になる。この間，Aが占有を失い時効中断が生じたり，D社により完成猶予措置や更新がなされた事情もない。そして，Aは設定者留保権を保持しているが，判例は抵当権の設定された<u>自己の土地について取得時効を認めそれにより抵当権の消滅を認める</u>ので，それとパラレルに，Aは取得時効の反射としての譲渡担保権の消滅を主張することも可能である（397条類推適用）。Aが，譲渡担保権を容認して占有していたといった事情もない。

　　(ウ)　**D社が譲渡担保権を実行しても援用可能**　　こうして，Aは甲地の取得時効を援用し，D社の譲渡担保権の反射としての消滅を主張できる。この利点としては，その援用前に，D社が譲渡担保権を実行し完全な所有権を取得しても，Aは甲地の取得時効を援用してその所有権を取得できる点にある。ただこの点は，実行前は実質担保権にすぎず，Aの時効完成後のD社による甲地の所有権取得であり，時効完成後の第三者になるのではないかという疑問がある。売買予約でいえば，時効完成後に予約＋予約完結がされたのではなく，時効完成前の予約，完成後の予約完結の事例に等しい。判断は微妙であり，結論は控える。

> 【**答案作成についてのコメント**】Aにつき善意無過失とは言えないまでも，20年が経過しているので162条1項の長期取得時効は完成しており，これを援用できることを論ずるべきである。取得時効の援用では，譲渡担保権の消滅時効とは異なり，D社による譲渡担保権の実行があっても援用が妨げられないのかどうかまで言及すれば，大きく加点事由になる。

4　[設問4]について（配点は25点）

> 【**出題趣旨**】[設問4]では，清算金5000万円の支払が問題となり，支払われないまま5年が経過しており，完成猶予や更新措置がとられていないので，清算金支払請求権の消滅時効が完成している。他方で，受戻権が認められるが，これも5年の消滅時効が完成している。そして，Aは甲地を占有しているので留置権が成立し，留置権については抗弁権の永久権が認められるならば，清算金支払請求権が消滅時効にかかっても対抗できることになる。ところが，Aは甲地を月極駐車場として使用していることから，D社の留置権消滅請求権が認められそうである。大きな理論的論点はないが，事案を整理しながら，1つ1つ論点を解きほぐしていくことが求められる問題である。

(1)　D社に対するAによる受戻権の行使

　D社により譲渡担保権が実行され被担保債権が消滅しているため，もはや弁済して担保権を消すことはできない。この点，仮登記担保法では，仮登記担保権が実行され，債権者が代物弁済により所有権を取得し，代物弁済により被担保債権が消滅しても，清算金が支払われていなければ，消滅前の債権金額を支払って所有権を取り戻すことが認められている（11条）。これを**受戻権**という。譲渡担保にも類推適用することが考えられる。判例は，実行前に被担保債権を弁済して所有権を取り戻すという受戻権を認めるが（最判昭62・2・12民集41巻1号67頁），実行後の受戻権を認めるのかは不明である。

　ところが，既に5年が経過しているので，166条1項1号により受戻権の時効が完成している。受戻権は債権に準じて166条1項を適用すべきである。また，仮登記担保法11条但書の類推適用による，受戻権の5年の除斥期間が経過している。したがって，Aはもはや甲地の受戻しはできない。

　【答案作成についてのコメント】 Aに受戻権を認める可能性があるが，時効又は除斥期間が経過しているため行使できないことを確認すべきである。

(2)　清算金支払請求権＋留置権

　(a)　**清算金支払請求権・留置権の主張**　　D社は所有者とはいっても担保の限度でしか所有権を有していないため，清算義務が認められ，被担保債権額を超える部分についてはAに清算金支払義務を負う（最判昭46・3・25民集25巻2号208頁）。また，甲地を占有しているAは，清算金支払請求権は甲地について生じた債権であることから，清算金の支払まで甲地につき留置権（295条1項）を主張することができる。

　【答案作成についてのコメント】 Aに清算金支払請求権が成立すること，留置権が認められることを確認すべきである。

　(b)　D社による消滅時効の援用

　　(ア)　**清算金請求権の時効は完成**　　ところが，AのD社に対する清算金支払請求権は，期限の定めのないものであり，成立から5年の時効が完成している（166条1項1号）。そのため，D社は時効を援用して，その支払を拒絶できるだけでなく，被担保債権の消滅により付従性による留置権の消滅を主張することが考えられる。

　　(イ)　**抗弁権の永久性の理論の適用**　　しかし，これに対しては，Aからは，

明渡しを請求されなければ行使する必要のない防御的な権利であり，いわゆる抗弁権の永久性の理論により，留置権は時効にかからないということを主張することが考えられる。この法理を認めるならば，Aは，清算金支払請求権の履行請求はできないものの，留置権を行使することはできることになる。

【答案作成についてのコメント】ところが，Aの清算金支払支払請求権は5年の消滅時効にかかっていること，留置権も付従性で消滅することを指摘しつつ，Aからは抗弁権の永久権の理論の援用がされることを指摘して，その認否を検討すべきである。

(c) D社による留置権消滅請求権など

㋐ **留置権消滅請求権**　　仮に抗弁権の永久性の理論により，Aの留置権の主張が認められるとしても，AはD社の承諾なしに甲地を駐車場として賃貸しており，D社からは留置権消滅請求権（298条3項）の行使がされると思われる。留置権者は，債務者の承諾なしに留置物を使用することはできず（298条2項），これに違反する場合には債務者（所有者）は留置権の消滅請求が可能になる（同3項）。これは形成権であり一方的意思表示により行使することができ，催告して猶予期間を与える必要もない。Aは表見代理により譲渡担保契約がされてしまった被害者ではあるが，消滅請求が認められても仕方なく，D社の請求が権利濫用となる事情はない。

㋑ **法定果実の返還請求権**　　また，Aは譲渡担保権実行によって甲地の使用権限を失うため，月極駐車場の収益は不当利得になるので，D社はAに対して，過去5年分は時効にかかっておらず返還請求が可能になる（166条1項1号）。

【答案作成についてのコメント】最終的には，D社の留置権消滅請求権が認められ，Aには留置権も否定されることになり，D社のAに対する甲地の明渡請求権が認められ，あわせて，実行後の法定果実の取得についての返還請求が可能になることも言及しておくとよい。月極駐車場の収益（法定果実）の返還については落しがちであるが，加点ではなく配点事由になる。

1 ［設問1］について

(1) Cについての110条の表見代理の主張

　Bは、A所有の甲地をAの代理人として、自己のC社に対する債務のために譲渡担保に供したが、これは無権代理である。そのため、C社が甲地につき何らの権利も取得していなければ、C社から本件貸金債権の譲渡を受けたD社も、無権利の法理により甲地につき何らの権利も取得できなさそうである。

　この点、D社は、C社について表見代理による甲地についての権利取得を、自己の権利取得の前提として援用することが考えられる。そこで、まずC社についての表見代理の成否について検討したい。

　(a) 109条及び110条の要件　まず、AはBに甲地の売却を依頼したのに、「甲地譲渡の件」とより広い表示の委任状を作成し、Bに交付している。これにより、譲渡担保の権限も与えたという表示が認める可能性があり、109条の表見代理の成立が問題になる。

　また、販売の代理権があるので、これを基本代理権として、110条の表見代理の成立が問題になる。この場合、基本代理権と代理行為の関連性は不要であるが、譲渡ということで関連している。本人の帰責事由は不要であるが、上記のような委任状を交付した帰責性が認められる。代理権を信じる正当理由とは善意無過失と考えるべきである。Bは上記委任状を有し、Aの実印等も有しており、特段疑いを抱くべき事情はない。ただし、Bの債務の担保のための物上保証人だということから、C社には通常よりも厳しい注意義務が負わされる。

　問題文のみでは、確定的な判断はできず、C社（正確にはC社の担当者。以下同じ）に過失を認められるか微妙であるが、以下では問題文に従い、過失が認められず表見代理が成立する事例を考察していく。

　(b) 委任契約が詐欺取消しされたら　ところで、AのBへの販売委託は、Bの詐欺によるものである。そのため、Aは詐欺を理由にBとの委任契約を取り消すことができ（96条1項）、取消しがされると、契約の当初に遡及して無効と擬制される（121条）。

　そうすると、C社との譲渡担保契約が締結された後に取消しがされても、遡及的に代理権がなかったものと擬制され、110条の基本代理権は否定されることになる。その結果、110条の表見代理は遡及的に否定されるのであろうか。

　しかし、109条の表見代理には影響はないし、また、内部関係たる委任契約は遡及的に消滅するとしても、対外的な権限である代理権は将来に向かって消滅するのみと考えるべきである。取消しにより遡及的に110条の適用が否定されることはない。詐欺取消しであり、96条3項の適用も考えられる。

　(c) D社による援用の可否　110条の適用は相手方に限定され、転得者には適用されず、D社自身が表見代理によって保護されることはない。そのため、D社は、C

社の表見代理による権利取得を援用するしかないが、C社から権利を取得する立場にあり、正当な利益があり援用が認められるべきである。また、C社が保護されることを援用するのであり、D社がC社との契約当時悪意であっても妨げられない（絶対的構成）。なお、D社は110条を援用しないで、Bの117条1項の責任追及をすることも考えられるが、この点は［設問2］に述べる。

(2) 譲渡担保権の実行

　では、D社は甲地につきいかなる権利を取得するのであろうか。本件貸金債権の取得は、表見代理の援用にかかわらず可能であり、問題となるのは、甲地の譲渡担保権である。

　(a) 随伴性　確かに、CD間で譲渡されたのは本件貸金債権である。しかし、譲渡担保権は、債権担保に必要な限度で所有権が移転するにすぎず、実質担保権であり、被担保債権と離れて考えられる権利ではない。そして、担保権は債権に随伴して移転し、債権譲渡の対抗要件を充たしていれば、担保権の移転についての対抗要件は不要である。

　以上より、D社は本件貸金債権とともに甲地の譲渡担保権を取得する。

　(b) 譲渡担保権の実行　本件貸金債権は弁済期が到来したが、Bによる弁済がされていない。そのため、D社は甲地の譲渡担保権を実行することができる。Aに対して実行通知をして、これによりD社は完全な所有権を取得し、甲地を占有しているAに対して明渡しを求めることができる。

　ただし、本件貸金債権と甲地の差額5,000万円につき、AはD社に対して清算金支払請求権を取得し、また、その支払があるまで受戻権が認められるべきである（仮登記担保法11条類推適用）。この他、Aは、清算金の支払まで留置権（295条1項）が認められる。この点は、［設問4］で述べる。

　なお、D社は、甲地の所有権移転登記を受けておらず、少なくとも実行後は、C社に対して所有権移転登記を求めることができる。

2　［設問2］について

(1) 問題点——顕名がない

　［設問2］では、［設問1］とは異なり代理行為により譲渡担保権が設定されたのではなく、Bが乙にAを装わせて、A自身が契約をしていることを仮装させている。代理行為がないので、表見代理を問題にはできない。では、C社は保護されないのであろうか。Bが代理行為をしたか、本人を装ったかまた第三者に装わせたかで、C社の保護が異なる結論になるのは好ましくない。このようなリスクも、AがBに代理権を付与したことから引き受けるべき範囲に含まれるからである。

(2) 110条の類推適用

　そこで、基本代理権のある代理人が、代理行為をするのではなく、本人を詐称した場合には110条を類推適用すべきである。そして、本問のように、本人と性別、年齢などが異なるため、代理人自身が本人と詐称するのではなく、第三者に本人を詐称さ

せた場合にも、同様に110条の類推適用を肯定すべきである。

この場合、代理権への信頼が問題ではなく、本人への代理権の確認義務は問題にはならず、本人かどうか疑うべき事情がある場合に、本人かどうかの必要な確認義務を問題にすべきである。問題文ではC社には過失がないため、110条の類推適用が認められ、［設問1］と同様の扱いが認められる。

(3) 117条1項の類推適用の主張

(a) **117条1項の類推適用の可否**　代理行為ではないが、117条1項についても類推適用が認められるべきである。では、本問で同条の責任を負うのは誰であろうか。表見代理の類推適用が認められても、117条1項の類推適用を選択でき、相手方が表見代理の類推適用の成立を自己の免責のために主張できないのは、ここでも同様である。

まず、実際に本人を装って譲渡担保設定行為をした乙に、117条1項の類推適用が認められることは疑いない。では、Bはどうであろうか。不法行為でいえば、教唆による共同不法行為者になる（719条2項）。117条1項が不法行為の性質を持つことを考えれば、乙とBとに連帯して責任を負わせるべきである。よって、C社は表見代理の類推適用を援用しないで、乙とBに対して117条1項の類推適用による責任を追及することができる。

(b) **D社による主張**　では、D社は、C社についての110条の類推適用を援用せず、Bに対する117条1項の類推適用による責任追及を選択することができるのであろうか。しかし、ここでは、C社についての表見代理をただ援用するだけであり、援用・放棄の選択はC社のみに認められると考えられる。即ち、117条またその類推適用は、代理行為の相手方C社にのみ認められる。よって、D社によるBに対する117条1項の類推適用による責任追及は認められない。

3　［設問3］について

(1) 被担保債権の時効の援用

［設問1］に述べたように、C社につき表見代理が成立するため、D社は甲地につき有効に譲渡担保権を取得している。そのため、Aは、本件貸金債権の消滅時効（以下、時効という。）を援用して、付従性による譲渡担保権の消滅を援用することが考えられる。

しかし、債務者Bにより債務承認が毎年されており、時効更新が認められる（152条1項）。よって、時効は完成しておらず、上記主張は認められない。

(2) 譲渡担保の時効の援用

(a) **所有権なので時効にかからないのか**　そこで、次に、譲渡担保権が実行できる時から20年を経過しているため、所有権また債権以外の財産権として、166条2項の時効が認められないであろうか。譲渡担保権も形式は所有権なので、所有権は時効にかからないことから（166条2項）、消滅時効にはかからないと考えるべきであろうか。

しかし、譲渡担保権は所有権とはいっても実質担保権である。そのため、譲渡担保権には166条2項を適用して20年の消滅時効を認めるべきである。

　(b)　**396条の類推適用**　ただ、担保権については被担保債権と離れて独自に時効を考えるべきなのかは問題になる。というのは、被担保債権が時効にかかっていないのに担保権が先に時効にかかるのを阻止する規定として、抵当権についての396条があるからである。その趣旨は譲渡担保権にも当てはまり、類推適用がされるべきである。

　しかし、396条は設定者と債務者以外については、166条2項による時効を認めている（反対解釈）。この点、Aは、表見代理による拘束を受けるにすぎず、Aは自ら担保権を設定したわけではなく396条の「設定者」と同視すべきではない。Aには396条の制限は適用されず、166条2項の原則規定が適用されると考えるべきである。

　以上より、Aは、20年の譲渡担保権の時効を援用できる。

(3)　**取得時効の援用とその反射による担保権の消滅**

　Aは、表見代理による有効な譲渡担保権成立後も、甲地を占有し続けている。自己の物も取得時効が可能である（Aは所有の意思を表明している。）。ただし、譲渡担保が形式上は担保権の設定ではなく、所有権の移転と考える限り、Aの占有は他主占有になっている。

　ところが、Aは無権代理を主張し、甲地を自己の土地と主張し続けている。これにより185条が適用され、Aの占有は自主占有となっており、取得時効が可能になったものと考えられる。そうすると、20年占有しているので、Aは甲地の取得時効が可能である（162条1項）。

　その反射として、D社の譲渡担保権は消滅する（397条類推適用）。Aには譲渡担保権を容認して占有していた事情はない。

(4)　**停止条件説との関係**

　(a)　**援用が必要**　以上のように、(2)(b)の時効また(3)の取得時効の援用により、AはD社の譲渡担保権を消滅させ、完全な権利に復帰した所有権に基づいて自分への所有権移転登記を請求することができる（真正な登記名義回復のための所有権移転登記請求権）。この点、時効完成により当然にこの効果が生じるのではなく、Aによる援用が必要である。

　(b)　**援用前に譲渡担保権が実行されたら**　そのため、Aの援用前に、D社が実行の意思表示をすればそれは有効であり、これによりD社は確定的な所有権を取得することになる。この後は、Aは上記(2)の譲渡担保権の消滅時効については、援用権の行使ができなくなる。よって、時効が完成していても、AがD社に対して甲地の所有権移転登記請求ができるのは、援用がD社の実行の意思表示よりも先になされることが必要になる。

　また、(3)の取得時効の援用権については、時効完成後、援用前にD社が譲渡担保権を実行した場合には、実行は有効である。そうすると、D社は時効完成後の第三者となり、Aは時効取得をD社に対抗できなくなる。

4　[設問4] について
(1)　清算金支払請求権及び受戻権

(a)　譲渡担保権の実行は有効　　[設問1] に述べたように、C社につき110条の表見代理が成立し、D社は本件貸金債権とともに甲地の譲渡担保権を有効に取得しており、Aと債務者Bに対してなした実行の意思表示は有効であり、これによりD社は甲地の完全な所有権を取得することになる。

(b)　Aの反論　　譲渡担保権は実質担保であり、債権額以上の財産を取得すれば、D社のAに対する清算義務が生じる。その基準時は実行時である。こうして、Aは、D社に対して差額5,000万円についての清算金請求権が認められる。また、受戻権も認められるべきである（仮登記担保法11条の類推適用）。ところが、いずれの権利も5年の時効が完成している（166条1項1号）。受戻権も債権に準じて166条1項が適用されるべきである。

(2)　留置権

(a)　清算金請求権の時効　　Aの清算金支払請求権は、甲地について生じた債権であるため、Aには甲地に留置権が成立する（295条1項）。しかし、清算金請求権は上記のように時効が完成しているため、D社は時効を援用することになる。ただし、これに対しては、Aは、清算金の支払請求はできなくなるが、抗弁権の永久性の理論により、留置権は清算金が支払われるまで存続するものと主張することが考えられる。これは認められるべきである。

(b)　抵当権消滅請求など　　D社からは、Aが月極駐車場として使用していることから留置権の消滅請求がされることが考えられる（298条3項）。建物の賃貸借における居住のように必要性がある場合には、そのままの使用を認める余地があるが、本件では譲渡担保権の実行によりAは所有権を失っており、駐車場としての利用は認められるべきではない。よって、D社によるAに対する留置権消滅請求は有効であり、甲地の明渡しを請求でき、また、Aに対する譲渡担保権実行後の駐車料金の収益の返還請求も認められる（704条）。

以上

次の文章を読んで、後記の［**設問1**］から［**設問3**］までに答えなさい。（配点：100点〔［設問1］、［設問2］及び［設問3］の配点は、30：35：35〕）

【事実Ⅰ】

1. 2023年5月10日、Aはその所有する工場の土地建物（以下「甲不動産」という。）に隣接する乙地を、B所有名義とされていることから、Bから買い取った。AはBに代金5,000万円を支払って所有権移転登記を受け、引渡しも受けて工場の駐車場として使用している。

2. ところが、実は乙地はC所有であり、2022年に、Cの自宅から、Cの弟Bが実印と必要書類をCの知らない間に持ち出して自分への所有権移転登記をした上で、Aに売却したものであった。

3. Aは、2030年2月、甲不動産及び乙地に抵当権を設定して、E信用金庫（以下「E」という。）から1億円を借り入れ、Eのために本件抵当権につき設定登記を了した。

4. 2033年6月に、Cが死亡し、Cの相続人となった子のD（他に相続人はいない）が財産を調べていて、乙地が知らない間にBに所有権移転登記が、更にAに所有権移転登記がされ、Eのために抵当権設定登記がされていることを知った。そのため、DはAに乙地の明渡しと自己への所有権移転登記手続、また、Eに対して抵当権の設定登記の抹消登記手続を求めた。

［**設問1**］【事実Ⅰ】（1から4まで）を前提として、Eは、Dからの所有権に基づく抵当権設定登記の抹消登記手続請求に対してどのような法的主張をなしうるか、論じなさい。また、AがDに乙地の返還を約束した場合についても言及しなさい。

【事実Ⅱ】

前記【事実Ⅰ】（1から4まで）とは別に、以下の事実があった。

5. Aは石像・墓石等の製作を業とする会社であるが、2023年8月、宗教法人B寺から注文を受けて高さ5メートルの観音如来像（以下「本件観音像」という。）の製作を、報酬1億円で引き受けた。

6. Aは、B寺の了解を得た上で、コンクリート製品の製造・販売を業とするC会社（以下「C」という。）に本件観音像の製作を報酬9,000万円にて下請けに出した（Cの請負代金債権を以下「本件代金債権」という。）。B寺は同年8月中にAに1億円全額を支払っている。その後、2024年5月に、Cは自己の製作所で依頼を受けた本件観音像の製作を完成した。

7. Cは、本件代金債権につき特に支払期日について合意がなかったため、Aに対して本件観音像が完成したので、9,000万円を振り込んでほしいと連絡し、振込みがあればいつでも本件観音像の引渡しを行うということを通知した。しかし、AはB寺から支払を受けた1億円を借金の返済に充ててしまい、支払う資金がなくCへの9,000万円の振込みができないでいる。

8. AはB寺の住職と親戚関係にあり地元の一族であるため、B寺はAに対して本件観音像の引渡しについて強く求めることもなく、Aも受け取った代金を借金の返済に充ててしまったことを話し、資力に余裕がないためCへの支払ができないことを説明した。その後も、Aは事業を立てなおすことができず、Cに対して一切の支払はなされていない。

9. B寺は、2025年12月の寺院建立500周年の記念行事において本件観音像のお披露目をする予定にしているため、Cに対して、2025年3月に内容証明郵便によって、「本件観音像はBが買い取ったもので、代金も全額支払っているので引渡しをしてほしい。」と求めた。しかし、Cは、本件代金債権の支払があるまでは引渡しはできないとこれに応じることを拒否し、そのまま話がまとまらないままになっている。

[設問2] 【事実Ⅱ】（5から9まで）を前提として、2028年6月に、B寺がCに対して本件観音像の引渡しを求める訴訟を提起したとして、訴訟提起後1年が経過した2029年6月にB寺からの追加の法的主張も指摘した上で、裁判所はどのような判決を出すべきか、論じなさい。

【事実Ⅲ】

前記【事実Ⅱ】の5と6に続いて、以下の事実があった（前記【事実Ⅱ】の7から9までは存在しなかったものとする。）。

10. AはB寺に対し、本件観音像はCに製作をしてもらうことを説明し、B寺に本件代金債権につき連帯保証をしてもらい、また、B寺の所有する寺に隣接する山林（以下「甲地」という。）に本件代金債権のために抵当権を設定し、その旨の登記をしてもらった。

11. Aからの代金の支払がなかったが、2024年5月に、Cは、B寺から求められ、本件観音像をB寺に引き渡した。本件観音像は、CによってB寺の敷地内にコンクリート製の土台に設置された。

12. しかし、その後も、AからCへの代金の支払がなかった。<u>2028年11月に、Cは、B寺に対して保証人として本件代金9,000万円の支払を求めて訴訟を提起した。また、Cは、抵当権に基づいて甲地の競売を申し立て、裁判所により競売開始決定がされその正本が債務者Aにも送達された。</u>

［設問3］　【事実Ⅱ】及び【事実Ⅲ】（5、6及び10から12まで）を前提として、B寺から出されることが考えられる反論をふまえて、CのB寺に対する請求が認められるかどうか、論じなさい。2029年7月を現在として、CのB寺に対する上記訴訟が係属中であるものとして考えなさい。

また、【事実Ⅲ】の12の下線部の事実を、「2029年3月に、AがCに対して本件代金債権について支払を約束しており、CがB寺に対して2029年6月に保証債務の履行を求める訴訟を提起した。」と変更した場合についても論じなさい。

○ 言及すべき点及び論点 ○

1 ［設問1］について
①登記に公信力なし（重要度C）
②主債務の時効（重要度C）
③Aによる取得時効（重要度C）
④援用権者の基準（重要度A）
　ⓐEによるAの取得時効の援用（重要度B）
　ⓑEによるAの援用権の代位行使（重要度B）
⑤Aの援用権放棄とEの保護
　ⓐAの援用権の喪失（重要度B）
　ⓑ援用権喪失の人的効果（重要度B）

2 ［設問2］について
①製作物供給契約（重要度C）
②製作された物の所有権の帰属
　ⓐ原則論（重要度B）
　ⓑ元請における代金の支払がある場合（重要度A）
　ⓒ下請人に対する効力（重要度A）
③Cによる留置権の主張

　ⓐ弁済期到来（重要度C）
　ⓑ債務者所有でなくてもよい（重要度C）
④請負代金債権の時効
　ⓐ留置権の主張による完成猶予（重要度A）
　ⓑ債務者に対する主張ではないので認められない（重要度B）
　ⓒB寺による時効援用の可否（重要度C）

3 ［設問3］について
①保証債務の履行請求（重要度D）
②保証人への請求と主債務への効力（重要度B）
③抵当権の実行と完成猶予
　ⓐ担保権の実行（重要度C）
　ⓑ主債務者への効力（重要度B）
④主債務者の債務承認
　ⓐ主債務の時効は更新される（重要度C）
　ⓑ保証債務も時効更新される（重要度A）

解説及び答案作成の指針

1 ［設問1］について（配点は30点）

【出題趣旨】　［設問1］は，乙地のAによる取得時効が成立しており，乙地にAから抵当権の設定を受けたEによるAの取得時効の援用また代位行使することの可否，Aが時効援用権を放棄した場合のEの保護について議論してもらう問題である。

⑴ Eの抵当権とAによる取得時効の完成

⒜ Eによる抵当権の取得（否定）

　㋐ Aによる所有権の取得　　乙地はCの所有であり，Bへの所有権移転登記があっても，これはBが無断で行ったものであるため，その登記は無効である。登記に公信力はなく，また，本問では94条2項の直接また類推適用が可能な事

情は見当たらないので，Aは乙地の所有権を取得できない。したがって，Aが受けた所有権移転登記も無効となる。

(イ) **Eによる抵当権の取得**　そして，AがEに抵当権を設定しているが，やはりAの所有権移転登記に公信力はなく，また，CにEとの関係で94条2項の類推適用可能と思われる放置の事実は認められないため，Eも甲地の抵当権を取得しえない。

> 【**答案作成についてのコメント**】まずは，登記に公信力がないことから，Aが有効に乙地の所有権を取得できず，EもAから有効に抵当権を取得できないことを確認すべきである。

(b) Aによる取得時効とEの抵当権

(ア) **短期取得時効の可能性**　Aは乙地のB所有という登記を信じて乙地を購入している。登記の事実上の推定力からして，特別事情がない限り事実上Aは善意無過失と推定される（善意は186条1項により推定される）。そのため，Aは162条2項により10年の占有継続により乙地を時効取得することになる。そして，Aが乙地を時効取得すれば，取得時効の効力は起算点に遡るので（144条），AがEに設定した抵当権も有効に設定されたことになる。

なお，抵当権については，継続的な権利行使は考えられず（163条），独自の取得時効を考えるのは難しい。

(イ) **Aが時効完成後に返還を約束したら**　問題文後段のAがDに乙地の返還を約束した場合には，①Aが取得時効の完成を知って返還を約束すれば，時効の利益の放棄と評価できる（146条の反対解釈により有効）。②しかし，Aが時効の完成を知らなければそのような評価はできない。債務の消滅時効の場合における，時効完成後の債務承認による信義則による時効援用権の喪失（最判昭41・4・20民集20巻4号702頁）と同様に，時効完成を知らなくても信義則上取得時効の援用ができなくなると考えることができる。問題となるのはＥへの効力であり，次に説明したい。

> 【**答案作成についてのコメント**】Aの乙地の時効取得が完成しているが，Aは時効完成後に返還を約束している場合には，時効完成を知っているか否かで場合分けをして，Aの援用権の帰趨を論じるべきである。

(2) 時効の法的構成と援用との関係

(a) 時効の法的構成

(ア) **解除条件説では**　条文通り162条2項によって10年の占有により当

然にAは乙地の「所有権を取得する」と考えれば，それを主張する利益ある者は全てAの時効による乙地の所有権取得を主張することができることになる（解除条件説）。Eはそれにより抵当権を取得できるので，Aが取得時効したことを主張できることになる。そして，Aによる時効の利益の放棄のみが考えられ，その場合には，Eも抵当権を取得しえなくなる。

　(イ)　**停止条件説では**　しかし，判例は**停止条件説**に依拠している（最判昭61・3・17民集40巻2号420頁）。取得時効についていえば，時効完成だけでは権利の取得，本問ではAによる乙地の所有権の取得という効果は発生せず，援用権が成立するだけである。援用権者による援用を法定の停止条件として，時効，取得時効であれば財産権の取得という効果が発生することになる。以下，本問の解説は停止条件説を基礎として説明をしていくことにする。

　停止条件説では，誰に時効援用権が認められ，誰の援用により時効の効果が生じるのかが検討されるべきことになる。

【答案作成についてのコメント】議論の前提として，不確定効果説（停止条件説）に依拠すること，
　　そして，この立場では誰が援用権者なのかを問題として論じる必要があることを確認すべきである。

(b)　時効の援用権者

　(ア)　**判例及び改正法**　では，抵当権者Eにも，Aによる乙地の取得時効の援用権が認められるのであろうか。援用権者についての判例は，ほとんどが消滅時効の事例である。判例は援用権者の基準として，時効により「直接の利益を受ける者」という基準を設定している――直接の効果（古い判例）ではなく直接の利益を問題とする――。「直接の利益」の意味については明確ではないといわれているが，直接又は間接に債務や責任を免れる（消滅時効），直接又は間接に権利を取得する（取得時効）ことを要求する趣旨と理解することができる（学説には諸説がある）。

　145条括弧書は，消滅時効につき，「正当な利益」と規定したが，従前の判例を変更する趣旨はない。また，取得時効については規定していないが，取得時効については，確立した判例があるとはいいにくいため，明文規定を置かず解釈にまかせたのである。

　(イ)　**本問へのあてはめ**　Eは，抵当権を時効取得するわけではないが，Aが乙地を取得時効すれば自己の抵当権も有効に取得できることになり，時効の直接の効果ではないが，判例の基準にいう「直接の利益」，改正法の「正当な利益」

が認められる。そして，間接的な「効果」を受ける者の援用は相対効にとどめる
べきであり，あくまでもEと援用の相手であるDとの関係で，Aが乙地を時効取
得しているに過ぎないことになる。そのため，抵当権付きになるが，Aが乙地を
Dに返還することは妨げられない。

　　(ウ)　**援用権の代位行使**　　なお，Aは，Eに抵当権を設定しており，自己の
不動産ではないが，乙地について抵当権者の利益を図る抵当不動産の適切維持管
理義務を負う。そのため，Aは取得時効を援用するか否かは本来自由であるが，
Aは抵当権者Eに対して時効を援用してEの抵当権を保全すべき義務を負う。も
し，Aが援用をしない場合には，債権者代位権（423条1項によるか，転用とし
て423条の7の類推適用によるかは措く）により，Eがこれを代位行使すること
ができると考えられる。

> 【答案作成についてのコメント】Eは，Aの乙地の取得時効により自分が有効に抵当権を取得できると
> いう「正当な利益」（改正前の判例法では「直接の利益」）を受けるので，Aによる乙地の時効取得
> を援用できることを認めるべきである。その援用の効果が相対的であることも確認し，(c)の議論に
> つなげるとよい。更に，援用権の代位行使，その前提としての抵当不動産の占有者であるAに適切
> 管理維持義務があることにも言及すべきである（加点事由にするか，配点事由にするかは微妙）。

　　(c)　**Aの援用権の喪失との関係及び結論**　　Aが信義則上取得時効を援用でき
なくなることが，Eにどのような影響を及ぼすのかが問題になる。

　この点，Aとは別にEに固有の援用権を認める以上，Aが援用権を失ってもE
の固有の援用権には影響はなく，Eは自分との相対的関係において時効の効果を
援用できると考えられる。そのため，Aが援用できないとしても，Eは自己との
関係ではAが時効取得しており有効にAから抵当権を取得したことを，乙地の
所有者Fに対して主張することができることになる。

　この結果，［設問1］については，Aの乙地の取得時効につき，Eにも固有の援
用権が成立し，その後にAがその援用権を喪失しても，Eには影響はなく，Eは
自己との関係で相対的にAの取得時効を援用して有効に抵当権を取得しているこ
とを主張できる。Eの被担保債権の消滅時効は，本問ではいまだ設定から3年な
ので問題にならない。

> 【答案作成についてのコメント】Aの取得時効につきEにも独立した固有の時効援用権を認める以上，
> Aの時効援用権の喪失はEには影響を及ぼすことはないことを論じる必要がある。

2　[設問 2] について（配点は 35 点）

【出題趣旨】　[設問 2] は，完成した本件観音像の所有権の帰属（B 寺の所有権に基づく引渡請求権の有無），本件代金債権につき，本件観音像の完成から 4 年目に本件観音像の引渡請求訴訟が提起され，訴訟中に留置権の主張がされることにより時効の完成猶予が認められるのか──訴訟中に 5 年の時効期間が経過している──検討してもらう問題である。

(1)　本件観音像の所有関係

(a)　請負の目的物の所有権の帰属

　　(ア)　**製作物供給契約**　　B 寺と A，また，A と C との契約は，本件観音像を製作して引き渡すというものであり，いわゆる**製作物供給契約**である。製作物供給契約の法的性質については議論があるが，少なくとも本問のような特定物の製作の場合には，請負契約ないしは請負契約的要素を中心とした非典型契約と考える点では異論がなく，特に本問で議論されるべき点はない。

【答案作成についてのコメント】本問の契約が，請負ないし請負的要素を中心とした製作物供給契約であることをまず確認しておく。

　　(イ)　**本件観音像の所有権の帰属**　　請負契約における完成物の所有権の帰属をめぐっては，建物の建築請負をめぐって議論があり，2 つの考えが対立している。

　　❶　**請負人原始帰属説**　　請負人が材料を出した場合には，判例は**請負人原始帰属説**を採用しており，完成した建物の所有権は原始的に請負人に帰属し，代金が支払われるか又は引渡しがなされた時に所有権が注文者に移転すると考えている。しかし，売買契約における所有権移転時期についての判例法理──契約と同時に所有権は移転し，代金の支払も引渡しも必要ではない──との整合性を欠くことになる。

　　❷　**注文者原始帰属説**　　他方，「注文者の物を製作する」というのが契約の内容であり，完成した目的物は原始的に注文者の所有に属するということも考えられる（**注文者原始帰属説**）。契約に基づき目的物の対価として報酬代金債権を取得し，留置権や先取特権による保護を考えるべきであることになる。学説ではこちらが現在の多数説といえる。

【答案作成についてのコメント】次に，請負契約における目的物の所有権の帰属について確認すべきである。

(b)　請負人原始帰属説における例外について

　　判例である請負人原始帰属説によって説明するが，以下のような例外が認められており，本問ではまさにこれ

らが問題になる。

㈦ 特約がなくても代金既払であれば注文者に帰属

❶ 代金が支払われていれば注文者に帰属　　判例においても，当事者の特約は可能である（大判大 5・12・13 民録 22 輯 2417 頁）。①特約は明示である必要はなく，注文者が完成前に請負代金を全額支払った場合には，建物は完成と同時に注文者に帰属する旨の特約があるものと推認され（大判昭 18・7・20 民集22 巻 660 頁），②工事代金の半額以上を棟上時までに支払い，工事の進行に応じて残代金の支払をした場合につき，特約を持ち出すことなく，建物の完成と同時に所有権は注文者に原始的に帰属すると解されている（最判昭 44・9・12 判時572 巻 25 頁）。

❷ 本問について　　A は B 寺から既に代金全額の支払を受けている。そのため，黙示の特約を持ち出すまでもなく，完成した観音像は B 寺に帰属するはずである。ところが，A によって C に下請に出され，C が自己の材料を用いて製作し，AC 間には特約がなく未だ本件代金債権の支払もない。この場合の所有権帰属が問題になり，次にこの点をみてみたい。

㈧ 下請がされた場合はどうなるか

❶ 元請契約に拘束される　　元請において注文者に所有権が帰属する旨の特約がある場合に，判例（最判平 5・10・19 民集 47 巻 8 号 5061 頁）は「下請負人は，注文者との関係では，元請負人のいわば履行補助者的立場に立つものに過ぎず，注文者のためにする建物建築工事に関して，元請負人と異なる権利関係を主張し得る立場にはない」として，下請人がこの特約に拘束されることを認めた。特約により「注文者の建物を建築する」，即ち注文者に帰属する建物を建築することが債務の内容になり，その履行補助者だということが根拠である。

❷ 本問について　　㈦❶の判例は代金を全額支払った場合には，注文者に所有権が帰属することの黙示の特約を認めるので，本問でも AB 間の黙示の特約を認めることができる。そうすると，本件観音像の所有権は B 寺に帰属し，B寺は C に対して所有権に基づく引渡しを請求できることになる。

> **【答案作成についてのコメント】**判例に従うと，①B 寺が代金を支払っているため所有権を取得できること，その場合に黙示の特約が認められること，②そして，下請けに出された場合には，下請人は元請契約における特約に拘束されること，したがって，本件観音像は B 寺の所有であり，B 寺のC に対する所有権に基づく引渡請求が認められることを要領よく書くべきである。

⑵ Cからの反論について

(a) 所有権の否定以外の拒絶根拠

Cからは，B寺の所有権に基づく引渡し請求に対して，①B寺への所有権移転を否定することの他に（これは上記のように認められない），②Aに対する**同時履行の抗弁権**（633条），又は，③**留置権**（295条1項）を根拠として引渡しを拒絶する主張が出されることが考えられる。しかし，同時履行の抗弁権は，双務契約上の債務の履行請求に対してその契約上の対価関係に立つ債権についての抗弁権であり，契約関係にない者による所有権に基づく請求権に対しては主張できない。これに対して，留置権は物権であるので，B寺の所有権に基づく引渡請求に対しても対抗しうることになる。

したがって，B寺に所有権が帰属していると考えたとしても，Cは留置権により引渡しを拒絶することができる。所有権が注文者に原始的に帰属するとなると，債務者以外の第三者所有物についての留置権の成否が問題になるが，債務者所有である必要はない。

【答案作成についてのコメント】まず，留置権の主張がなされることを確認する。

(b) 請負代金債権の消滅時効

㋐ 5年の時効期間が経過している

留置権の主張に対しては，B寺が，被担保債権たるCのAに対する本件代金債権の消滅時効を援用することが考えられる。AC間において，本件代金債権の支払期日の約定はなく，仕事完成後に引渡しと同時に支払われることになる（633条）——引渡しは先履行ではない——。そうすると，完成が2024年5月なので，2029年5月に5年を満了することにより時効が完成する（166条1項1号）。B寺が，Cに対して本件観音像の引渡しを求める訴訟を提起した時点では，未だ4年しか経過していなかったが，訴訟係属中に5年が経過している。

㋑ 留置権の主張は時効の完成猶予事由になるか

❶ 裁判上の催告としての効力が認められる

Cは訴訟係属中に留置権の抗弁を主張するものと思われる。この点，改正前に，留置権の抗弁の主張が，裁判上の請求として時効中断事由になるのかが議論されていた（旧149条）。

最判昭38・10・30民集17巻9号1252頁は，留置権の主張は「被担保債権の履行されるべきものであることの権利主張の意思が表示されているものということができる」と評価して，訴訟係属中裁判上の「催告」としての暫定的な効力を

認めている。改正法では，150条の催告につき，「裁判上の催告」により訴訟係属中「催告」がされているものとして，完成猶予が認められることになる。

❷ **本問について——B寺は債務者ではない** しかし，本問では，Cは債務者たるAに対して留置権を主張しているのではなく，B寺に対して主張しているに過ぎない。それは，債務者Aに対する主張ないし権利行使ではない。そのため，確かにCによる留置権の主張があるが，これをAに対する「催告」と見るのは無理と言わざるをえない。したがって，完成猶予の効力は認められず，本件代金債権の消滅時効は5年の経過により完成していることになる。

【答案作成についてのコメント】留置権の主張が裁判上の催告として完成猶予事由になるか，また，本件のように相手方が債務者ではない場合はどうか，といったことを中心に論じるべきである。

(c) **B寺による時効援用** 最後に問題になるのは，Aの債務の時効につき，B寺がこれを援用できるのかという点である。B寺は，CのAに対する債権が消滅すれば留置権も消滅するので，代金債権の時効により正当な利益（145条括弧書）を受けることになる。参考となる判例として，最判平11・2・26判時1671号67頁が，譲渡担保不動産の第三取得者につき，占有者が清算金債権に基づき留置権を主張したのに対して，清算金請求権の消滅時効の援用を認めている。

したがって，B寺は，CのAに対する本件代金債権について時効援用権を有し，これを援用して，自分との関係では付従性により留置権が消滅したことを主張できることになる。裁判所としては，B寺の所有権に基づく無条件の引渡請求を認める判決を出すことになる。なお，抗弁権の永久性の理論があるが，債務を負担していないB寺に対する関係にまで認めるべきなのかは疑問である。

【答案作成についてのコメント】最後に，B寺にAの債務の時効について時効援用権が認められ，留置権も付従性により消滅し，裁判所はB寺の無条件の勝訴判決を出すことになることを確認すべきである。

3 ［設問3］について（配点は35点）

【出題趣旨】 ［設問3］においては，B寺は，Cによる保証債務の履行請求に対して，本件代金債権の消滅時効を援用することになるが，これに対して，C側からは時効の完成猶予を主張することになる。この完成猶予事由の検討がここでの中心論点になる。また，後段の主債務者Aによる債務承認は，保証債務への影響を問うものであり，いずれも条文を確認するだけの簡単な問題である。

(1) [設問3] 前段——保証債務の履行請求

　B寺は，本件代金債権のために連帯保証をしており，仕事が完成しその引渡しも経ており，Cの保証人たるB寺に対する履行請求は可能である。B寺から考えられる主張は，本件代金債権の時効の援用である。

　CのB寺に対する保証債務の履行請求につき訴え提起時は，仕事完成時から4年しか経過していなかったため，これにより保証債務については完成猶予が認められる（147条1項1号）。ところが，現在は5年を経過しているため，時効完成猶予事由がない限り，本件代金債権の時効は完成していることになる（166条1項1号）。保証人は，主債務について時効の援用権を有するので（145号括弧書），保証債務が付従性により消滅したことを主張することができる。

> 【答案作成についてのコメント】B寺による本件保証契約が有効なこと，訴訟提起時には時効期間を経過していないが，現在は時効期間が経過していること，時効の完成猶予事由がなければ時効が完成していることを問題提起すべきである。

(2) 時効の完成猶予事由があるか

　(a) 保証人に対する請求　B寺は連帯保証人である。改正前は，連帯保証人に生じた事由について，連帯債務の規定が準用され（旧458条），連帯保証人への請求が主債務者に対して効力を有していた（旧434条）。ところが，改正法は，458条により，438条，439条1項，440条及び441条のみに準用規定を限定した。また，連帯債務でもそもそも請求が絶対的効力事由ではなくなった。

　以上のように，Cによる連帯保証人B寺に対する訴訟の提起は，主債務者Aには効力は生ぜず，本件代金債権について時効の完成猶予は認められない。

> 【答案作成についてのコメント】本問におけるCのB寺に対する保証債務の履行請求には，本件代金債権についての時効の完成猶予の効力は認められないことを確認すべきである（落としてもたいしたことはない）。

　(b) 物上保証人の抵当不動産についての競売手続　148条1項2号により「担保権の実行」が完成猶予事由として認められ，その手続が終了するまで完成猶予の効力が認められ，また，債務が残る場合には残債務につき更新の効力も認められる（同2項）。しかし，担保権の実行とはいえ，本問では抵当権が設定されている甲地は物上保証人B寺の所有であり，当然には債務者Aに対する権利行使にはならない。そのため，154条により，債務者に通知がされなければ債務者への完成猶予の効力は認められないことになっている。

(c) **本問の結論**　本問では，Cにより競売が申し立てられ競売開始決定がされたことが主債務者Aにも送達されており，その到達により本件代金債権につき時効の完成猶予の効力が発生している。したがって，本件代金債権の消滅時効は完成しておらず，B寺による時効の援用は認められないことになる。

> 【答案作成についてのコメント】債務者Aに対する時効の完成猶予の効力は，Aへの競売開始決定の送達があって初めて生じることを確認すればよい。154条を確認するだけの問題である。

(3)　[設問3] 後段——主債務者による債務承認

(a) **相対効が原則**　本件代金債権の時効の起算点は，仕事の完成時である2024年5月になり，5年を経過した2029年5月に時効が完成する。問題文後段では，主債務者Aが，2029年3月にCに対して本件代金債権につき債務承認をしている。未だ時効完成前であり，Aについては時効の更新の効力が生じる（152条1項）。

この債務承認による更新の効力は，「更新の事由が生じた当事者及びその承継人の間においてのみ，その効力を有する」に過ぎない（153条3項）。そうすると，CのB寺に対する保証債権は時効の更新が認められず，2029年5月に5年経過により時効が完成することになりそうである。

(b) **担保については独自に時効を認めない**　ところが，この点，民法は特別規定を設けており，主債務についての「時効の完成猶予及び更新は，保証人に対しても，その効力を生ずる」ものと規定した（457条1項）。これは396条1項と同じ趣旨であり，担保は，その担保する債権が時効にかかっていないのに，担保だけが先に時効にかかって消滅するのは不合理であるという考えに基づく規定である。

(c) **本問の結論**　457条1項の結果，Aの本件代金債権の承認により，本件代金債権が更新されるだけでなく，CのB寺に対する保証債権も更新されることになる。よって，保証人B寺は本件代金債権のみならず，保証債務の時効も援用することはできず，Cの請求は全面的に認容されることになる。

> 【答案作成についてのコメント】[設問3] 後段では，主債務者による主債務の債務承認により，主債務（本件代金債権）が更新されるだけでなく，457条1項により保証債務についても時効の更新がされることを，条文を示して論ずるだけでよい。条文の確認だけの問題である。

■ No.13 模範答案例 ■

1 ［設問1］について

(1) 94条2項の類推適用

　Dは、乙地の所有権に基づいて、Aが乙地にEのために設定した抵当権は無効であるとして、Eに対して抵当権設定登記の抹消登記手続を請求することになる。これに対して、Eは、94条2項の類推適用を援用すると思われるが、Bが勝手に所有権移転登記をしたものであり、Cにはこれを知って放置したなど94条2項の類推適用が認められるべき事情はない。

(2) Aの取得時効

　(a) 短期取得時効　　そこで、抵当権者Eは、Aによる乙地の取得時効を援用するものと思われる。ちなみに、抵当権の取得時効は認められない。Aは登記を信頼しており、登記の推定力により善意無過失と推定され、162条2項の10年の取得時効が完成している。

　ただし、所有権取得の効果は、時効完成により当然には発生せず、援用権者による援用が必要である。この点、占有者Aは時効を援用していない。そのため、抵当権者Eに、Aの取得時効につき固有の援用権が認められるのかが問題になる。以下、時効の援用をめぐる問題を検討する。

　(b) Aの援用権の喪失　　Aはいまだ援用権を行使していないが、問題文後段では、Aは乙地のDへの返還を約束している。この場合、Aが時効の完成を知っていれば援用権の放棄になる（146条の反対解釈として有効）。Aが時効の完成を知らなくても、信義則上援用権の喪失事由になると考えるべきである（1条2項）。したがって、問題文後段の事例では、Aはもはや取得時効の援用ができないことになる。

(3) Eによる時効の援用

　(a) 固有の援用権　　Eは、Aの取得時効により自己の抵当権設定が有効になる関係にある。そのため、EもAの乙地の取得時効につき正当な利益があり援用権が認められるべきである（145条括弧書参照）。EにはAとは別個に固有の援用権が認められるものであり、問題文後段のAが援用権を失った場合にも、援用が認められることになる。

　この場合のEの援用は、Dとの関係での相対的なものであり、DE間ではAが時効により乙地の所有権を遡及的に取得し（144条）、Eは所有者Aから有効に抵当権の設定を受けたということをDに対して主張できることになる。

　(b) Aの援用権の代位行使　　Aは時効援用前は乙地の所有者ではないが、抵当権者Eに対して目的不動産の価値を保全すべき義務を負う。したがって、Eに対して、時効を援用してEが有効に抵当権を取得できるようにすべき義務を負う。もしAが時効援用をしなければ、EはAに対する抵当権に基づく抵当不動産適切維持管理請求権を被保全債権として、Aの援用権を代位行使できる（423条1項）。Aの無資力は不要である。

ただし、Aが援用権を有することが前提であり、Aが援用権を失うと代位行使はできなくなる。そのため、Aが援用権を失う問題文後段の事例では、Eも代位行使をできないことになる（423条の4）。

2　[設問2]について
(1)　製作物供給契約
　本問におけるABまたはBC間の契約は、売買と請負の要素をそなえた独自の契約類型であるが（製作物供給契約）、仕事の完成という請負の要素を中心とする契約である。そのため、請負契約の規定により規律される。B寺は、完成した本件観音像は、自分に所有権が帰属すると主張して、契約関係にないCに対して、所有権に基づいてその引渡しを請求することが考えられる。
　これに対して、Cは、本件観音像の所有権のB寺への帰属を争うほか、Aに対する代金債権による留置権を主張することが考えられる。以下、この点につき検討する。
(2)　製作された物の所有権の帰属
　(a)　**原則論**　　特定物の製作を請け負う場合、目的物は一旦完成により請負人所有となる。そして、引渡しにより注文者に所有権が移転する。請負人の債権保護のためである。ただし、特約又は代金の支払があれば別である。
　(b)　**元請における代金の支払があった場合**　　本問では、B寺はAに契約と同時に代金全額を支払っており、完成と同時に注文者に帰属する。黙示の特約が認められるからである。ところが、Cに下請けに出されており、この場合にはどう考えるべきであろうか。
　CはAの下請人でありA以上の権利を主張しえない。あくまでも、Aの債務を代わりに履行する履行補助者にすぎない。特約により、当然にB寺の所有とされる物を製作する債務を代わりに履行しており、それがAC間でもAに対する債務の履行になるというにすぎない。この結果、Cが完成させた本件観音像は、完成と同時にB寺の所有に帰する。
　したがって、B寺はCに対して所有権に基づき本件観音像の引渡しを請求できる。
(3)　B寺のCに対する所有権に基づく引渡請求
　(a)　**Cによる抗弁**　　これに対して、Cからは、同時履行の抗弁権（633条）ではB寺には対抗できないので、留置権（295条1項）を主張して、Aによる代金の支払まで引渡しを拒絶することが考えられる。留置権は、債務者以外の所有であっても認められる。
　(b)　**本件代金債権の時効**　　B寺は、Cによる留置権の主張に対し、被担保債権たるCのAに対する代金債権の完成から5年の消滅時効（166条1項1号）を援用することが考えられる。
　㋐　**時効の完成猶予**　　さらにこれに対しては、Cからは時効の更新や完成猶予を主張することが考えられる。B寺はCに対して本件観音像の引渡しを求めて訴訟

を提起しており、この訴訟においてCはBに対する債権の存在を主張し留置権を根拠として引渡しを拒絶している。そして、訴訟係属中に5年が経過している。

訴訟係属中のBに対するCの留置権の主張は、CのAに対する代金債権について完成猶予事由になるであろうか。債務者AからCへの訴訟における、Cの留置権の主張であれば、改正前の判例によれば、裁判上の催告と認められる。改正法では、これにより訴訟係属中ずっと完成猶予が認められることになる（150条1項）。

ところが、本問では、B寺による訴訟である。債務者ではないB寺にCが留置権を主張しても、それが債務者Aに対する催告となるとは考えられない（153条1項）。この結果、完成猶予は認められず、CのAに対する本件代金債権の時効は完成している。

(イ) Bによる援用　では、本件代金債権の時効につき、債務者Aではなく、B寺が援用することができるのであろうか。この点、B寺は、Aの債務の消滅時効により留置権が消滅するので、正当な利益を有すると考えられる（145条括弧書）。したがって、B寺に、CのAに対する代金債権の時効についての援用権が認められる。

以上、結論として、B寺はCの本件代金債権の消滅時効を援用できる。そのため、裁判所は、B寺のCに対する本件観音像の引渡請求を無条件で認める判決を出すべきである。なお、支払義務のないB寺に対しては、抗弁権の永久性の主張は認められるべきではない。

3 ［設問3］について
(1) 保証債務の履行請求
B寺は、本件代金債権のために連帯保証をしており、本件代金債権は仕事が完成しまた引渡しも済んでおり、特に期限を猶予した事情もないため、CはB寺に対して連帯保証人として代金の支払を求めることができる。

これに対して、B寺からは、保証債務については時効完成前に訴訟提起があるため（147条1項1号）、本件代金債権の時効（166条1項1号）が援用されることが考えられる。訴訟係属中に5年が経過しているからである。なお、問題文後段については、最後に検討する。

(2) 時効の完成猶予事由があるか
(a) 保証人に対する請求
(ア) 保証債務の完成猶予　Cは、2024年5月に本件観音像を完成しており（事実6参照）、代金の支払を請求できることになり、完成の翌日から時効が起算される。時効完成前の2028年11月に、CはB寺に対して連帯保証債務の履行を求めて訴訟を提起しており、保証債務については時効の完成猶予が認められる（147条1項）。この結果、B寺の保証債務は時効が完成していないことになる。

(イ) 主たる債務について　B寺はAの連帯保証人であり、連帯保証には連帯債務の規定が準用される。この点、連帯債務については請求の絶対効は認められておらず、相対効にとどまる（441条）。よって、連帯保証人への訴訟提起は、主たる債務

者に完成猶予の効力を生じさせない。そうすると、他に完成猶予事由が認められない限り、B寺は、主たる債務の時効完成を援用し（145条括弧書）、付従性による保証債務の消滅を主張し、Cの保証債務の履行請求を拒むことができる。

(b) **物上保証人の抵当不動産についての競売手続**　この点、Cからは別の完成猶予事由が主張される。即ち、148条1項2号により「担保権の実行」が完成猶予事由として認められており、この点を主張することが考えられる。

ただし、担保権の実行とはいえ、物上保証人の設定した抵当権である。そのため、154条により、債務者に通知をしなければ債務者への完成猶予の効力は認められないことになる。本問では、Cにより競売が申し立てられ競売開始決定が主たる債務者Aにも送達されている。この結果、その到達により、本件代金債権について時効の完成猶予の効力がAに発生している。

こうして、〔設問3〕前段の事例では、主たる債務も時効が完成しておらず、B寺はCによる保証債務の履行請求に応じなければならないことになる。

(3) 問題文後段について——主債務者による債務承認

(a) **相対効が原則**　問題文後段では、CのB寺への2029年6月の訴訟提起時には既に時効の起算点から5年が経過しており、更新又は完成猶予が認められない限り、2029年5月に時効が完成していることになる。

ここで問題になるのは、主たる債務者Aが、時効完成前の2029年3月に、債権者Cに対して本件代金債権につき債務承認をしていることである。これにより、Aの主たる債務については時効の更新の効力が生じる（152条1項）。債務承認による更新の効力は相対効を原則とするため（153条3項）、AのB寺に対する保証債権は時効の更新がなく、2029年5月に5年経過により時効が完成するのであろうか。

(b) **担保については独自に時効を認めない**　この点、民法は保証債務について特別規定を設けている。主たる債務の時効の更新は、保証人に対しても、即ち保証債務についてもその効力を生ずることを規定している（457条1項）。これは、担保される債権が時効にかかっていないのに、担保だけが先に時効により消滅することを否定する趣旨である。396条と同趣旨の規定である。

この規定の結果、Aの本件代金債権の承認により、CのB寺に対する保証債権も時効が更新されることになる。よって、〔設問3〕後段の事例では、CによるB寺に対する保証債務の履行請求は認容されることになる。

以上

次の文章を読んで、後記の**［設問1］**から**［設問3］**までに答えなさい。（配点：100点〔［設問1］、［設問2］及び［設問3］の配点は、40：25：35〕）

【事実Ⅰ】

1. A（83歳・男）は、2023年5月20日午後6時頃、幹線道路わきの2.5mほどの広さの歩道の左側を杖をついてゆっくり歩いていた。そこに、その後方から自転車に乗った中学1年生のB（13歳・男）が、塾に向かうために急いでいてかなりのスピードで近づいてきた。

2. Bは、Aを確認したものの漫然と右側（道路側）のスペースをそのまま通り過ぎることができると考え、スピードをわずかに落としただけでBを追い抜こうとした。ところが、Bが直後に迫ってきているのに気がついていないAが、歩道のでこぼこに足を取られ急に右側によろめいたため、Bはこれを避けようとしたがAにわずかに接触した。

3. この接触によりAはバランスを崩し、仰向けに転倒した（以下「本件転倒事故」という。）。Aは後頭部を軽くガードレールに打ち付けて、意識はあるもののそのまま動けなかった。そのため、Aは通りがかった通行人が呼んだ救急車によりα病院に搬送された。Aはα病院で脳のレントゲン検査等を受けたところ、脳には異常は認められないものの、右手首を骨折していることが分かった。

4. Bは、本件の自転車を両親CDから買ってもらい、日頃からCDにより運転には気をつけるようきつく言われている。Aの同居の息子Eは、同年5月22日、Aの了解を得てAに代わってCDと賠償交渉をした。CDは、Bの「直前になってAが急に進路を変えたので避けきれなかった。」という説明を聞き、全額の賠償は認められないと主張し、全額の賠償を求めるEとの話合いはまとまらなかった。

5. Aは高齢のため治療が長引き、10月まで通院して骨折の治療を受け、自己負担の治療費として合計12万円を支払った。頭についてはレントゲン検査

で血流等の異常は見られなかったものの、Aはそれまでは認知症の症状はなかったのに本件転倒事故の後には急に物忘れが激しくなり、認知症が急激に進行している。

6. そのため、Eは、Aについて成年後見開始の申立てをし、同年10月には、家庭裁判所により後見開始の審判がなされ、Eが後見人に選任された。Eは、その後もCDと交渉を続けたものの、合意に至らなかった。そのため、同年10月24日に、Eは、Aを原告としその法定代理人として、BCDに対して損害賠償を求める訴訟を提起した。

7. 請求されている損害の内容は、治療費合計12万円、障害慰謝料として、右手に障害が残り趣味の盆栽の手入れや畑での農作業に支障が出ることから20万円、認知症による介護費用の10%を介護保険外の自己負担分として平均余命分の20万円、弁護士費用10万円、合計62万円である。

8. 訴訟中の2026年5月に、Aは本件転倒事故の際に高級帽子（20万円相当。以下「本件帽子」という。）をかぶっていたが、転倒の拍子に脱げてしまい、そのまま無くなってしまっていたことを思い出した。そのため、同年6月6日に、Aの訴訟代理人は、Aの損害賠償請求につき、本件帽子の損害として20万円の賠償請求を追加した。

[設問1] 【事実Ⅰ】（1から8まで）を前提として、AのBCDに対する損害賠償請求について、BCD側から出される反論を踏まえて論じなさい。

【事実Ⅱ】
　前記【事実Ⅰ】の1から8までに続いて、以下の事実があった。

9. 【事実】6の訴訟は、2026年7月に、AとBCDの間で裁判上の和解が成立し、取り下げられた。2028年5月25日、Aは腰の調子が悪いのでβ病院に行ったところ、大学病院での精密検査を勧められた。そのため、紹介状を書いてもらい、γ大学病院に行きMRA検査を受けた。

10. この検査により、本件転倒事故後に診察をしたα病院では見落とされていたが、Aは本件転倒事故の際に転倒のため腰に障害を受けており、これが事故から3年以上して身体の老化と相まって重篤な障害になったことが判明

した。

11. Aは腰の障害のために、同年6月には車椅子による生活が必要になった。そのため、Aは、Eを法定代理人として、同年8月、Bに対して車椅子の購入代金及び車椅子での生活が可能なように住居を改築した費用100万円、並びに、慰謝料100万円、合計200万円の賠償を求めて、再度BCDに対して訴訟を提起した。

[設問2] 【事実Ⅰ】及び【事実Ⅱ】（1から11まで）を前提として、Aの請求が認められるか、Bから出される反論を踏まえて論じなさい。

【事実Ⅲ】

前記【事実Ⅰ】及び【事実Ⅱ】の1から11までとは別に、以下の事実があった。

12. A（83歳・女性）は、医療法人であるBが経営する甲有料老人ホーム（以下「甲ホーム」という。）と通所介護契約を締結し、2023年4月10日から甲ホームの通所介護を受けるようになった。

13. ところが、Aは、甲ホームにおいて、通所を始めてからまもなく介護士Cにより、ホームにおいて入浴の介護を受けている際に50度のお湯をかけられたり、その他の介護に際して手をつねられる、暴言を吐かれるなどの虐待を受けるようになった。

14. Cによるこのような虐待は常時行われていたが、Aは怪我をするほどのものではなかったため我慢をし、家族など誰にもこの事実を話していなかった。そのため、虐待はCが解雇されるまで続けられた。Cは虐待の相手としておとなしそうな高齢者のみを選んで行っており、Cは他の入居者らからは評判がよかった。

15. 1日の通所介護が終了し、送迎車でAを自宅に連れていくに際してCが付き添い、Aを自宅のベッドまで連れて行っていたが、2027年1月頃から何度かネックレス等高額な品物が無くなることがあった。そのため、2027年5月10日に、Aの同居の息子Dがペン型の隠しカメラをAの居室に設置して様子を見ることにした。

16. 翌日、DがAの居室の目につく所に高級な腕時計を置いておいたところ、Cがこれを持ち去るところが録画されていた。そのため、翌11日、Dが、この記録を証拠としてBに提出して、苦情を述べた。BがCを呼び出して確認したところ、CはBに対してこれまで全て自分が盗んでいたことを認めた。Dは、BからCが犯行を認めたことが伝えられ陳謝を受けた。

17. DがこのことをAに話したところ、Aから入所して以来ずっとCから虐待を受けていたことを打ち明けられた。これを聞いて激怒したDは、2027年5月14日、すぐにBに苦情を述べた。BはCから事情聴取をしたところ、Cが虐待を認めたため、BはAとDに陳謝しCを直ちに解雇した。

18. 2029年5月に、AはB及びCに対して訴訟を提起し、①虐待につき、Bに対しては使用者責任（民法715条1項）を根拠として、Cに対しては不法行為責任（民法709条）を根拠として100万円の慰謝料の支払、また、②盗まれたネックレス等について、Cに対して所有権に基づいて返還を求めた。

19. 2030年6月に、Aは、盗まれたネックレス等について、①Cに対して、所有権に基づく返還請求を取り下げ、これに代えて不法行為を理由とした50万円の損害賠償請求（民法709条）を追加し、また、②Bに対しても、使用者責任（民法715条1項）を根拠として50万円の損害賠償請求を追加した。

[設問3] 【事実Ⅲ】（12から19まで）を前提として、AのB及びCに対する上記請求について、BCから出される反論を踏まえた上で、その請求が認められるか、論じなさい。また、【事実Ⅲ】の18の②におけるネックレス等についての請求が、所有権に基づく返還請求ではなく、ネックレス等の価格の不当利得返還請求であった場合についても検討しなさい。

○ 言及すべき点及び論点 ○

1 ［設問1］について
　①Bの責任能力（重要度C）
　②Bの過失（重要度B）
　　ⓐ予見可能性
　　ⓑ結果回避義務
　　ⓒ高齢者に対する特別の配慮義務（重要度A）
　③A側の減額事由
　　ⓐ過失相殺能力・過失相殺（重要度C）
　　ⓑ高齢を理由とした素因減額（重要度B）
　④CDの責任（責任能力ある未成年者の監督者責任）（重要度B）
　⑤同一事故による損害賠償請求権
　　ⓐ人損と物損（重要度A）
　　ⓑ主観的起算点（重要度B）
　　ⓒ時効期間（重要度B）

2 ［設問2］について
　⑴ 和解と後遺症
　　①和解の紛争解決効（重要度B）。
　　②予見しえない後遺症と和解（重要度A）

　⑵ 後遺症と時効
　　①損害の発生が損害賠償請求権の成立要件（重要度C）
　　②予見し得ない損害と時効の起算点（重要度A）

3 ［設問3］について
　⑴ BCに対する請求
　　①Bに対する請求（重要度C）
　　②Cに対する請求（重要度C）
　⑵ 時効の完成猶予
　　①Bについて（重要度B）
　　　ⓐ追加的請求と時効（重要度B）
　　②Cについて
　　　ⓐ物権的請求権の行使と不法行為による損害賠償請求（重要度B）
　　　ⓑ不当利得返還請求権の行使と不法行為による損害賠償請求（重要度A）
　⑶ 継続的不法行為と時効
　　①時効の期間（重要度C）
　　②時効の起算点（重要度B）

解説及び答案作成の指針

1 ［設問1］について（配点は40点）

【出題趣旨】 ［設問1］は，Bの責任能力，過失，Aの過失相殺また素因減額の可否，そして，Bの両親についての責任能力ある未成年者の監督者責任，これに加えて1つの事故による人損・物損の損害賠償請求権の関係につき，時効をめぐって検討してもらう問題である。

⑴ Bの責任について

　Bからは，①責任を全面的に否定する根拠としては，ⓐ責任無能力，及び，ⓑ無過失が主張され，②賠償額の減額の根拠としては，ⓐ過失相殺，及び，ⓑ寄与度減額が主張される。

　(a) **責任無能力**　責任能力（「自己の行為の責任を弁識するに足りる知能」）

のない未成年者は，損害賠償義務を免れる（712条）。判例をみると，①一方で，11歳11か月の少年店員は責任能力ありとされ，使用者に使用者責任が認められている（大判大4・5・12民録21輯692頁，②他方で，12歳7か月の少年につき責任能力が否定され，監督義務者の責任が認められている（大判大10・2・3民録27輯193頁）。いずれも，背景にいる使用者や監督義務者の責任を認め被害者を救済するという意図が垣間見られる。

　現在では，責任能力ある未成年者についても監督者責任が709条により肯定されるようになっているので，②の判決のように責任無能力とする年齢を意図的に上げる必要はない。本問の13歳の中学1年生Bには責任能力を認めるべきである。

> **【答案作成についてのコメント】**責任無能力については，問題提起さえ不要といってよく，Bの責任能力を肯定する結論を確認するだけでよい。

(b)　Bの過失及びAの過失相殺

(ア)　高齢者に対する注意義務　Bは自転車で歩道を走行するに際しては，歩行者に配慮して走行する一般的な注意義務を負うだけでなく，弱者たる高齢者が歩いている場合には，特別の配慮義務を課せられる。東京地判平18・6・15判タ1241号143頁は，歩行者についてであるが，「健康な成人歩行者が道路を歩行するに当たっては，<u>自己の進路上にそのような歩行弱者が存在しないかどうかにも注意を払い</u>，もし存在する場合には進路を譲ったり，減速，停止したりして，<u>それらの者が万一ふらついたとしても接触，衝突しない程度の間隔を保つなどしてそれらの者との接触，衝突を回避すべき注意義務がある</u>」と判示している（高齢者にも3割の過失相殺がされている）。

(イ)　Bについてのあてはめ　このように，高齢者が近くを歩行している場合には，通行人や自転車運転者は万全の注意が必要である。Bは杖をついた83歳の高齢者であり，ふとしたことでよろめいたりする可能性があるため，Bとしては，いつでも止まれるよう減速し，Aの横を通るに際しては自転車を降りて押して通るくらいの配慮が必要になる。それにもかかわらず，Bは，2.5mほどのそう広くない歩道でさしたる減速もせず，漫然とAの右横を通り抜けられると過信して進行しており，Bに過失が認められることは疑いない。

> **【答案作成についてのコメント】**過失の認定については，その際に被害者が高齢者であるという特殊性を考慮した注意義務であることを論じれば，より高い得点を得られる。

(ウ)　Aの過失相殺　83歳のAには特別の事情がない限り事理弁識能力（過

失相殺能力）は否定されない。A には，既に認知症であったなどの特別事情はない。

　その上で，A の過失については，歩道のでこぼこに足を取られ急に右側によろめいたというものであり，若者であればこの程度でバランスを崩すことはない。足の不自由な高齢者故の動きである。では，これを過失というべきであろうか。この点は否定するのが常識的な感覚に合致する。高齢者はこのようなことがあるから，本人が注意するのではなく，周りの者が注意をするようにというのが(ア)の高度の注意義務を認める価値判断である──社会的インクルーシブと呼ばれる価値判断である──。上記(ア)の判決も「それらの者が万一ふらついたとしても」対処できるようにすることを求めている。

　このように過失相殺すべき特段の事情もないが故に，A につき過失相殺はすべきではない。

> **【答案作成についてのコメント】** A につき過失相殺能力（事理弁識能力）は否定されないが，高齢者に要求される注意義務は平均人と同じではなく，そのようなふらつきなども想定して周りの者が注意すべきであり（社会的インクルーシブという観点），特段の事情がない限り，高齢者の過失相殺を否定すべきことを書くとより高得点になる。

　(c)　**素因減額**　　　A は 83 歳と高齢であるもののそれまで認知症は出ていなかったが，転倒事故により頭を打ったことが契機となり認知症を発症し，これが急激に進んでいる。この点をめぐっては，被害者の素因の寄与度に応じた賠償額の減額が問題になる（722 条 2 項類推適用）。高齢者になれば必然的に知的能力は減退するのであり，A も本件事故がなくても軽いか重いかは別として認知症は避けられなかったのに，全面的に B 側に賠償責任を負わすべきなのであろうか。

　　(ア)　**素因減額をめぐる判例**　　　判例をみると，**心因的素因**（最判昭 63・4・21 民集 42 巻 4 号 243 頁 [この点についての最初の最高裁判決]），**自招事故による既往症**（最判平 4・6・25 民集 46 巻 4 号 400 頁），**事故前の疾病**（最判平 20・3・27 判時 2003 号 155 頁）については減額を肯定したが，他方，首が長いためにむちうち症が悪化したという**身体的特徴**については減額を否定する（最判平 8・10・29 民集 50 巻 9 号 2474 頁）。また，心因的素因であっても，雇用契約における安全配慮義務違反の事例のように，本人の性格等を見極めて使用者が適切に対処すべき義務が問題となる事例では，素因減額が否定されている（最判平 12・3・24 民集 54 巻 3 号 1155 頁 [**電通事件判決**]）。

㈠　**高齢者という事情と素因減額**　　A は高齢者なので回復力が減退していて治療に通常より長期の通院を要しているが，これを減額事由にすべきであろうか。障害等とは異なり老化は全ての人間に訪れ避けられないものである。これを考慮して減額するのは公平ではない。

　既存の判例との関係で一番近いのが身体的特徴（首長事件）について，素因減額を否定する判例である（最判平 8・10・29 民集 50 巻 9 号 2474 頁）。疾病とはいえない身体的特徴の 1 つとして高齢者ということを位置づけることができる。これまで最高裁判例はないが，老化それ自体は減額事由と認めるべきではなく，疾病が競合した場合に限り 722 条 2 項の類推適用を認めるべきである。

㈡　**あてはめと相当因果関係による制限**　　本問では，損害発生また拡大のいずれについても特に過失相殺すべき事情はなく，高齢者ということ以外に特に減額すべき事情はない。ただし，722 条 2 項の類推適用を一切否定するのも公平の観点からは疑問は残る。老化による知的能力や身体能力の減退は，誰もが避けられずすべての者に起こるのであり，事故が寄与したがためにより悪化した範囲に責任を限定することが公平といえるかもしれない。本件の A の認知症についても，<u>本件事故が寄与したがためにより悪化した範囲に限り</u>，B の責任を認めることが考えられる。その意味で，介護費用 20 万円については，相当な範囲に限定すべきである（この限度で 722 条 2 項の類推適用は可能）。

> **【答案作成についてのコメント】**寄与度減額の問題を提起して，高齢者であり運動能力が減退していたこと，軽い転倒で重大な被害になったこと，また，被害の治癒が高齢者であるがために遅いことなどを減額事由として認めるべきなのかを検討すべきである。原則としては，高齢者であるということを理由に素因減額をすべきではない。ただ事後のため認知症がより重症になった点については，認知症は避けられないので，事故のために特に悪化した範囲で責任を認めるかどうかは区別して論ずべきである。

(2)　**CD の責任──責任能力ある未成年者の監督者責任**

　(a)　**709 条による責任が認められる**　　B に責任能力を認めると，CD には責任無能力者たる未成年者の監督者責任（714 条 1 項）を認めることはできなくなる。しかし，現在では，判例により 709 条の過失責任をいわば 714 条の転用として用いることが認められている（**責任能力ある未成年者の監督者責任**）。即ち，「未成年者が責任能力を有する場合であっても<u>監督義務者の義務違反と当該未成年者の不法行為によって生じた結果との間に相当因果関係を認めうるときは，監督義務者につき民法 709 条に基づく不法行為が成立する</u>」と判示されている（最

判昭 49・3・22 民集 28 巻 2 号 347 頁）。ここでの 709 条の「過失」内容については次に説明する（☞(b)）。

(b) 709 条による責任は 714 条の責任と実質的に変わらない

（ア）**具体的な加害行為についての過失は不要**　709 条の「過失」について予見の対象は，「予見の対象となるべき危険は，回避措置につながる程度の具体性をもっていなければなら」ない。ところが，判例は，709 条によりつつ，（イ）のような抽象的な監督義務違反についても 709 条の過失を認めており，実質的に 714 条の責任の運用と変わることはない。そのため，714 条の議論をここに転用することができる。この点で，最判平 27・4・9 民集 69 巻 3 号 488 頁（サッカーボール事件。No.1〔設問 2〕参照）が参考になる。

（イ）**監督下にない未成年者の行為について**　問題になるのは，監督下にない未成年者の行為である。この場合には，通常「人身に危険が及ぶ行為」についての，監督義務者としてのしつけ等の一般的な「監督義務者の義務違反」が必要になる。

本問の自転車に乗ることは人身に危険が及ぶ行為であり，したがって，日頃から自転車の運転について事故を起こさないようにしつけをしていたか否かが問題になる。本問では，日頃から自転車の運転について注意をしていたのに，たまたま B が急いでいてそれを守らなかったというのであり，CD の過失は否定されてよい。714 条 1 項但書の免責は認められにくい傾向にあったが，（ア）の最判平 27・4・9 により事例が類型整理され，免責が認められやすくなっている。

(3) 本件帽子の損害賠償請求

（a）**問題点**　本件転倒事故は 2023 年 5 月 20 日に起きており，人身損害については 2028 年 5 月 21 日（724 条の 2），それ以外の損害については 2026 年 5 月 21 日のそれぞれの満了により消滅時効が完成する（724 条 1 号）。A は，本件転倒事故により，人身侵害による損害と，財産侵害による損害を受けており，後者が 20 万円の本件帽子の損害である。

人身損害については，Aは2024年10月に時効完成前に訴訟提起をしている。これに対して，本件帽子の損害賠償請求については，2026年6月6日に訴訟上の請求に追加されているが，それは2026年5月21日の時効完成後である。そのため，Bは本件帽子の損害賠償請求については，時効を援用することが考えられる。なお，Aは帽子が無くなったのを忘れていても，事故時には損害を知っていたものと考えてよい。

【答案作成についてのコメント】人損と物損を別々に考えれば，本件帽子の損害賠償請求については既に時効が完成していることを問題提起すべきである。

(b) 一部請求か

(ア) 一部請求だとどうなるか　　判例によれば，一部請求を明示的にすれば，その部分だけが訴訟物になるため裁判上の請求としての時効の中断（現在は完成猶予）はその部分に限られ，残部には及ばないが（最判昭34・2・20民集13巻2号209頁），全部として請求していたが一部請求になっていたに過ぎない場合には，全部に中断の効力が及ぶことを認める（最判昭45・7・24民集24巻7号1177頁）。ただ明示的一部請求でも，残部については<u>裁判上の催告</u>としての効力は認められている（最判平25・6・6民集67巻5号1208頁）。

本件で，1つの事故による損害ということで，人身侵害による損害と，財産侵害による損害とをあわせて1つの損害賠償請求権が成立すると考えれば，一部請求であったため，改正法では裁判上の催告（150条）として完成猶予の効力が認められることになる。

(イ) 2つの損害賠償請求権である　　しかし，最判令3・11・2民集75巻9号3643頁は，主観的起算点につき，同一の交通事故で受けた身体侵害と車両損害の損害賠償請求権について，「異なる請求権」として，それぞれを知った時から起算するものとした。「車両損傷を理由とする損害と身体傷害を理由とする損害とは，これらが同一の交通事故により同一の被害者に生じたものであっても，被侵害利益を異にするものであり，<u>車両損傷を理由とする不法行為に基づく損害賠償請求権は，身体傷害を理由とする不法行為に基づく損害賠償請求権とは異なる請求権である</u>」と判示する。2つの別個の債権であり訴訟物が2つになり，一部請求ではないことになる。

そうすると，本問では，本件帽子の損害賠償請求権は，人身侵害の損害賠償請求権とは別の債権になり，人身損害についての訴訟提起が本件帽子の損害賠償請

求権に完成猶予の効力を及ぼすことはない。よって，Bは本件帽子の損害賠償請求については，消滅時効の援用が認められることになる。

【答案作成についてのコメント】同一事故によるものであっても人損と物損との損害賠償請求権は別個の債権であり，消滅時効も別々に考えられ，一部請求ではないので人損についての訴え提起による時効の完成猶予の効力は，物損の損害賠償請求権には及ばないことを論じるべきである。

2 ［設問2］について（配点は25点）

【出題趣旨】［設問2］は，不法行為債権の時効をめぐる問題である。訴訟上の和解により解決されたためもはや損害賠償請求ができないのか，できるとしても，時効が完成しているのではないかということを検討してもらう問題である。

(1) 和解と後遺症

(a) **和解による紛争解決──異なる主張の遮断効**　AとBCDは，訴訟上の和解により本件事故についての損害賠償の問題は解決したため，Bらからは，Aがこれとは別に損害賠償を請求することはできないと主張することが考えられる。裁判上の和解も，民法上の和解としての効力を有し，和解内容と異なる権利は消滅又は発生したものと扱われる（696条）。

(b) **早急・少額の和解では制限解釈される**　最判昭43・3・15民集22巻3号587頁は，「全損害を正確に把握し難い状況のもとにおいて，早急に小額の賠償金をもって満足する旨の示談がされた場合においては，示談によって被害者が放棄した損害賠償請求権は，示談当時予想していた損害についてのもののみと解すべきであって，その当時予想できなかった不測の再手術や後遺症がその後発生した場合その損害についてまで，賠償請求権を放棄した趣旨と解するのは，当事者の合理的意思に合致するものとはいえない」と判示した。

(c) **早急・少額以外への拡大の可否**　上記判決は，①「全損害を正確に把握し難い状況のもと」で，②「早急に小額の賠償金をもって満足する旨の示談がされた」ことを前提とするため，本問に適用することは難しい。そうすると，和解において，予見できない後遺症についての危険を一方的にAが引き受けることになる。しかし，更に損害が生じるとしても軽微な損害であろうから，紛争解決を優先したものと考えられ，本問のような相当の金額の損害については放棄の対象外と考えることができる。和解の対象の制限解釈による解決は，判例のような事

例以外でも，予見しえなかった後遺症が重大な場合にも拡大してよいように思われる。

> **【答案作成についてのコメント】**まず，裁判上の和解がされているが，予見できない相当の金額の損害については，和解の対象にはされていないという制限解釈による解決の可能性について検討すべきである。

(2) 予見しえない後遺症の時効の起算点

(a) **損害を知ることが必要**　本件で予見しえない重大な後遺症による損害については，損害賠償の請求ができるとしても，すでに事故からは 5 年が経過している。そのため，BCD からは消滅時効が援用されることが考えられる。

724 条の 2 による 5 年の時効は**主観的起算点**を採用し，債権者による損害及び加害者を「知った」時を起算点としている。本問で問題になるのは，事故時に予見できない後遺症につき，「損害」を知ったといえるのかという点である。損害を「知った」という点については，名誉毀損の事例であるが，知ることが必要であり，知り得ただけでは足りないものとされている（最判平 14・1・29 判時 1778 号 59 頁）。

> **【答案作成についてのコメント】**後遺症については，724 条の 2 の主観的起算点の解釈が問題になることを問題提起すべきである。認識「可能性」には緩和しないのが判例の立場であり，この点の言及もしておくべきである。

(b) **予見できない後遺症について**　この点，最判昭 42・7・18 民集 21 巻 6 号 1559 頁は，次のような区別をしている。

---

① **認識可能な損害**　「被害者が不法行為に基づく損害の発生を知った以上，その損害と牽連一体をなす損害であって当時においてその発生を予見することが可能であったものについては，すべて被害者においてその認識があったものとして，民法 724 条所定の時効は前記損害の発生を知った時から進行を始める」。

② **認識不可能な損害**　「受傷時から相当期間経過後に原判示の経緯で前記の後遺症が現れ，そのため受傷時においては医学的にも通常予想しえなかったような治療方法が必要とされ，右治療のため費用を支出することを余儀なくされるにいたった等，原審認定の事実関係のもとにおいては，後日その治療を受けるようになるまでは，右治療に要した費用即ち損害については，同条

所定の時効は進行しない」。

　［設問2］の損害は後遺症による損害であり，上記の②のように考えて，後遺症の発症またそれが本件事故によることをAないしEが知った時から消滅時効が起算されると考えることができる。そうすると，時効は完成しておらず，再度の訴訟提起による損害賠償請求は認められる。

> 【答案作成についてのコメント】予見できなかった後遺症による損害については，その発症と事故との因果関係を知って初めて時効が起算されることを書くべきである。

時効総論・消滅時効2（完成猶予・更新）

3　［設問3］について（配点は35点）

> 【出題趣旨】［設問3］も消滅時効の問題であり，Cについては継続的不法行為の時効，ネックレス等を盗んだ点については，所有権に基づく返還請求（問題文後段は不当利得返還請求）により不法行為に基づく損害賠償請求権についても時効の完成猶予が認められるか，また，Bについては追加請求についての時効を論じてもらう問題である。

(1)　AからC及びBに対する請求の法的根拠

　(a)　Cに対する請求　　まずCに対しては，①虐待につき，故意不法行為による身体侵害による慰謝料請求（709条，710条），及び，②ネックレス等については，ⓐ所有権に基づく物権的返還請求権，ⓑこれを処分していれば，不当利得返還請求権（704条）またⓒ所有権侵害による損害賠償請求権（709条）が認められる。本問では，当初ⓐを請求し（問題文後段ではⓑ），途中で返還を諦めⓒに請求を変更している。

> 【答案作成についてのコメント】Cについては考えられる結論を要領よく確認し，ネックレス等については，当初ⓐを請求し（問題文後段ではⓑ），途中で返還を諦めⓒに請求を変更しているという事案の確認をして，問題提起につなげるべきである。

　(b)　Bに対する請求　　Bについては，Cの使用者として，Cの(a)①更には②の不法行為について使用者責任を負うことになる（715条1項）。使用関係があり，その介護職員としての職務執行中に不法行為を行っているので，Cの使用者たるBは使用者責任を免れない。免責立証は事実上認められない──従業員の指導や監視体制などについて，法人自体の適切な組織編成義務違反が認められれば，Bの法人自体の過失ないし不法行為も認められる（709条）──。その他，債務不履行も問題になるが，本問では，債務不履行は主張されていない。

【答案作成についてのコメント】Bについて，Cの虐待や窃盗について使用者責任を負うことを確認すべきである。特に論点ではないので，問題提起をして論じる必要はない。

(2) 消滅時効との関係

(a) 虐待について（継続的不法行為）　Cに対しては，虐待による慰謝料請求は，虐待が開始したのが2023年4月の通所時からであり，訴訟提起が2029年5月であり，既に6年以上が経過している。そのため，BC側は，724条の2の5年の時効を援用することが考えられる。この点，学説には異論もあるが，判例は，継続的不法行為による慰謝料請求権については，不断に慰謝料請求権が発生し，過去の時効期間（本問では5年）を経過した分について（本問では約1年分），部分的に時効の完成を認めている（最判平6・1・20家月47巻1号122頁［不貞行為の事例］。なお，不法占有の事例につき，大連判昭15・12・14民集19巻2325頁）。

この結果，AのBCに対する慰謝料請求は，訴訟提起の時に既に5年を経過している部分については時効が完成しており，BCはこの部分につき時効を援用することができることになる。なお，本問は，各別の虐待の個別的不法行為が繰り返されているにすぎず，継続的不法行為ではないと考えることもできる。そうだとしても，5年を経過した分は時効にかかるという結論に変わりはない。

【答案作成についてのコメント】継続的不法行為である点を指摘して，時効問題を検討すべきである。虐待の結果としてうつ病になったといった1つの不可分的な損害であれば，不法行為終了時から起算することが考えられるが，本問では個々の虐待行為に対する慰謝料請求のみに限定しており，判例を適用すれば過去5年を超える部分は時効が完成していることになる。

(b) ネックレス等の盗難被害について

(ア) Bに対する請求

❶ **不法行為時から3年が経過している**　BがCの就業中の窃盗行為について使用者責任を負うことは上記の通りであるが，Aは当初の訴訟提起時は，窃盗被害については，Cに対する現物の返還請求のみをしており，Bに対して損害賠償請求はしていなかった。盗難被害は2027年1月から5月の間であり，2029年5月の訴訟提起時には時効は完成していなかったが，AがBに対してネックレス等の損害賠償請求を追加した2030年6月の時点では，既に3年が経過している。そのため，被害を知った2027年5月11日の翌日から起算すれば，完成猶予がない限り，724条1号の時効が完成していることになる。

❷　**起算点や完成猶予について**　　まず，盗難被害が生じても，それがC
の犯行だということを認識して初めて不法行為を知ったことになる。この点，C
が自白したのが2027年5月11日であり，ここから起算するとしても，請求を追
加した2030年6月には3年の時効期間が既に経過している。

　次に，一部請求であれば，残部について裁判上の催告による完成猶予の効果が
認められることは先に説明した通りであるが，虐待と窃盗は別の不法行為であり，
一部請求というのは難しい。Cの不法行為についての使用者責任とはいえ，別の
不法行為であり，不法行為ごとに損害賠償請求権が成立すると考えられるからで
ある（1つの交通事故による物損と人損につき，1(3)(b)(イ)）。この結果，Bからは，
時効の援用が可能であることになる。

> **【答案作成についてのコメント】**ネックレス等の財産被害については，Bに対する使用者責任による損
> 害賠償請求権が問題になるが，2027年5月12日（初日不算入）が起算点，そして，一部請求にも
> 該当せず時効の完成猶予も認められないことから，請求を追加した2030年6月には時効が完成し
> ていることを確認すべきである。

　(イ)　**Cに対する請求について**

　　❶　**不法行為時から3年が経過している**　　Cに対しては，2029年5月の
訴訟提起の時には，2027年5月11日にCの犯行と発覚してから3年は経過して
いなかったが，当初訴訟物とされていたのは，Aは所有権に基づく物権的返還請
求権，問題文後段の場合には不当利得返還請求権であった。これを2030年6月
に取り下げて，不法行為を理由とした損害賠償請求を追加した時点では，既に3
年が経過している。そのため，時効の完成猶予が認められなければ，損害賠償請
求権については時効が完成していることになる。

　　❷　**時効の完成猶予が認められるか**　　この点，本問とは逆に，不法行為
による損害賠償請求をして，訴訟中にこれを取り下げて不当利得返還請求を追加
した事例で，最判平10・12・17判時1664号59頁は，「① Xらが追加した不当利
得返還請求は……，本件訴訟の訴訟物である不法行為に基づく損害賠償請求とそ
の基本的な請求原因事実を同じくする請求であり，また，②……前記損害賠償請
求と<u>経済的に同一の給付を目的とする関係にある</u>」から，「<u>不当利得返還を求め
る権利行使の意思が継続的に表示されている</u>」と認めて，不当利得返還請求権に
ついても裁判上の催告を認めた。これが参考になる。

　　❸　**本問へのあてはめ**　　まず，上記判例は改正法の下でも，完成猶予事

由として裁判上の催告（150条）の解釈として先例価値を認めることができる。

　　　　ⓐ　**不当利得返還請求事例**　　では，判例と逆の本問後段の事例はどう考えるべきであろうか。①「基本的な請求原因事実を同じくする請求」，そして，②「経済的に同一の給付を目的とする関係にある」という要件を充たすことは，逆もまた然りである。そのため，不法行為による損害賠償請求権についても，裁判上の催告による完成猶予の効力が生じており，完成前に裁判上の請求を行ったことになり，時効の完成は否定される。

　　　　ⓑ　**物権的返還請求事例**　　問題は当初の請求が物権的請求権の行使の場合である。所有権に基づく物権的返還請求権に対して，損害賠償請求権はそれが認められない場合の予備的請求の関係に立ち，「損失」，「損害」として同じ金額の支払を求める❷の判例の事例とは大きく異なる。そのため，判例の射程は，物権的返還請求権による訴訟提起の事例には及ばないと言わざるをえない。したがって，この場合には，不法行為による損害賠償請求権についての時効完成は免れない。よって，Cは消滅時効を援用し，Aの損害賠償請求を退けることができる。

【**答案作成についてのコメント**】請求権競合事例の関係にある不当利得返還請求権と不法行為の損害賠償請求権とは異なり，物権的請求権の行使についても判例の射程が及ぶのか，判例を確認した上で検討をすべきである。判例とは逆の事例である問題文後段の事例については，判例の射程を及ぼした解決が図られるべきである。❷の理由がどれだけ説明できているかにより，得点に差が出ることになる。

1 ［設問1］について

(1) Bの責任について

　被害者Aは、B及びその父母CDに対して、本件転倒事故により生じた損害の賠償請求をすることになる。まず、Bの責任から検討したい。

　(a) **責任能力**　Bは13歳であり、また、自転車での走行という単純な事実行為であり、責任能力が認められ（712条）、709条による損害賠償責任を免れない。

　(b) **過失**　Bは、歩道を自転車で走行中、前方に歩行者がいるのに漫然スピードも大きく落とさずその脇を通過している。とりわけ高齢者に対しては特別の配慮義務が要求され、高齢者がふらつくことは予見可能である。そのため、Bは減速して接触を避けるべき結果回避義務があったのに、これを怠った過失が認められる。よって、BはAに対して損害賠償義務を負う（709条）。

(2) Aの減額事由

　(a) **Aの過失相殺**　Bは責任が認められるとしても、減額を主張することが考えられる。まず、Aにも過失があるとして、過失相殺（722条2項）を主張することが考えられる。

　Aに事理弁識能力（過失相殺能力）はある。しかし、高齢者であることを考慮すれば、Aに歩行者としての注意義務違反はないと考えるべきである（過失相殺否定）。高齢者については、社会的インクルーシブの観点から、高齢者に対しては周りの者が配慮すべきである。更にいえば、歩道であり、自転車が必要な注意を尽くすべきである。

　(b) **Aの素因減額**　また、Bからは、いわゆる素因減額（722条2項類推適用）が主張されるものと思われる。即ち、Aが高齢者であるがゆえに、より治療費がかかった点につき、減額をすべきであるといった主張がされる。

　しかし、高齢者であるということは疾病や既往症と同等のものと考えるべきではない。全ての者に必然的に訪れる、人としての特性にすぎず、これを減額事由と認めるべきではない。ただし、認知症については事故がなくても高齢者には発症するものであり、事故が寄与して重大になった限度で責任（因果関係）を認めるべきである。

(3) 本件帽子の損害賠償請求

　AのBらへの訴訟は、本件転倒事故から3年以内に提起されており、時効完成前である（724条、724条の2）。ところが、本件転倒事故で、Aは人損だけでなく、本件帽子がなくなるという財産被害を受けている。そして、この賠償請求を訴訟において追加した時点では、事故から3年以上が経過している。そのため、Bらは、この追加請求につき時効を援用することが考えられる（724条1号）。

　人損の損害賠償請求権と物損の損害賠償請求権は、同一事故によるものでも別の債権（訴訟物）である。したがって、当初の人損についての賠償請求は一部請求ではなく、人損の損害賠償請求により物権について裁判上の催告（150条）は認められない。

そのため、追加請求された物損についての損害賠償請求権は時効が完成しており、B はこれを援用することができる。

(4) CD の責任

B は責任能力があるため、CD に 714 条 1 項の責任は成立しない。しかし、B はいまだ 13 歳であり、親権者には B を監督しまた適切にしつけをなすべき義務があることには変わりはない。そのため、CD がこの義務を怠ったものと認められれば、過失が認められ 709 条の損害賠償義務を免れない。

この点、歩道における自転車での通行は、通常、人身に危険が及ぶ行為であり、親として未成年子に対する日頃のしつけが必要になる。しかし、CD は B に対して日頃から自転車の運転について十分なしつけをしていたのであり、CD に過失は認められず、709 条の責任は認められない。

2 [設問 2] について
(1) 訴訟上の和解について

(a) **紛争を蒸し返せない**　　[設問 2] では、訴訟上の和解により、本件事故をめぐる紛争を解決することが合意されており、訴訟上の和解も、民法上の和解（695 条）である。そのため、当事者はこの合意に拘束され、真実の権利関係が和解内容と異なることを争うことはできなくなる。紛争を解決することを優先して和解をするのであり、実際の損害がより大きくても、その超過分は放棄したものとされ和解により消滅したものと扱われる（696 条）。

(b) **前提とされた事実の錯誤には及ばない**　　しかし、争いがあるがそれで解決しようとした事項ではなく、当然の前提とされていた事実が異なっていた場合には、その点まで争わない旨の合意はしておらず、錯誤取消しが認められる。

ある程度予見できる後遺症については、発症する可能性も考慮して、早期の紛争解決を優先し争わないという合意をした対象と考えてよい。しかし、予想外の重篤な後遺症による損害賠償請求権まで放棄したとは考えられないものの、和解全部の錯誤取消しを認めるのは、せっかく成立した和解を全て否定することになり適切ではない。

(2) 予見できない後遺症について

そこで、和解全部の錯誤取消しではなく、和解契約の解釈により、和解の対象とされた損害賠償請求権は、当時に予見可能であったまた相当程度の範囲内の損害（後遺症による損害も含めて）に限定されると解すべきである。

和解の当時に予見できないかつ重大な後遺症については、和解とは異なる主張を禁止し紛争の蒸返しを禁止する合意の対象外と考えるべきである。本件の A の後遺症は、和解当時予見できず、かつ、相当重篤なものであり社会通念上見過ごし得ないものであり、和解の対象になっていないと解される。

したがって、A は本件後遺症による損害につき、和解による賠償金とは別に賠償請求ができる。また、消滅時効についても、後遺症が発症して初めてその損害賠償請求権が成立し、その時効が起算されることになる。よって、この部分についての時効も

完成していない。

3 ［設問3］について
(1) 損害賠償請求
　(a) Bに対する請求　　Bは、その従業員Cがその職務執行に際して、虐待と窃盗を行っており、これによりAに生じた損害について使用者責任を負う（715条1項）。使用者責任は報償責任に基づく代位責任であり、免責は認められない。

　(b) Cに対する請求　　Cに対しては、Aは、虐待に対する不法行為を根拠とした損害賠償請求が可能である（709条、710条）。ここでの損害賠償請求としては、慰謝料請求が問題になる。また、ネックレス等の盗難については、所有権に基づく物権的返還請求権、不当利得返還請求権の他（704条）、不法行為を理由とした損害賠償請求権も成立する（709条）。Aはいずれを選択してもよく、Cが目的物を返還した限りで、不当利得返還請求権と損害賠償請求権が否定されるにすぎない。

(2) 消滅時効について
　(a) Bについて

　　(ア) 虐待について　　虐待は2023年4月10日のAのホーム通所開始後すぐに開始されており、Aは2029年5月に損害賠償を求める訴訟を提起している。既に6年が経過しており、身体侵害なので、724条の2による5年の時効期間を経過している。

　　虐待については継続的不法行為に準じて考えてよく、過去5年以上経過している約1年分の慰謝料請求権は時効が完成している（724条の2）。したがって、Bは訴訟提起時に既に5年以上経過していた約1年分の慰謝料請求権については、時効を援用することができ、Aは過去5年分の慰謝料しか賠償は認められないことになる。

　　(イ) ネックレス等の被害について1　　財産侵害については、当初の訴訟提起時には請求されていなかった。そして、請求を追加した時点では、財産侵害から既に3年が経過している。人損と物損については、それぞれ別の損害賠償請求権が成立し、人損についての請求は一部請求ではないので、人損の賠償請求により物損につき裁判上の催告は認められない。

　　したがって、追加した物損についての賠償請求については、時効が完成しており、Bはこれを援用できる。Aが認知症で忘れてしまっていたとしても、主観的起算点の起算は妨げられない。

　　(ウ) ネックレス等の被害について2——問題文後段　　また、物権的請求権と損害賠償請求権とは全く別の権利であるが、問題文後段の不当利得返還請求をしていた場合には、財産の価格の補填を求める意思が表示されている。不当利得返還請求権と不法行為の損害賠償請求権とは、基本的な請求原因事実を同じくし、経済的に同一の給付を目的とする関係にある請求であり、経済的には同一目的の権利である。そのため、その1つの権利行使は他の権利についてもその行使の意思が表示されたものと評価できる。

　この結果、不法行為による損害賠償請求権についても裁判上の催告の効果、即ち完成猶予の効果が認められるべきである。ところが、AのCに対する不当利得返還請求により、Cに対する損害賠償請求権につき時効の完成猶予が認められるのはよいが、使用者であるBに対する損害賠償請求についてまで完成猶予の効力を拡大するのは無理といわざるを得ない（153条1項）。よって、問題文後段の事例でも、Bについては時効が完成していることになる。

　(b)　Cについて

　　(ア)　**虐待について**　　Bについて述べたように、訴訟提起時に5年を超える損害賠償請求権については時効が完成している。故意不法行為ではあるが、特に援用を否定すべき事由はない。CはBに対して事実を認めているが、Aに対する債務承認はしていない。よって、Cも5年を超える部分につき時効を援用できる。

　　(イ)　**ネックレス等の財産被害について**　　　この点も、先にCについて述べたように、物権的請求権について裁判上の請求がなされても、不法行為による損害賠償請求権につき裁判上の催告は認められない。そのため、時効は完成している。

　他方、問題文後段の不当利得返還請求をしていた場合には、不法行為による損害賠償請求についても裁判上の催告を認めるべきである。基本的な請求原因事実を同じくし、経済的に同一の給付を目的とする関係にある請求だからである。よって、問題文後段の不当利得返還請求を取り下げ、不法行為による損害賠償請求を追加した場合には、いずれもCに対する請求であり、完成猶予が認められ、損害賠償請求権はいまだ時効にかかっていない。

　(c)　**結論**　　　Aは、使用者Bに対しては、5年以内の分の虐待による慰謝料の請求のみ、不法行為者Cに対しては、5年以内の分の虐待による慰謝料の請求の他、ネックレス等の財産被害についても損害賠償請求が認められる。

以上

平野 裕之 (ひらの ひろゆき)

日本大学大学院法務研究科（法科大学院）教授，慶應義塾大学名誉教授。早稲田大学法学部非常勤講師。

1981 年司法試験合格，1982 年明治大学法学部卒業，1984 年明治大学大学院法学研究科博士前期課程修了，1984 年明治大学法学部助手，1987 年明治大学法学部専任講師，1990 年明治大学法学部助教授，1995 年明治大学法学部教授，2004 年慶應義塾大学大学院法務研究科（法科大学院）教授を経て現職。

著書に，『高齢者向け民間住宅の論点と解釈—有料老人ホーム・サ高住入居契約の法的分析』（慶應義塾大学出版会，2022 年），『製造物責任法の論点と解釈』（慶應義塾大学出版会，2021 年），『新債権法の論点と解釈 [第 2 版]』（慶應義塾大学出版会，2021 年），『新・考える民法 II —物権・担保物権』『新・考える民法 III—債権総論』『新・考える民法 IV—債権各論』（慶應義塾大学出版会，2019-2020 年），『民法総則』『物権法』『担保物権法』『債権総論 [第 2 版]』『債権各論 I 契約法』『債権各論 II 事務管理・不当利得・不法行為』（日本評論社，2016-2023 年），『コア・テキスト民法 I 民法総則 [第 2 版]』『同 II 物権法 [第 2 版]』『同 III 担保物権法』『同 IV 債権総論 [第 2 版]』『同 V 契約法 [第 2 版]』『同 VI 事務管理・不当利得・不法行為 [第 2 版]』（新世社，2017-2019 年），『民法総合 3 担保物権法 [第 2 版]』『同 5 契約法』『同 6 不法行為法 [第 3 版]』（信山社，2008-2013 年），『製造物責任の理論と法解釈』（信山社，1990 年），『保証人保護の判例総合解説 [第 2 版]』（信山社，2005 年），『間接被害者の判例総合解説』（信山社，2005 年）ほか多数。

新・考える民法 I ［第 2 版］
——民法総則

2018 年 1 月 30 日　初版第 1 刷発行
2023 年 4 月 10 日　第 2 版第 1 刷発行

著　者————平野裕之
発行者————大野友寛
発行所————慶應義塾大学出版会株式会社
　　　　　　〒 108-8346　東京都港区三田 2-19-30
　　　　　　Ｔ Ｅ Ｌ〔編集部〕03-3451-0931
　　　　　　　　　　〔営業部〕03-3451-3584〈ご注文〉
　　　　　　　　　　〔　〃　〕03-3451-6926
　　　　　　Ｆ Ａ Ｘ〔営業部〕03-3451-3122
　　　　　　振替 00190-8-155497
　　　　　　https://www.keio-up.co.jp/
装　丁————安藤久美子
組　版————株式会社キャップス
印刷・製本——中央精版印刷株式会社
カバー印刷——株式会社太平印刷社

©2023　Hiroyuki Hirano
Printed in Japan ISBN978-4-7664-2891-9

慶應義塾大学出版会

平野教授の「改正民法事例演習書」全4巻！

新・考える民法 II 物権・担保物権

A5判／並製／352頁／ISBN 978-4-7664-2601-4
◎定価 3,080円（本体2,800円）　2019年4月刊行

新・考える民法 III 債権総論

A5判／並製／240頁／ISBN 978-4-7664-2668-7
◎定価 2,640円（本体2,400円）　2020年4月刊行

新・考える民法 IV 債権各論

A5判／並製／352頁／ISBN 978-4-7664-2699-1
◎定価 3,080円（本体2,800円）　2020年10月刊行

新債権法の論点と解釈
【第2版】

平野裕之著

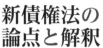

改正民法解説 座右の書。決定版！

新民法の論点は何か？どう解釈すべきか？
必要に応じて内容を調べられる改正法概説書。
これまでの改正議論の全てを補充・集約・展開。
平野教授の手による新民法解説・解釈書の決定版！

A5判／並製／592頁／ISBN 978-4-7664-2714-1
定価 4,180円（本体3,800円）
2021年1月刊行